Andrea Schultz

Brain drain aus Ostdeutschland?

Ausmaß, Bestimmungsgründe und Folgen
selektiver Abwanderung

FORSCHUNGEN ZUR DEUTSCHEN LANDESKUNDE

Herausgegeben im Auftrag
der Deutschen Akademie für Landeskunde e.V.
von Otfried Baume, Alois Mayr und Jürgen Pohl

FORSCHUNGEN ZUR DEUTSCHEN LANDESKUNDE

Band 258

Andrea Schultz

Brain drain aus Ostdeutschland?

Ausmaß, Bestimmungsgründe und Folgen
selektiver Abwanderung

2009

Deutsche Akademie für Landeskunde, Selbstverlag
Leipzig

Zuschriften, die die Forschungen zur deutschen Landeskunde betreffen, sind zu richten an:

Dr. Ute Wardenga, Deutsche Akademie für Landeskunde e. V.
c/o Leibniz-Institut für Länderkunde
Schongauerstraße 9
04329 Leipzig

Dissertation, Institut für Geowissenschaften der Naturwissenschaftlichen Fakultät III der Martin-Luther-Universität Halle-Wittenberg, 2008

Titelbild: © A. Schultz, 2008

Umschlaggestaltung: J. Rohland

Alle Rechte vorbehalten
© 2009 Deutsche Akademie für Landeskunde e. V., Leipzig

EDV-Bearbeitung von Text, Graphik und Druckvorstufe: P. Wittmann
Druck: Druckhaus Köthen GmbH, Köthen

ISBN: 978-3-88143-079-1

Inhalt

Inhaltsverzeichnis		5
Abbildungsverzeichnis		8
Tabellenverzeichnis		9
1	**Einführung**	11
1.1	Problemstellung	11
1.2	Forschungsinteresse und Zielsetzung der Arbeit	13
1.3	Aufbau der Arbeit	14
1.4	Zur räumlichen Ausgangssituation in Ostdeutschland	15
2	**Migration und Humankapital**	17
2.1	Raumbezogene Perspektive in der Migrationstheorie (Makro- und Mesoebene)	18
2.2	Akteurszentrierte Perspektiven in der Migrationsforschung	19
2.3	Migration im Lebensverlauf	21
2.4	Migrationsökonomie	23
2.5	Humankapital im Migrationsprozess	25
2.5.1	Makroanalytischer Exkurs: Humankapital und wissensbasierte Ökonomien	26
2.5.2	Möglichkeiten zur Messung und Quantifizierung von Humankapital	27
2.6	Der Begriff „brain drain" in der Migrationstheorie	29
2.6.1	Definition und Herkunft des Begriffs	30
2.6.2	Brain drain in der Migrationstheorie	31
2.6.3	Brain drain, brain gain und brain exchange	32
2.7	Rückwanderung	35
2.8	Zusammenfassung und Ableitungen für die vorliegende Arbeit	37
3	**Datenbasis und Methodendiskussion**	39
3.1	Das Untersuchungsdesign	39
3.2	Räumliche Analyseebene und Auswahl des Untersuchungsgebietes	40
3.3	Sekundärstatistische Analyse	40
3.4	Die Interviews	41
3.4.1	Erhebungskonzeption und Stichprobe	41
3.4.2	Charakteristik der Stichprobenpopulation	43
3.4.3	Qualitative Interviews	45
3.5	Zur Methodik der Datenanalyse	48
3.6	Methodenreflexion	49

4	**Ausmaß und Muster der innerdeutschen Ost-West-Migration**	51
4.1	Binnenwanderung in Deutschland – Ein Überblick	51
4.2	Die Ost-West-Wanderung ab 1990	51
4.2.1	Wanderungsvolumen im Zeitverlauf	51
4.2.2	Beteiligte Altersgruppen und Geschlechterproportionen	55
4.2.3	Herkunfts- und Zielgebiete sowie regionale Arbeitsmarktsituation	57
4.3	Kleinräumige Unterschiede im Mobilitätsverhalten	58
4.4	Auswirkungen der Abwanderung auf die Bevölkerungsstruktur	63
4.6	Zusammenfassende Charakteristik der Wanderungsmuster	67
5	**Akteursbezogene Analyse der Ost-West-Wanderung – das Fallbeispiel Sachsen-Anhalt**	69
5.1	Typisierung der Ost-West-Migranten	69
5.1.1	Soziodemographische Merkmale der wandernden Bevölkerung	69
5.1.2	Die Ermittlung von Migrationsteilgruppen	72
5.1.3	Beschreibung der extrahierten Teilgruppen	73
5.2	Bestimmungsgründe der Migration – Entscheidungsfindung und Handlungsoptionen	76
5.2.1	Die Wanderungsentscheidung im biographischen Kontext	76
5.2.2	Handlungsbestimmende, wanderungsauslösende Faktoren	79
5.2.3	Die Migrationsentscheidung – multikausale Zusammenhänge	83
5.2.4	Netzwerke und individuelle Kontexte bei der Abwanderung	84
5.2.5	Ausmaß und Muster der Familiennachzüge und Kettenwanderungen	90
5.3	Zwischenfazit zur Abwanderungsentscheidung	92
6	**Analyse des in die Migration eingebundenen Humankapitals**	95
6.1	Wanderungsziele und -distanzen	95
6.2	Das formale Qualifikationsniveau	98
6.3	Arbeitslosigkeit und Suche eines Arbeitsplatzes	102
6.4	Involvierte Berufsgruppen	107
6.5	Einkommen und Einkommensveränderung	111
6.6	Wirtschafts- und Arbeitsmarktentwicklung sowie Fachkräftebedarf	112
6.7	Zusammenfassende Beurteilung im Sinne des Humankapitalansatzes	116
7	**Rückwanderung und Netzwerke**	119
7.1	Rückkehrbereitschaft und Selektionsmuster	119
7.2	Bedingungen an mögliche Rückwanderungen	121
7.3	Verbundenheit mit dem Herkunftsgebiet und Rückwanderungsintention	126
7.4	Netzwerke zur Herkunftsregion und Integration in die Zielregion	129
7.5	Abschließende Überlegungen zur Rückkehrintention im Hinblick auf das Humankapital der Migranten	132

8	**Konsequenzen der Abwanderung, Handlungsempfehlungen und Zusammenfassung**	135
8.1	Beurteilung der Migration aus der Brain-Drain-Perspektive	135
8.1.1	Quantifizierung und Bewertung des brain drain	135
8.1.2	Erweiterung um den Aspekt der Rückwanderung	140
8.2	Kernpunkte für regionalpolitisches Handeln	142
8.3	Zusammenfassung der Analyseergebnisse und Fazit der Arbeit	146
8.4	Forschungsbezogener Ausblick	153
9	**Literaturverzeichnis**	157
	Anhang	173
	Anlage A: Strukturierter Fragebogen für Fortzügler aus Sachsen-Anhalt	173
	Anlage B: Übersicht über die ausgewählten Verwaltungsgemeinschaften	181
	Farbabbildungen	182

Abbildungsverzeichnis

Abb. 1:   Salden der innerdeutschen Ost-West-Wanderung nach Altersgruppen 1991 bis 2006 182
Abb. 2:   Handlungszentrierte Perspektive auf Wanderungen 20
Abb. 3:   Ökonomischer Erfolg von Rückwanderern im Vergleich 37
Abb. 4:   Forschungsdesign und Methodenmix 39
Abb. 5:   Alter der Probanden zum Zeitpunkt der Befragung (oben) und zum Zeitpunkt des Fortzugs 44
Abb. 6:   Zielregionen der befragten Migranten 45
Abb. 7:   Binnenwanderungssaldo der 18-30-Jährigen je 1.000 Einwohner dieser Altersgruppe 1997 bis 2004 183
Abb. 8:   Wanderungen zwischen den Bundesländern – Summe der Zu- und Fortzüge 1995 bis 1998 184
Abb. 9:   Zu- und Fortzüge nach Ostdeutschland zwischen 1991 und 2006 52
Abb. 10: Westwanderungen je 1.000 Einwohner in der Altersgruppe der 18-30-Jährigen zwischen 1991 und 2006 55
Abb. 11: Fortzüge aus und Zuzüge nach Ostdeutschland nach Altersjahren 2003 56
Abb. 12: Binnenwanderungssalden der Bundesländer und Hauptwanderungsströme der Ost-West-Wanderung 2003 185
Abb. 13: Offene Stellen und Anteil hoch qualifizierter Stellen 2003 186
Abb. 14: Ost-West- und West-Ost-Wanderung der 18 bis 29-Jährigen 2003 187
Abb. 15: Unterschiede in der Bevölkerungsentwicklung und dem Mobilitätsgeschehen ostdeutscher Kreise und kreisfreier Städte 2004 188
Abb. 16: Altersaufbau 1990 (oben) und 2005 in den neuen Bundesländern und Berlin 64
Abb. 17: Anteil der 18 bis 30-Jährigen in Ost- und Westdeutschland 1990 bis 2006 65
Abb. 18: Relative Fortzüge und relativer Wanderungssaldo nach Westen je 1.000 Einwohner 1990 bis 2006 189
Abb. 19: Haushaltskonstellationen der befragten Fortzügler aus Sachsen-Anhalt 70
Abb. 20: Wanderungszeitpunkt im Kontext von (Aus-)bildungsabschlüssen der Fortzügler aus Sachsen-Anhalt 77
Abb. 21: Histogramme zum Wanderungszeitpunkt von Männern und Frauen 79
Abb. 22: Faktoren der Migrationsentscheidung bei Fortzüglern aus Sachsen-Anhalt 80
Abb. 23: Primärer Wanderungsgrund nach dem Alter der Befragten 189
Abb. 24: Distanzen der Migration 96
Abb. 25: Formales Schulbildungsniveau der Fortzügler aus Sachsen-Anhalt im Vergleich 98

Abb. 26: Berufliche Bildungsabschlüsse der Fortzügler aus Sachsen-Anhalt 99
Abb. 27: Arbeitslosigkeit und deren Dauer vor dem Fortzug aus Sachsen-Anhalt ... 103
Abb. 28: Anzahl der Bewerbungen in Ost- und Westdeutschland von arbeitslosen Fortzüglern aus Sachsen-Anhalt 104
Abb. 29: Einkommen der Fortzügler aus Sachsen-Anhalt vor und nach der Abwanderung 112
Abb. 30: Positionierung der Fortzügler aus Sachsen-Anhalt zu einer möglichen Rückkehr 120
Abb. 31: Bedingungen an eine mögliche Rückwanderung 122
Abb. 32: Einkommen und Einkommenserwartung bei möglicher Rückkehr 123
Abb. 33: Persönliche und telefonische Kontakte der Fortzügler aus Sachsen-Anhalt mit Personen in der Herkunftsregion 129
Abb. 34: Rückkehrintention und Qualifikationsniveau der extrahierten Migrationstypen 134
Abb. 35: Aggregierte Ausbildungskosten nach ausgewählten Abschlüssen im Land Sachsen-Anhalt 2004 136
Abb. 36: Wechselwirkungen und Beziehungen in der Brain-Drain-Perspektive – Flussschema 152

Tabellenverzeichnis

Tab. 1: Mögliche globale und nationale Effekte der Migration hoch Qualifizierter .. 33
Tab. 2: Soziodemographische Merkmale der Interviewpartner 46
Tab. 3: Migrantentypisierung der qualitativen Interviews 48
Tab. 4: Gruppenbildung anhand von Merkmalen 49
Tab. 5: Wanderungsvolumen über die Gemeindegrenzen je 1.000 Einwohner 54
Tab. 6: Frauenanteil der Ost-West- bzw. West- Ost-Wanderung 1991 bis 2006 57
Tab. 7: Bevölkerungs- und Wanderungsverlust in Ostdeutschland 1989 bis 2006... 66
Tab. 8: Geburtsregionen der Fortzügler aus Sachsen-Anhalt 69
Tab. 9: Herkunft der nicht in Deutschland geborenen Migranten 70
Tab. 10: Kinderzahl der Migranten 71
Tab. 11: Geschlechts- und Altersspezifik der Fortzügler mit Kind(ern) 71
Tab. 12: Prozentuale Verteilung der gebildeten Migrationstypen 74
Tab. 13: Migrationstyp und Kinder 74
Tab. 14: Migrationstyp und Herkunft der Fortzügler aus Sachsen-Anhalt 75
Tab. 15: Gründe für den Fortzug (offene Frage) 81
Tab. 16: Struktur der Familiennachzüge 91
Tab. 17: Zielregionen der Fortzügler aus Sachsen-Anhalt nach siedlungsstrukturellen Kreistypen der BBR 2004 96

Tab. 18:	Migrationstyp und Wanderungsdistanz der Fortzügler aus Sachsen-Anhalt	97
Tab. 19:	Qualifikationsstruktur der Ost-West- und West-Ost-Migranten im Zeitverlauf	100
Tab. 20:	Formales Schulbildungsniveau und Alter der Fortzügler aus Sachsen-Anhalt	102
Tab. 21:	Dauer der Beschränkung der Arbeitsplatzsuche auf die Herkunftsregion	104
Tab. 22:	Regionale Suche und Dauer der Arbeitslosigkeit der Fortzügler aus Sachsen-Anhalt	105
Tab. 23:	Suchmuster für den Arbeitsplatz	106
Tab. 24:	Arbeitslosigkeit vor der Abwanderung und formales Bildungsniveau der Fortzügler aus Sachsen-Anhalt	106
Tab. 25:	Aktueller Erwerbsstatus der Fortzügler aus Sachsen-Anhalt	107
Tab. 26:	Berufsgruppen der Fortzügler aus Sachsen-Anhalt	108
Tab. 27:	Beruflicher Status und berufliches Qualifikationsniveau der Fortzügler aus Sachsen-Anhalt	110
Tab. 28:	Berufsstatus der Fortzügler aus Sachsen-Anhalt	110
Tab. 29:	Migrationstyp und Berufsstatus der Fortzügler aus Sachsen-Anhalt	111
Tab. 30:	Neueinstellungen, Arbeitskräftebedarf und -mangel im ersten Halbjahr 2000	113
Tab. 31:	Gründe für die Nichtbesetzung offener Stellen im akademischen Bereich	114
Tab. 32:	Geschätzte nicht zu besetzende Stellen in Ost- und Westdeutschland im ersten Halbjahr 2000	114
Tab. 33:	Rückkehrintention und Geburtsregionen der Fortzügler aus Sachsen-Anhalt	120
Tab. 34:	Rückkehrintention nach Geschlecht und Familiensituation der Migranten	121
Tab. 35:	Was verbinden die Fortzügler mit Sachen-Anhalt?	127
Tab. 36:	Rückkehrintention und Herkunft der Fortzügler aus Sachsen-Anhalt	130
Tab. 37:	Rückkehrbereitschaft und formaler Schulabschluss der Fortzügler	133
Tab. 38:	Rückkehrintention und berufsqualifizierender Abschluss	133
Tab. 39:	Monetäre Bewertung des Wanderungsgeschehens anhand der Kosten für formale Bildungsabschlüsse im Land Sachsen-Anhalt 2004	137
Tab. 40:	Berufsgruppen der Westwanderer und deren Anteil an allen sozialversicherungspflichtig Beschäftigten im Herkunfts- und Zielgebiet 2004	138
Tab. 41:	Bedeutung von Arbeitslosigkeit in brain-drain-relevanten Berufsgruppen	140
Tab. 42:	Rückkehrintention nach Berufsgruppen bei Fortzüglern aus Sachsen-Anhalt	141

1 Einführung

1.1 Problemstellung

„Wir sorgen uns um die Abwanderung junger und qualifizierter Menschen. Wir haben lediglich Inseln des Wachstums, was sich in der Fläche kaum auswirkt. [...] diese Tatsachen [werden] natürlich viel eher zur Kenntnis genommen als die positiven Entwicklungen." (Bundestagspräsident Wolfgang Thierse zum Tag der Deutschen Einheit am 03.10.2001)

Die Abwanderung von Ost- nach Westdeutschland seit der Öffnung der Grenzen findet als kontinuierlicher, aber auch zyklischer Prozess statt. Obwohl ihr quantitatives Ausmaß im Binnenwanderungsgeschehen Deutschlands von moderater Bedeutung ist, wird dem Wanderungsstrom von öffentlicher und medialer Seite hohe Aufmerksamkeit beigemessen. Schließlich hat die Nettoabwanderung aus Ostdeutschland[1] einen nicht unwesentlichen Anteil am beachtlichen Bevölkerungsrückgang der Region. Seit 1990 verringerte sich die Bevölkerung Ostdeutschlands von ursprünglich 18,2 Mio. Einwohnern[2] in den folgenden 16 Jahren auf nur noch 16,6 Mio. Ein nennenswerter Anteil an dieser demographischen Entwicklung geht auf Wanderungsverluste nach Westdeutschland zurück. Während drei Mio. Personen zwischen 1991 und 2006 die neuen Bundesländer und Berlin in Richtung Westen verließen, wanderten im selben Zeitraum nur ca. zwei Mio. zu, was per Saldo zu einem Wanderungsdefizit von fast einer Mio. Menschen führt.

Die Motive der Nettoabwanderung werden hauptsächlich in den ökonomischen Rahmenbedingungen in Ostdeutschland gesehen (BÜCHEL und SCHWARZE 1994, S. 47f. und MAI 2004, S. 17). Sechzehn Jahre nach der deutschen Einheit ist die Bilanz der Wiedervereinigung ambivalent. Der Aufholprozess scheint zum Erliegen zu kommen. Die Arbeitslosigkeit übertrifft in einigen Regionen Ostdeutschlands die 20 %-Marke. So wird die Abwanderung aus Ostdeutschland häufig als Reaktion auf ökonomische Disparitäten angesehen (vgl. MAI 2004, S. 172).

In der ostdeutschen Bevölkerung wird die Abwanderung in erster Linie mit Besorgnis aufgenommen, da die Befürchtung besteht, sie führe zum Zerbrechen von Familienstrukturen und zur Erosion des sozialen Gefüges. Sie wird daher von Verlusterfahrungen geprägt wahrgenommen.

In den Medien wird die Thematik gern unter einprägsamen und mitunter polemischen Schlagzeilen aufgegriffen. Anknüpfend an eine Studie des Berlin-Instituts (vgl. KRÖHNERT, MEDICUS und KLINGHOLZ 2006) heißt es beispielsweise in einem Artikel des Spiegel-Online[3], dass in Ostdeutschland „in den nächsten 15 Jahren ganze Landstriche ausbluten [drohen]". In Anlehnung an die Ausführungen in der Studie heißt es weiter: „In Bayern boomt die Wirtschaft, in Ostdeutschland rückt der Wolf vor." Darüber hinaus werden in den Medien Unterschiede im Wanderungsverhalten von Frauen und Männern

---

[1] Unter dem Begriff Ostdeutschland werden in dieser Arbeit die neuen Bundesländer und Berlin verstanden.
[2] am 31.12.1990
[3] vom 15.03.2006 (abrufbar unter www.spiegel.de)

thematisiert. Da aus ländlichen, peripheren Regionen bevorzugt Frauen abwandern, titelt die Süddeutsche Zeitung im Mai 2007 „Frauen vergeblich gesucht"[4] und beruft sich ebenfalls auf eine weitere Studie des Berlin-Instituts. Im Artikel ist zu lesen, dass „vor allem gut ausgebildete Frauen […] ihre ostdeutsche Heimat verlassen, [während] viele junge Männer mit schlechter Ausbildung und ohne Job zurück[bleiben]" und „selbst am Polarkreis […] die Situation nicht so dramatisch [sei]." Ebenfalls titelt Die ZEIT[5]„Nichts wie weg" und malt ein düsteres Bild des ostdeutschen jungen Mannes zwischen Arbeitslosigkeit, Alkoholismus und Rechtsradikalismus. Die Frauen hingegen würden abwandern, schon allein deshalb weil sie in ihren Heimatregionen keinen Partner mit entsprechendem Bildungsniveau mehr finden könnten.

Leider fehlt bei diesen spektakulären und stigmatisierenden Darstellungen in den Medien sehr häufig eine inhaltlich differenzierte und regionsspezifische Betrachtung des Geschehens.

Es gibt weitere Aspekte, die im Zusammenhang mit der Abwanderung aus Ostdeutschland und ihren möglichen Konsequenten diskutiert werden. So wird von wirtschaftspolitischer Seite die Sorge geäußert, dass durch die Abwanderung gut ausgebildeter junger Menschen ein Defizit an dieser Personengruppe entsteht und dadurch endogene Potenziale für die wirtschaftliche Entwicklung verloren gehen. Im Wettbewerb um die „besten Köpfe" könnte der Osten Deutschlands aufgrund seiner differenzierten wirtschaftlichen Problemlage ins Hintertreffen gelangen. Vor allem wird in diesem Zusammenhang das Problem des „Fachkräftemangels" thematisiert. Von Seiten der ostdeutschen Regionalpolitik wird befürchtet, dass im Rahmen einer wirtschaftlichen Erholung entsprechende Fachkräfte fehlen könnten und dies für die ostdeutschen Unternehmen in Zukunft in bestimmten Branchen zum Problem avancieren könnte (vgl. IFO 2007 und DIFU 2005). Der SACHVERSTÄNDIGENRAT (1990/91, S. 254) bemerkte bereits in seinem Jahresgutachten für das Jahr der Wiedervereinigung, dass die „Mobilität von Arbeitskräften [grundsätzlich] zu begrüßen ist, da sie wesentlich zum Abbau von Ungleichheiten im Arbeitsmarkt beitragen kann", jedoch bestünde die Problematik darin, „daß das Gebiet damit in hohem Maße mobile und anpassungsbereite Arbeitskräfte verliert. Der Aufholprozess wird dadurch erschwert."

Im wissenschaftlichen Sprachgebrauch wird die Problematik der selektiven Abwanderung als so genannter „brain drain" immer dann postuliert, wenn einem Land oder einer Region durch Abwanderung gut ausgebildeter Personen Wissen und Qualifikationen, so genanntes Humankapital, verloren gehen. Von einem brain drain kann demnach gesprochen werden, wenn zwei Faktoren zusammen treffen. Zum Einem verliert das Untersuchungsgebiet per Saldo durch überregionale Wanderungen an Bevölkerung (Migrationsaspekt), zum Zweiten sind die Akteure des Wanderungsgeschehens überdurchschnittlich hoch qualifiziert (Humankapitalaspekt).

Empirische Untersuchungen aus der internationalen Arbeitskräftemigration haben gezeigt, dass ein brain drain unter bestimmten Bedingungen langfristig jedoch durchaus

---

[4] am 30.05.2007 im Internetangebot der Süddeutschen Zeitung erschienen, abrufbar unter www.sueddeutsche. de. Der Artikel behandelt die Studie „Not am Mann" des Berlin-Instituts unter Leitung von R. KLINGHOLZ.

[5] in ihrer Ausgabe Nr. 17 und veröffentlicht in der Internetausgabe mit Datum vom 21.04.2005 unter www. zeit.de

positive Effekte im Herkunftsland nach sich ziehen kann (vgl. u.a. LADAME 1970; WOL-BURG 1999; FROMHOLD-EISEBITH 2002; BARRET 2002; HUNGER 2003). Durch Netzwerke oder Kapitaltransfers können in der Abwanderungsregion regionalökonomische Impulse freigesetzt werden. Im besten Fall fließen bei Rückwanderung nicht nur die verlustig gegangenen Qualifikationen in die Ursprungsregion zurück, sondern auch das von den Migranten in der Zwischenzeit erworbene Wissen.

Hinsichtlich dieser Problemskizzierung und der in der öffentlichen Wahrnehmung vorherrschenden Negativperspektive auf die Abwanderung aus Ostdeutschland ergibt sich für die Autorin der vorliegenden Arbeit die Notwendigkeit, das Wanderungsgeschehen zwischen Ost- und Westdeutschland in seiner regionalen und zeitlichen Variabilität zu analysieren. Es gilt, die Bestimmungsgründe für die Abwanderung differenziert zu betrachten und verknüpfend mit den Erfahrungen aus der internationalen Arbeitskräftewanderung zu hinterfragen, welche möglichen Folgen der Abwanderung tatsächlich denkbar sind.

1.2 Forschungsinteresse und Zielsetzung der Arbeit

Anknüpfend an die geschilderte Problemstellung stehen die Analyse und die Erklärung der Migration von Ost- nach Westdeutschland im Zentrum der vorliegenden Arbeit. Diese Themenstellung soll anhand folgender Schwerpunkte empirischen untersucht werden.

Das Wanderungsgeschehen und die beteiligten Akteure

Die Ost-West-Migration unterliegt seit der Wiedervereinigung einer deutlich erkennbaren zyklischen Ausprägung sowohl in Ausmaß als auch Struktur. Ebenso bestehen (klein-)räumliche Unterschiede der Wanderungsströme nach Herkunfts- und Zielgebieten. Es gibt Regionen in Ostdeutschland, die vergleichsweise stark unter Wanderungsverlusten nach Westdeutschland leiden. Daneben existieren einige „Wachstumsinseln", deren Wanderungsbilanz nahezu ausgeglichen ist. Im Migrationsgeschehen ergeben sich altersselektive Unterschiede. Hauptaugenmerk wird auf die Altersgruppe der 18- bis unter 35-Jährigen gelegt, da sie gewöhnlich an stärksten an Migrationen beteiligt ist[6]. Daran anknüpfend werden die beteiligten Akteure nach ausgewählten Merkmalen differenziert, mit dem Ziel einer Identifikation und vorläufigen Typisierung relevanter Teilgruppen.

Motivations- und Bestimmungsgründe der Wanderung

Anliegen dieses Themenschwerpunktes ist die Ermittlung der Bestimmungsfaktoren, die den Entschluss zum Verlassen der Untersuchungsregion befördert haben. Es sollen die damit verbundenen Motive und Intentionen sowie räumlichen und beruflichen Präferenzen ergründet und schließlich der Frage nachgegangen werden, inwieweit die Standortentscheidungen auf Dauer angelegt sind oder eine spätere Rückkehr intendiert ist. Zur Klärung dieser Fragestellung beitragen kann eine Untersuchung der bestehenden Netzwerke und deren Veränderung im Zeitverlauf sowie die Ermittlung erfolgreicher oder

---

[6] Im Folgenden wird die Altersgruppe der 18- bis unter 35-Jährigen auch als junge Erwachsenengeneration oder als Personen am Beginn des Erwerbslebens/der Erwerbskarriere bezeichnet. Diese Begriffe werden synonym verwendet.

unterbliebener Integration im Zielgebiet. Weiterhin geht es um eine vertiefte Erfassung der sozioökonomischen Situation der Fortzügler und deren schulischen und beruflichen Qualifikationen.

Regionalökonomische Sichtweise im Hinblick auf den künftigen Humankapitalbedarf der Herkunftsgebiete

Es ist anzunehmen, dass die Ost-West-Wanderung zu demographischen, sozialen und ökonomischen Umverteilungen führt. Da Wanderungen in der Regel selektiv verlaufen und häufig Personen mit überdurchschnittlich hoher Qualifikation in Wanderungsprozesse eingebunden sind, sind Auswirkungen auf den Humankapitalbestand in den Herkunfts- und Zielgebieten zu erwarten.

Dabei stellt sich nicht nur die Frage nach den bereits eingetroffenen Auswirkungen durch die Nettoabwanderung, sondern auch nach mittel- und langfristigen Folgen aufgrund einer möglichen späteren Rückwanderung.

Aus diesen drei skizzierten Schwerpunkten leiten sich folgende forschungsleitenden Fragen ab:

- Welchen Mustern folgt die innerdeutsche Ost-West-Wanderung?
- Welche Bestimmungsgründe lösen auf individueller Ebene die Wanderung aus und in welchem persönlichen und beruflichen Kontext stehen die Akteure vor der Abwanderung?
- Wie verläuft der Zielfindungsprozess, sind regionale Muster erkennbar?
- Lassen sich Teilgruppen extrahieren, die bestimmten Handlungsstrategien folgen und wie lassen sie sich beschreiben?
- Wie lässt sich das Humankapital der Fortzügler abbilden und bestehen Unterschiede hinsichtlich der Wanderungsgründe und der Rückkehrbereitschaft, welche Bedeutung hat dabei die zeitliche Verweildauer am Zielort?
- Gibt es Anzeichen für ein zirkulierendes Wanderungsgeschehen zwischen Ost- und Westdeutschland und welche Bedeutung hätte dieses für das Humankapital in Ostdeutschland?

1.3 *Aufbau der Arbeit*

Die theoretische Grundlage für die Arbeit wird in Kap. 2 gelegt, indem ein allgemeiner Überblick über den aktuellen Forschungsstand zur Erklärung von Wanderungen gegeben wird. Dabei werden unterschiedliche Ansätze sowohl in system- als auch handlungstheoretischer Perspektive vorgestellt. Besonderes Augenmerk wird auch auf Theorien zur Arbeitsmigration, zur ökonomisch-rationalen Erklärung von Wanderungen gelegt. Darüber hinaus wird der Bezug zum Faktor Humankapital im Migrationsprozess hergestellt. In diesem Zusammenhang wird das Phänomen des brain drain anhand verschiedener Fallstudien dargelegt. Mit Kap. 3 schließt die Vorstellung des sekundär- und primärstatischen Datenmaterials an. Die Erläuterung der Stichprobenziehung, die Auswahl von Experten sowie die Vorstellung und theoretische Diskussion der verwendeten Analysemethoden legen den Grundstein für Kap. 4. Hier erfolgen zuerst die quantitative Analyse der Muster, des Volumens sowie des zeitlichen Verlaufs des Wanderungsgeschehens auf der Grundlage sekundärstatischen Zahlenmaterials. Im Kap. 5 finden die akteursbezogene Analyse der wanderungsbestimmenden Faktoren sowie eine Typisierung der Migranten statt. Die individuellen Kontexte vor der Abwanderung werden betrachtet. In Kap. 6 steht die Betrachtung des Wanderungsgeschehens aus Humankapitalgesichtspunkten im Mittelpunkt des Interesses. Für eine abschießende Bewertung der Auswirkungen des Wanderungsgeschehens werden in Kap. 7 die Rückkehrbereitschaft, konservierte Netzwerke zur Herkunftsregion sowie die Integration im Zielgebiet analysiert und diskutiert. Auf diesen Befunden aufbauend werden Handlungsempfehlungen erarbeitet, die zu einer sinnvollen Regionalentwicklung beitragen können (Kap. 8). Ebenfalls werden die elementaren Ergebnisse der Arbeit im Hinblick auf einen theoretischen Beitrag für die Begrifflichkeit des brain drain zusammengeführt. Darüber hinaus wird zu den Entwicklungsperspektiven Ostdeutschlands vor dem Hintergrund der demographischen Entwicklung Stellung genommen sowie aus den Ergebnissen der Arbeit heraus entstandene weitere Forschungsfragen erörtert.

1.4 Zur räumlichen Ausgangssituation in Ostdeutschland

Da ökonomischen Motiven bei der Migrationsentscheidung in der Regel eine nicht zu unterschätzende Bedeutung zukommt und in den Disparitäten zwischen Ost- und Westdeutschland häufig der Auslöser der Abwanderung gesehen wird, soll an dieser Stelle ein kurzer Einblick in den ostdeutschen Transformationsprozess sowie die aktuelle wirtschaftliche Situation gegeben werden.

Mit der politischen Wende und der anschließenden Wiedervereinigung fanden in den fünf neuen Bundesländern und Berlin tief greifende Veränderungen statt. Der Übergang von der zentralistisch-sozialistischen zur freiheitlich-marktwirtschaftlichen Gesellschaft führte und führt bis heute zu Anpassungs- und Transformationsprozessen in den verschiedensten Bereichen des sozialen und wirtschaftlichen Lebens. Die ostdeutsche Wirtschaft erfuhr einen Erneuerungsprozess, dessen wichtigsten Elemente die Privatisierung der volkseigenen Betriebe und somit die Etablierung eines privaten Unternehmertums sowie der Umbau der sektoralen Wirtschaftsstruktur waren (vgl. POHL 2000, S. 224). Das erklärte Ziel der Regierung Kohl war die „Angleichung der Lebensverhältnisse" in Ostdeutschland an westdeutsches Niveau. Das Bestreben der Politik dieses Vorhaben möglichst zügig umzusetzen, führte dazu, dass mittels hoher Transferzahlungen die Einkommen der ostdeutschen Bevölkerung an westdeutsches Niveau angenähert wurden und dies bereits im Vorgriff auf die durch die Erneuerung der Wirtschaft erhofften Produktionssteigerungen geschah. Durch diese „Hochlohnstrategie" waren andere Möglichkeiten ausgeschlossen, die möglicherweise in Ostdeutschland mehr Arbeitsplätze erhalten hätten (DIETRICH, RAGNITZ, ROTHFELS 1997, S. 7ff). Die Folge war ein massiver Anstieg der Arbeitslosigkeit, die in vielen Regionen die 20 % Marke übertraf. Auch arbeitspolische Maßnahmen konnten diese Situation nicht entschärfen.

Die vielfältigen wirtschaftspolitischen Maßnahmen waren die Grundlage für den bis Mitte der 1990er Jahre stattfindenden Aufholprozess. Seitdem nehmen die Disparitäten in der Wirtschafts- und Arbeitsmarktentwicklung zwischen Ost und West allerdings wieder zu. Folglich liegt die wirtschaftliche Leistungskraft der neuen Bundesländer immer noch deutlich hinter der Westdeutschlands zurück. So erreicht Ostdeutschland nur 70 % des Bruttoinlandsproduktes pro Kopf im Vergleich zu den westlichen Bundesländern. Im Jahr 2005 erzielte Ostdeutschland sogar erstmals seit der Wende ein Negativwachstum (vgl. RAGNITZ, DREGER, KOMAR, MÜLLER und GERALD 2000). Besonders dramatisch sind die Unterschiede bei der Arbeitslosigkeit. Während die Arbeitslosenquote im Westen bei knapp 10 % liegt, erreicht sie in Ostdeutschland fast 19 %. Auch andere Wohlfahrtsindikatoren weisen in Ost und West deutliche Unterschiede auf.

Allerdings muss an dieser Stelle auch festgehalten werden, dass in der Selektion negativer Daten auch die Gefahr der Überbewertung der ostdeutschen Problemsituation liegt. Aktuelle Daten zum Wohnungsleerstand, zur Arbeitslosigkeit, zur demographischen Alterung, zu Schulschließungen oder zur Finanzlage der Länder und Kommunen in Ostdeutschland implizieren die generelle Negativperspektive von öffentlicher, politischer und meist auch von wissenschaftlicher Seite. Allerdings sollte auch festgehalten werden, dass die ostdeutsche Bevölkerung aktuell einen deutlich höheren Lebensstandard als vor 1990 realisiert und in städtebaulicher, infrastruktureller oder auch ökologischer Hinsicht große Investitionen getätigt wurden. Zudem entstanden international wettbewerbsfähige Unternehmen (POHL 2000, S. 223). Diese Positivbeispiele konnten allerdings noch nicht dazu führen, dass die öffentliche Meinung in Ostdeutschland in eine positive Gesamtbewertung umschlägt (ebenda). Empirische Studien zeigen, dass die Lebenszufriedenheit der ostdeutschen Bevölkerung deutlich geringer ist als im Westen. In der jungen Bevölkerung lassen sich in erster Linie dort Differenzen in den Befindlichkeiten nachweisen, wo die wirtschaftliche Situation mit höherer Arbeitslosigkeit und geringeren materiellen Ressourcen Relevanz besitzt (LANG 1999, S. 4). Auch wenn sich in den letzten Jahren die persönliche wirtschaftliche Lage der Ostdeutschen verbessert hat, ist westdeutsches Niveau noch nicht erreicht. Es bestehen nach wie vor Lücken beim verfügbaren Einkommen und bei den Vermögenswerten (ebenda). Diese regionalen Disparitäten und deren Wahrnehmung in der Bevölkerung werden auf makroanalytischer Ebene gemeinhin als elementare Bestimmungsfaktoren für die seit 1989 stattfindende Nettoabwanderung aus Ostdeutschland gesehen.

In Abb. 1 (siehe S. 182) ist das Ausmaß des Wanderungsgeschehens zwischen Ost- und Westdeutschland im Zeitverlauf dargestellt. Deutlich werden der zyklische Verlauf des Wanderungsvolumens sowie die Dynamik hinsichtlich der Relationen der beteiligten Altersgruppen. Die aktuelle Situation ist durch eine sich sukzessive abschwächende Nettoabwanderung aus Ostdeutschland charakterisiert.

2 Migration und Humankapital

Aufgrund des interdisziplinären Charakters der Wanderungsforschung existiert eine Vielzahl an unterschiedlichen und zum Teil auch kontroversen Ansätzen zur Erklärung von Migrationen. Andererseits herrscht ein gewisses Unbehagen über den bisherigen Stand der theoretischen Entwicklung: Beklagt wird vor allem das Fehlen eines theoretischen Bezugsrahmens (KALTER 2000, S. 438 und WAGNER 1989, S. 15), obwohl mittlerweile eine fast unüberschaubare „Stofffülle" an migrationswissenschaftlicher Literatur besteht (HILLMANN 2007, S. 15).

Stark verallgemeinernd könnte man sich der Erklärung von Migrationen aus einer makro- bzw. mesoanalytischen oder aus einer mikroanalytischen Perspektive nähern. Während erstere in ihrer empirischen Überprüfung mit regionsbezogen Daten – meist verfügbar in der amtlichen Statistik – arbeitet, sind für mikroanalytische Untersuchungen individuenbezogene Daten erforderlich, die in der Regel über Zensuserhebungen, Fallstudien oder Befragungen erhoben werden.

Zentrales Anliegen dieses Kapitels ist es, ausgewählte und für die vorliegende Arbeit relevante Ansätze der Wanderungsforschung aufzuarbeiten. Die Auswahl der aufgegriffenen Aspekte und der Literatur orientiert sich daran, einen konzeptionellen Rahmen zum Verständnis des betrachteten Wanderungsgeschehens zu liefern. Aufgrund der unterstellten bildungsselektiven Ausprägung und der Bedeutung ökonomischer Bestimmungsgründe gilt es die Ansätze der geographischen Migrationsforschung und des Humankapitalansatzes mit Blick auf die Zielsetzung der Arbeit vorzustellen und auf ihren Erklärungsgehalt für die Ost-West Wanderungen zu überprüfen.

Die geographische Migrationsforschung unterliegt derzeit einem Paradigmenwechsel, indem klassische Theorien zur Erklärung von Wanderungen zunehmend in Frage gestellt werden. Durch ihre Einbindung in den globalen Kontext werden Migrationen nicht mehr als einmalige und unidirektionale Standortentscheidungen wahrgenommen, vielmehr wird ihre zirkuläre Ausprägung diskutiert. Aus der neueren wissenschaftlichen Literatur zu internationalen Wanderungen ist bekannt, dass Migranten nicht primär einen längerfristigen oder dauerhaften Aufenthalt im Zielgebiet anstreben, sondern durch ihre Einbindung in das Herkunfts- und Zielgebiet transnationale soziale Räume bilden. Auf der Grundlage einer Vielzahl empirischer Fallstudien[7] setzte sich diese Betrachtungsweise im globalen Maßstab durch. Dabei stellt sich im hier untersuchten Zusammenhang die Frage, welche Elemente dieser Befunde aus der transnationalen Migrationsforschung für die Erklärung von Binnenwanderungen zwischen Ost- und Westdeutschland übertragbar sind.

Der zuvor angesprochene Paradigmenwechseln hat auch Konsequenzen für die entsprechenden Erklärungsansätze von Migrationen. Stand anfangs vor allem die Betrachtung von Ursache- Wirkungszusammenhängen auf der hochaggregierten Makroebene im Vordergrund, folgten mit der Einbeziehung der Motive der Handlungsträger entscheidungstheoretische und handlungszentrierte Erklärungsansätze auf der Mikroebene. Sie stehen

---

[7] vgl. bspw. GLORIUS 2007, GABBERT 2005, GOEKE 2007, MOHR DE COLLADO 2005, BADE 2005 und BÜCKNER 2005

im gewissen Spannungsverhältnis zur eher ökonomisch fundierten Betrachtungen von Wanderungen. Dieser Skizzierung und seiner Einbindung in das dargelegte Forschungsinteresse sollen die nachfolgenden Ausführungen folgen.

2.1 Raumbezogene Perspektive in der Migrationstheorie (Makro- und Mesoebene)

Nach dem Grundaxiom der makroanalytischen Wanderungsursachenforschung bestehen unmittelbare Zusammenhänge zwischen Wanderungsverläufen und objektiven Merkmalen der Herkunfts- und Zielgebiete. Wanderungen beruhen danach auf Entscheidungen der Akteure, die darauf zielen, Benachteiligungen als Folge regionaler Disparitäten der Lebensbedingungen auszugleichen.

Als Klassiker und Ausgangspunkt in der Wanderungsforschung gelten die von RAVENSTEIN 1885 herausgearbeiteten „Laws of Migration". Mithilfe der Zensusdaten von 1871 und 1881 versuchte er Gesetzmäßigkeiten zur Erklärung von Wanderungen zu finden. Bereits in diesen Anfängen der Migrationsforschung werden beispielsweise Phänomene wie Gegenstrom- oder Etappenwanderungen vorgestellt und Spezifika wie Geschlechterverhältnisse und Ethnizitäten der Migranten beleuchtet. Wenngleich RAVENSTEINS Erkenntnisse nicht unbedingt mit einer Migrationstheorie gleichzusetzen sind, sondern vielmehr empirische Zusammenhänge wiedergeben, so verblüfft doch nach wie vor, dass diese Regelhaftigkeiten auch bei heutigen Wanderungsströmen zu beobachten sind.

Eine Weiterentwicklung der Arbeiten von RAVENSTEIN findet sich in den Distanz- und Gravitationsmodellen. Diese Modelle betrachten Wanderungen auf der Aggregatebene und versuchen sie durch mathematische Funktionen zu beschreiben. Als Vertreter dieser Richtung in der Wanderungsforschung gelten beispielsweise ZIPF 1946, STEWART 1948 und WARNTZ 1965. In diese Forschungsrichtung fügen sich auch die push-pull-Modelle von LEE aus dem Jahre 1966 ein. Sein Ziel war es, ein allgemein gültiges Schema zu entwickeln, „in das eine Vielzahl von räumlichen Bewegungen eingeordnet werden kann, und von einer kleinen Zahl anscheinend selbstverständlicher Thesen eine Zahl von Schlussfolgerungen im Hinblick auf das Volumen von Wanderung, die Entwicklung von Strömen und Gegenströmen und die Entwicklung der Merkmale von Wanderern abzuleiten" (LEE 1972, S. 117). LEE unterscheidet in vier Faktoren, die in die Entscheidung zu Wandern und in den Prozess der Wanderung eingehen: Faktoren in Verbindung mit dem Herkunftsgebiet, Faktoren in Verbindung mit dem Zielgebiet, intervenierende Hindernisse und persönliche Faktoren (LEE 1972, S. 118). LEE verfolgte also durchaus ein individualistisches Verständnis von Migrationen, trotzdem wird er heute in der Migrationsliteratur eher als Klassiker und theoretische Grundlage für makroanalytische und regressionsanalytische Arbeiten interpretiert.

Als eine Weiterentwicklung dieser Ansätze ist auch das Konzept der Escalator Region von FIELDING (1992) zu sehen. Er thematisiert die Rolle der Metropolen in der Migrationsgeschichte der Akteure und prägt den Begriff der „escalator regions". Für England wies er mithilfe von personenbezogenen Daten aus zwei (drei) Zensuswellen in Kombination mit Daten des National Health Service in einer Längsschnittuntersuchung nach, dass der

Südosten Englands als eine Art Karriereleiter (Rolltreppenregion) fungiert. Die Region zieht junge Menschen an, die durch die Migration einen sozialen Aufstieg erfahren. Die regionale Mobilität geht also einher mit sozialer Mobilität. Später verlässt ein substanzieller Anteil der Migranten die Region wieder, um von den Erträgen aus der Migration zu profitieren. Seine Befunde zeigen, dass die Migranten, die die escalator-Region zu einem späteren Zeitpunkt wieder verlassen, einen höheren beruflichen Erfolg verzeichnen, als die Migranten, die in der Region verweilen (vgl. Kap. 2.7).

2.2 Akteurszentrierte Perspektiven in der Migrationsforschung

Verhaltensorientierte oder behavioristische Wanderungsmodelle basieren auf der Annahme, dass Migrationen zumeist Resultate eines Entscheidungsprozesses von Einzelpersonen oder Haushalten sind, die mit der Wanderung auf Impulse reagieren, die sie aus ihrer Umwelt (also dem Herkunfts- und/oder Zielgebiet) wahrnehmen. Die Analyse dieses Reiz-Reaktions-Schemas setzt methodisch die Einsichtnahme in den Entscheidungsprozess voraus und ist damit im hohen Maße akteursorientiert. Die Untersuchung des Mobilitätsverhaltens bzw. der Wanderungsformen bestimmter Bevölkerungsgruppen erfolgt in der Regel mit Hilfe von Befragungen auf Stichprobenbasis.

Als eine der ersten Arbeiten in dieser Richtung gilt die Studie von Rossi „Why families move" (1958). Inzwischen hat sich diese methodische Herangehensweise etabliert, sodass es mittlerweile eine große Anzahl an derartigen Forschungsarbeiten gibt. Ein sehr verallgemeinertes zeitliches Entscheidungsmodell auf dem von KALTER (1997, S. 66f) entworfenen Drei-Phasen-Modell könnte entsprechend auf die Zielgruppe der untersuchten Ost-West-Binnenmigranten folgendermaßen ausgebaut werden:

1 Die Unzufriedenheit mit den Standortbedingungen des gegenwärtigen Aktionsraumes ist Anlass eine Wanderung in Betracht zu ziehen. Die entsprechenden Stressoren können z.B. in den Bereichen Wohnung, Wohnumfeld, Arbeit, Ausbildung, Freizeit oder Familie begründet sein.

2 Die ausgelösten Spannungszustände führen bei Überschreiten einer gewissen Toleranzschwelle in der zweiten Stufe zum Abwägen geeigneter Alternativen, um die Unzufriedenheit zu überwinden.

3 Für den Fall, dass die Alternative „Migration" als realistische Lösungsmöglichkeit in Betracht gezogen wird, werden in Stufe drei Informationen über den oder die potenziellen Zielorte gesammelt.

4 Auf dieser Basis erfolgt in Stufe vier eine subjektive Standortbewertung - auch innerhalb des persönlichen Umfeldes - anhand der Ausstattungsmerkmale der potentiellen Zielregionen. Je weiter entfernt sich die Regionen befinden, desto größer ist die Gefahr von Fehlinformationen.

5 In Stufe 5 wird die endgültige Entscheidung zur Migration bzw. zum Verbleib am bisherigen Standort getroffen.

Jedoch erfordert die Annahme, dass Wanderungen allein auf Entscheidungen der Akteure zurückzuführen sind, dass für diese eine vollständige und weitgehende Wahlfreiheit existiert. Es ist allerdings eher anzunehmen, dass deren Verhalten nicht unwesentlich von den gesellschaftlichen Rahmenbedingungen und dessen subjektiver Bewertung abhängt bzw. reglementiert wird. Von äußeren Zwängen ist in heutigen Wohlstandsgesellschaften eher nicht auszugehen (vgl. auch BÄHR 2000, S. 270). Doch selbst hier unterliegen Wanderungen gewissen äußeren, reglementierenden Faktoren, beispielsweise den Gegebenheiten des lokalen Wohnungs- (vgl. auch KREIBICH 1980) und Arbeitsmarktes. Die Wanderungsentscheidung kann daher nur im Kontext des den Akteur umgebenen sozialen Systems angemessen beurteilt werden.

In diesem Begründungszusammenhang rücken bewusste Handlungen in ihrer jeweiligen individuellen Intentionalität in das Zentrum der Betrachtung. Das Räumliche wird dabei als kontextuelle Dimension angesehen. Die grundsätzliche Annahme dieses handlungstheoretischen Ansatzes (WERLEN 1997a) besteht darin, dass nicht der Raum und dessen „objektive" Merkmale die zentrale Position für die Begründung menschlichen Handelns einnehmen, sondern die Analyse der individuellen Handlungsdispositionen und Handlungsweisen, die zu bestimmten raumbezogenen Handlungen und Mustern führen (vgl. auch Abb. 2). Auf das Migrationsgeschehen bezogen bedeutet dies, dass Migration das Resultat individueller Such-, Wahrnehmungs- und Bewertungsprozesse ist (vgl. auch STRAUBHAAR 1994, S. 4).

Die auf die subjektive Ebene der Bestimmungsgründe individueller Handlungsweisen bezogene Position der handlungstheoretischen Ansätze ermöglicht einen Zugang zur Begründung von Entscheidungen zur Abwanderung bzw. zum Verbleib in der Region. Insbesondere können auch die nicht-zweckrationalen Handlungsdispositionen und darunter auch die vielfach subjektiv zu interpretierenden Mobilitätsbarrieren (regionale

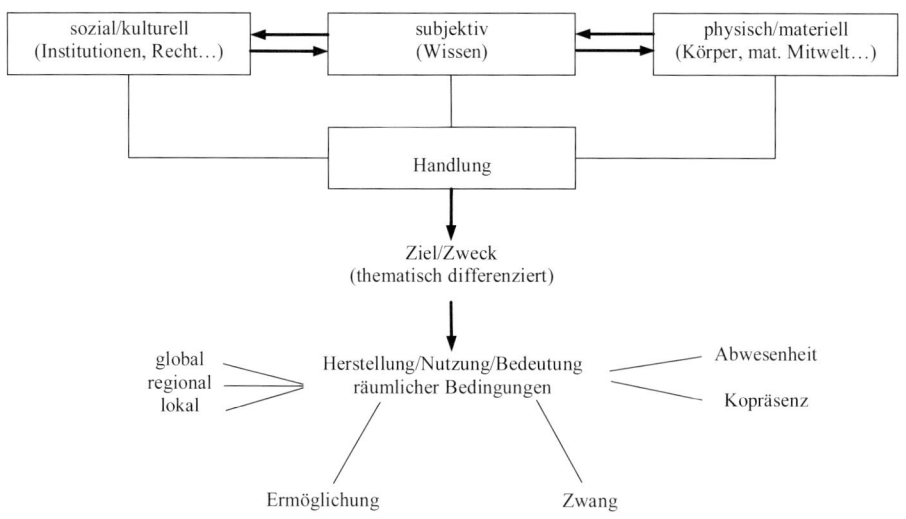

Quelle: WERLEN 1997, S. 65

Abb. 2:   Handlungszentrierte Perspektive auf Wanderungen

und persönliche Bindungen, Unsicherheiten etc.), intensiver herausgearbeitet und reflektiert werden. Mikroanalytische Studien über die Abwanderung aus dem ländlichen Raum bzw. aus anderen wirtschaftlichen Problemgebieten belegen die Relevanz solcher Aspekte (vgl. z.B. BOSCH 1978, POPP und WIESSNER 1979, WIESSNER 1980, FRIEDRICH und WARTWIG 1984, ROTH und WALTER 1988, WIESSNER 1991 und BEETZ 2004). Gleichzeitig erlauben diese Untersuchungen auch Rückschlüsse auf die jeweilige Bedeutung bestimmter Mobilitätsbarrieren bzw. -verstärker zu ziehen. Untersuchungen zu sozialen Netzwerken unterstreichen deren Einfluss auf die Wanderungsentscheidung. Zum einen können soziale Bindungen, so genannte social constraints, wanderungshemmend wirken, und zwar immer dann, wenn sie zu einer starken Verwurzelung der Akteure mit der Heimatregion führen (vgl. auch WAGNER 1989, S. 41 und TZSCHASCHEL 1986, S. 88). Andererseits können Sozialkontakte auch migrationsfördernd oder migrationssteuernd wirken. Beispielsweise ist aus der internationalen Migration das Phänomen der Kettenmigration bekannt. Danach zieht ein Migrant nach erfolgreicher Integration am Zielort – indem er sozusagen Pionierarbeit geleistet hat - weitere potentielle Wanderer aus seinem familiären oder auch weiter gefasstem persönlichem Umfeld nach. Diese Theorie der Migrationsnetzwerke basiert auf den Beobachtungen, dass „Wanderungsbewegungen [die eine] gewisse Bedeutung erlangt haben, [...] eine eigene Dynamik entfalten und sich unabhängig von den ursprünglich auslösenden Faktoren entwickeln" (DIETZ 2004). Die Konsequenzen können z.B. die regionale Häufung bestimmter ethnischer Gruppen oder ein zyklischer Verlauf des Wanderungsvolumens im Zeitverlauf sein. Arbeiten zur internationalen Kettenmigration finden sich u.a. bei HAUG 2004 oder auch bei FASSMANN und HINTERMANN 1997.

Darüber hinaus seien an dieser Stelle dezidierte Arbeiten zur innerdeutschen Ost-West-Migration von DIENEL (2004), LANDESAMT FÜR BAUEN UND VERKEHR (2005) und STALA SACHSEN (2003) erwähnt. In diesen Studien wurden mithilfe von Stichprobenbefragungen die Hintergründe, vor allem die Wanderungsgründe näher hinterfragt. Während die Sächsische Wanderungsanalyse, die wie erwartet hohe Bedeutung ökonomischer Hintergründe der Westwanderung unterstreicht, bezieht DIENEL (2004) stärker auch nicht arbeitsmarkt- bzw. nicht monetär-bezogene Motivationsgründe ein. Zudem zielt der Fokus bei DIENEL auf regionalpolitische Handlungsoptionen für eine von Abwanderung betroffene Region ab, wobei in erster Linie Möglichkeiten und Instrumente zur Minderung von Abwanderung aufgezählt werden.

Im Gegensatz zu den rein ökonomisch-rationalen Begründungen, die Wanderungen im Zuge des Strebens nach ökonomischem Erfolg als mehr oder weniger freiwillig intendierte Handlungen begreifen, lassen sich mit einem handlungsorientierten Ansatz Wanderungen differenzierter im Spannungsfeld zwischen freiwilliger Migration und von Sachzwängen getragener Entscheidung interpretieren (vgl. auch KREIBICH et al. 1980).

2.3 *Migration im Lebensverlauf*

Bereits eine eindimensionale Betrachtung der Wanderungsbeteiligung nach relevanten demographischen und sozialen Merkmalen, wie z.B. nach dem Alter, zeigt gewisse Regelhaftigkeiten. Dies lässt vermuten, dass die raumbezogenen Handlungen der Akteure je nach Stellung im Lebenszyklus unterschiedlich ausfallen. Die vorliegende Arbeit widmet sich in erster Linie der Gruppe der Bildungs- und Berufswanderer, den Hauptträgern der Ost-West-Migration. Nachfolgend sollen daher Theorieansätze zur altersselektiven Mobilität sowie zu Wanderungen in unterschiedlichen Lebenszyklen bzw. im Lebensverlauf vorgestellt werden.[8]

Wie erwähnt, sind nicht alle Altersgruppen im gleichen Ausmaß an Binnenwanderungen beteiligt. Gerade die in dieser Arbeit betrachtete Altersgruppe repräsentiert die höchste Wanderungsintensität. In diese Lebensphase fällt in der Regel die Aufnahme einer Ausbildung oder eines Studiums oft einhergehend mit dem Auszug aus dem Elternhaus (vgl. BLOTEVOGEL und JESCHKE 2003, S. 63 und 97). Migrationen werden nach diesem Ansatz durch biographische Brüche, wie bspw. Berufseinstieg, Heirat oder Geburt eines Kindes erklärt, die bevorzugt ganz bestimmte Altersjahrgänge treffen: „The changes in needs generated by the life cycle changes become translated into residential mobility when the family dwelling does not satisfy the new needs" (ROSSI 1980, S. 179). Ebenso sind wanderungshemmende Faktoren, wie beispielsweise schulpflichtige Kinder, in der Regel (noch) nicht vorhanden und auch die Risikobereitschaft, der es bedarf, sich in einer neuen räumlichen und sozialen Umgebung einzuleben, ist möglicherweise größer (vgl. JACOBS 2004, S. 94).

Ebenfalls soll an dieser Stelle die Arbeit von WAGNER (1989) zum Zusammenhang von Migrationen und Lebensverslauf genannt sein. Dezidert sollen wichtige Ergebnisse zu Migrationen im jungen Erwerbsalter und die Bedeutung von Migrationen auf die weitere Erwerbskarriere vorgestellt werden, da die vorliegende Arbeit genau diese Altersgruppe fokussiert. WAGNER spricht in diesem Zusammenhang von der „räumlichen Struktur des Lebensverlaufes". Nach seinen Befunden konzentriert sich Mobilität auf den Beginn des dritten Lebensjahrzehnts. Genau die Altersspanne, in der sich der Lebensverlauf durch den Ausbildungsabschluss, Heirat, Geburt, Berufseintritt o.ä. sozial differenziert, wird räumlich abgebildet[9]. Die Folge ist eine Altersabhängigkeit der räumlichen Mobilität. WAGNER kommt weiterhin zu dem Schluss, dass die hohe Mobilität dieser Altersgruppe auch darauf zurückzuführen ist, dass die Individuen in dieser Lebensphase „am ehesten die Kosten von Wanderungen auf sich nehmen, entsprechende (Humankapital-) Investitionen tätigen und gewissermaßen am empfindlichsten auf regionale Ungleichheiten reagieren" (WAGNER 1989, S. 84). In dieser Phase fällt auch der Anteil der Fernwanderungen am höchsten aus, bevor sie ab dem Ende des dritten Lebensjahrzehnts immer seltener werden. Auch deshalb schlussfolgert WAGNER, dass die sozialen Lebensverlaufsereignisse (siehe oben) langfristig räumliche Mobilität mindern und dass „Individuen regional bedingte Nachteile nur bis zu einem bestimmten Alter und in bestimmten Phasen des Lebensverlaufs ausgleichen beziehungsweise ausgleichen können" (ebenda). Diese empirischen Erkenntnisse aus den 1980er Jahren sprechen i.e.S. eher gegen ein nennenswertes Ausmaß an zirkulärer Wanderung bzw. Rückwanderung, zumindest wirkt der zeitliche Faktor reglementierend.

Darüber hinaus untersucht WAGNER (1992) auch die Bildungsselektivität von Wanderungen und zeigt auf, dass Migrationen nicht uneingeschränkt zum sozialen/ beruflichen

---

[8] Als klassische Arbeiten sollen an dieser Stelle die Arbeiten von SCHAFFER (1968), KILLISCH (1979), KEMPER (1985) sowie KULS und KEMPER (2002) genannt werden.

[9] Heirat und Geburt haben sich jedoch mittlerweile an das Ende des dritten Lebensjahrzehnts verschoben.

Aufstieg führen. Langfristige Karrierevorteile können lediglich für Fernwanderungen und zwar für Land-Stadtwanderungen nachgewiesen werden. Eine wichtige Einflussgröße ist jedoch die individuelle Haushaltskonstellation (zum Zusammenhang von Mobilität und Humankapital vgl. 2.5.).

Es ist allerdings zu überprüfen, inwieweit dieses Konzept auf heutige Lebensentwürfe noch anwendbar ist. Kinderwunsch und Eheschließung stehen mittlerweile in keiner engen Beziehung mehr. Gerade in Ostdeutschland treten klassische Familienstrukturen in den Hintergrund, so kommen mittlerweile mehr als die Hälfte der Kinder in den neuen Bundesländern unehelich zur Welt (FISCHER 2008). Weitere Gründe, die Anlass geben, das Lebenszykluskonzept kritisch zu hinterfragen, bestehen in der Zunahme temporärer und zirkulärer Wanderungen. Schließlich nehmen alternative Wanderungsformen in modernen Gesellschaften vor allem im hoch qualifizierten Bereich einen bedeutenden Stellenwert ein (vgl. z.B. LANZENDORF und SCHÖNDUWE 2006, S. 74 sowie AXTNER, BIRMANN und WIEGNER 2006, S. 76 f.)

2.4 Migrationsökonomie

Eine primär ökonomisch-rationale Sichtweise verfolgen die auf SJAASTAD 1962, TORADO 1969, HARRIS-TORADO 1970 und SPEAR 1971 zurückgehenden cost-benefit bzw. Harris-Torado-Migrationsmodelle. Danach werden kurzfristige Einkommensminderungen durch die Aussicht auf langfristig höhere Erträge, die allein durch den Umzug möglich werden, in Kauf genommen. Der Totalerfolg des eigenen Wirtschaftens wird maximiert. Lohndifferenz und Zeit gehen als wichtige Variabeln in die Gleichung ein. Je höher die zu erwartenden Einkommenszuwächse ausfallen, desto eher wird eine Migrationsentscheidung positiv ausfallen. Der Einfluss der Zeit (Diskontierung der zukünftigen Einkommensdifferenz) führt dazu, dass die Migrationsentscheidung umso lohnender wird, je länger die Person nach dem Umzug noch im Erwerbsleben steht, das heißt, je jünger sie bei der Wanderung ist.

Diese Modelle, die den push-pull-Charakter von Migrationen betonen, fokussieren auf die demographische Transformation im Zeitalter der Industrialisierung. Die Wanderungsströme werden als distinkte Migrationen von der Herkunfts- in die Zielregion gesehen, gleichzeitig werden Rückwanderungen als Gegenstrombewegungen beobachtet (FAIST 2000, S. 11). Migration sorgt in diesem Sinne für eine optimale Einkommenssituation der wandernden Akteure sowie gleichzeitig für eine optimale Allokation des Produktionsfaktors Arbeit nach den jeweiligen Knappheitsverhältnissen, was über die Lohnhöhe gesteuert ist (PRIES 2001, S. 13 f.).

Methodisch werden diese Modelle mittels der Regressionsanalyse bestimmt und mathematisch formuliert. Neben ökonomischen Variablen, vor allem arbeitsmarktbezogenen Indikatoren, können hier eine Vielzahl von erklärenden Variablen in das Modell aufgenommen werden, so dass oftmals Bestimmtheitsmaße von >0,9 erreicht werden können. Als problematisch erscheint bei diesen, dem Humankapitalansatz (vgl. 4.5) folgenden Theorien, die unterstellte Kalkulationsgenauigkeit bei Erträgen und Kosten der Migration sowie über den Diskontierungsfaktor. Die im Modell getroffenen Annahmen über

Vollbeschäftigung, vollständige und kostenlose Information sind Ansatzpunkte für Kritik (PFLUGBEIL, 2005, S. 28). Gleichzeitig sind nach HAUG (2000, S. 33) die Modellvariablen schwer zu fassen, womit das Modell kaum zu falsifizieren ist. Zudem kann es zu vermeintlich statistischen Fehlschlüssen kommen, z.B. indem die Kausalkette nicht eindeutig feststeht. Vergleichsuntersuchungen in den USA und anderen Industriestaaten haben gezeigt, dass die Erklärungsfähigkeit dieser Modelle im zeitlichen Verlauf immer weiter abnimmt. Dies ist in erster Linie darauf zurückzuführen, dass wirtschaftliche Zwänge als Migrationsmotiv bei steigendem Wohlstand sukzessive an Bedeutung verlieren und der Wanderungsprozess insgesamt immer vielschichtiger und „individualistischer" erklärt werden muss (BÄHR 2004, S. 266f.).

Eine ostdeutschlandspezifische Untersuchung liegt von DREGER und BRAUTZSCH (2002) vor. Sie erklären das Ausmaß und die Zyklizität des Wanderungsgeschehens zwischen Ost- und Westdeutschland mithilfe des Lohneinkommens und der Arbeitslosenquote. Anhand der Regressionsergebnisse konnten sie ermitteln, dass für die Ost-West Migration die Arbeitsmarktsituation mitbestimmend ist, jedoch für die Wanderung in der Gegenrichtung aus makroökonomischer Perspektive nur das Einkommensgefälle eine Rolle spielt. Resümierend machen die Autoren jedoch deutlich, dass der Erklärungsanteil der makroökonomischen Variablen als gering einzuschätzen ist und die eigentlichen Ursachen des innerdeutschen Ost-West-Wanderungsgeschehens demnach auf der akteursspezifischen Ebene zu suchen sind.

In Kritik geriet diese neoklassische Sichtweise auf Migrationen auch, da Lohndifferenzen und individuelle Nutzenmaximierung auf der Aggregatebene zwar wichtige Erklärungsfaktoren von überregionalen Arbeitskräftewanderungen sind, diese jedoch allein betrachtet noch keinen zufrieden stellenden Erklärungswert liefern. Vor allem durch die Arbeiten von STARK (1991 und 1993) entstand in der ökonomischen Migrationsforschung eine als „Neue Ökonomie der Migration" bezeichnete Denkrichtung, die die Aufnahme weiterer Erklärungsvariablen forcierte.[10] STARK (1991, S. 3 ff.) stellt mehrere Prämissen auf, wobei Migrationen nicht als individuelles optimierendes Entscheidungskalkül gesehen werden. Vielmehr wandert eine Person in Folge einer optimierenden Handlungsstrategie einer Gruppen, z.B. einer Familie. Durch die Migration gilt es nicht nur das erwartete Einkommen zu maximieren, sondern auch die Risiken für die involvierte Gruppe (Familie) zu minimieren. Weiterhin wird betont, dass Haushalte, von denen ein oder mehrere Familienmitglieder migrieren, nicht nur ihr „Einkommen in absoluten Zahlen erhöhen, sondern sich auch relativ zu anderen Haushalten in einer Referenzgruppe zu gewichten" (LEPHART 2002, S. 10), wodurch die Familie ihre soziale Positionierung stärken kann. Zudem verabschiedet sich die neue Ökonomie der Migration von der Annahme der vollkommenen Information der Akteure.

Eine dezidierte Untersuchung zur Abwanderung aus Ostdeutschland auf der Mikroebene stammt von BÜCHEL und SCHWARZE (1994). Sie haben mithilfe des Sozioökonomischen Panels untersucht, welche Personengruppen am ehesten einen Umzug nach Westdeutschland in Betracht ziehen, bzw. welche Gruppen drei Jahre später die Migration auch tatsächlich realisiert haben. Mittels eines sequenziellen Probitmodells wurde untersucht,

---

[10] Als weitere elementare Arbeiten sind an dieser Stelle MASSEY ET AL. (1993), MASSEY ET AL. (1994), MINCER (1978), TAYLER (1992) sowie BORJAS (1989) zu nennen.

welches soziodemographische und sozioökonomische Profil die Ost-West-Migranten aufweisen. BÜCHEL und SCHWARZE kamen zu dem Schluss, dass Abwanderungsabsichten überdurchschnittlich oft von Männern, hoch Qualifizierten, Auszubildenden, Personen mit einem hohen Pro-Kopf-Haushaltseinkommen und Pendlern geäußert werden.

Ähnliche Ansätze liegen auch den sog. *Job-Search-Theorien* zu Grunde. Arbeitnehmer suchen danach so lange nach einem Arbeitsplatz bis die Kosten, die in Verbindung mit der Suche standen, mindestens von den neuen diskontierten Einkommenserwartungen gedeckt werden. Da die Intensität des Suchverhaltens vom Ausbildungsstand abhängt, begründet sich daraus eine entsprechende Selektivität von erwerbsorientierten Wanderungsprozessen. Für höher Qualifizierte lohnt sich nach diesem Modell eine längere Suche und größere Investitionen, da die zu erwartenden Einkommenszuwächse höher ausfallen werden als für Arbeitsplätze, die nur eine geringe Qualifikation erfordern (vgl. u.a. FASSMANN UND MEUSBURGER 1997, S. 51 f.).

In der neueren Literatur werden diese deterministischen Ansätze aufgrund der Vielschichtigkeit der individuellen Entscheidungsprozesse sowie der auslösenden Elemente von Wanderungen häufig abgelehnt. Dennoch sollte bedacht werden, ob sie im Falle der innerdeutschen Ost- West-Wanderung, die auf den ersten Blick offensichtlich von ökonomisch determinierten Wanderungsentscheidungen charakterisiert ist, nicht doch auf aggregierter Ebene einen Erklärungswert für den sukzessiven Abwanderungsstrom bieten. Gerade bei der in dieser Arbeit angestrebten Verbindung zwischen individueller Handlungsentscheidung bei einem unterstellten hohen Anteil an berufs- und ausbildungsinduzierter Wanderung könnte die Offenheit gegenüber Erklärungsmodellen der ökonomischen Migrationswissenschaft fruchtbar sein. Die theoretische Verortung der vorliegenden Arbeit wird dennoch primär in den zuvor angesprochenen verhaltensorientierten und handlungstheoretischen Arbeiten gesehen.

2.5 Humankapital im Migrationsprozess

Aus regionalökonomischer und regionalpolitischer Sicht ist die Betrachtung des Humankapitals der wandernden Bevölkerung von besonderer Bedeutung. Im Zeitalter der Globalisierung und wissensbasierter Ökonomien erhält die Humanressource „Wissen" eine hohe Bedeutung. In der Literatur zur internationalen Arbeitsmigration wurde in diesem Zusammenhang das Phänomen des „brain drain" beschrieben und dessen volkswirtschaftlichen Auswirkungen auf die Herkunftsgebiete in verschiedenen Studien untersucht (vgl. dazu Kap. 2.6.2).

Der Begriff Humankapital geht in erster Linie auf die Arbeiten von SCHULTZ (1961) und BECKER (1962) zurück. Diese erweiterten die traditionelle Gliederung der Produktionsfaktoren Arbeit und Kapital, indem sie in Realkapital und Humankapital unterschieden. Begründet lag diese Unterscheidung in der Tatsache, dass das wirtschaftliches Wachstum der Industriegesellschaften sich allein mit ökonomischem Kapital (Realkapital) nicht hinreichend erklären lies. Das Humankapital erfasst demnach alle wachstumsfördernden Einflüsse, die mit den produktiven Einflüssen und Fähigkeiten der Menschen zusammenhängen (ESSER 2000, S. 214f.). Nach HOFMANN (2001, S. 8) versteht man unter Humankapital in einer sehr verallgemeinerten und weit gefassten Definition „die angeborenen Talente und Begabungen, das Allgemeinwissen, den Bestand an berufsspezifischem Wissen und Können, die gesammelten Berufserfahrungen, ebenso wie die Bereitschaft zur räumlichen und beruflichen Mobilität, den Gesundheitszustand, die persönlichen Charaktereigenschaften sowie durch das soziale Umfeld determinierte Einstellungen und Verhaltensweisen." In dieser individuellen Betrachtungsweise resultiert Humankapital aus der ganz spezifischen Anfangsausstattung und der später hinzugewonnenen Kenntnisse und Fähigkeiten aufgrund von Bildung (HOFMANN 2001, S. 10).

Dem Faktor Humankapital sowie seiner Bedeutung im Migrationsgeschehen sollen daher die folgenden Abschnitte gewidmet werden.

2.5.1 Makroanalytischer Exkurs: Humankapital und wissensbasierte Ökonomien

Dem Faktor Humankapital wird eine hohe Bedeutung bei der Herausbildung von regionalen Wachstumspolen zugeschrieben. Regional vorhandenes Humankapital kann dazu beitragen, dass sich Regionen mit einer günstigeren Humankapitalausstattung besser entwickeln (DIETRICH, RAGNITZ, ROTHFELS u.a. 1997, S. 16f). Seine Bedeutung für wirtschaftliches Wachstum liegt in erster Linie darin begründet, dass ausgeprägte Fähigkeiten und Fertigkeiten der Erwerbsbevölkerung die Arbeitsproduktivität steigern, weiterhin führt eine zunehmende Spezialisierung zur Förderung der Arbeitsteilung (HOFMANN 2000, S. 25). Ein hohes Wirtschaftswachstum hat wiederum eine Vielzahl von Rückkopplungseffekten auf das Humankapitalniveau einer Bevölkerung, da beispielsweise eine günstige Wirtschafts- und Arbeitsmarktlage auch eine Ausweitung der öffentlichen Bildungsausgaben erlaubt. In diesem Sinne setzt Humankapital Multiplikatoreffekte frei (OECD 2003, S. 26). Aus dieser Erkenntnis heraus entwickelte sich in den letzten Jahren ein neuer Forschungszweig zu wissensbasierten Ökonomien.

Auf der Grundlage zahlreicher Untersuchungen der OECD geht hervor, dass die wissensbasierte Wirtschaft und die rasante Entwicklung des Dienstleistungssektors das Humankapital zu einem wichtigen Faktor für Arbeitsproduktivität und Wachstum machen (FUENTE und CICCONE 2002, S. IV). Die OECD (2001) empfiehlt daher in ihrem Bericht, Investitionen vor allem im Bereich der allgemeinen und beruflichen Bildung zu tätigen. Dieser Paradigmenwechsel beinhaltet die Abkehr von einer Wirtschaftspolitik, mit der die Output-Größe *regionales Wachstum* durch ein quantitatives Mehr an Input-Faktoren (Kapital, Arbeit, Infrastruktur) gesteigert werden sollte. Alternative wirtschaftspolitische Strategien setzen stattdessen auf die Kumulation von Wissen und seiner Umsetzung in dynamischeres Wachstum (FRANZ 2007, S. 154). Hierunter fällt auch die von der Europäische Union verfolgte sog. Lissabon-Strategie, die zum Ziel hat: „die Union zum wettbewerbsfähigsten und dynamischsten wissensbasierten Wirtschaftsraum in der Welt zu machen - einem Wirtschaftsraum, der fähig ist, ein dauerhaftes Wirtschaftswachstum mit mehr und besseren Arbeitsplätzen und einem größeren sozialen Zusammenhalt zu erzielen" (Europäischer Rat 2000). Die von der EU geforderten Maßnahmen, die eine quantitative und qualitative Steigerung des Humankapitalbestandes bewirken sollen, erscheinen gerade für jene Regionen wichtig, die in Produktivität und Pro-Kopf-Einkommen hinter dem EU-Durchschnitt zurückliegen (FUENTE und CICCONE 2002, S. 6).

Dieses wissensökonomische Paradigma unterstreicht die Relevanz einer qualifikationsspezifischen Untersuchung von Migrationsströmen.

Zur Abschätzung der Konsequenzen von Abwanderung, die möglicherweise stark selektiv abläuft, stellt sich die Frage, ob sich der oben beschriebene positive Bedeutungszusammenhang von Humankapital und wirtschaftlichem Wachstum im Umkehrschluss auf den Abfluss an Humankapital übertragen lässt[11].

Ein Modell, welches auf die besondere Situation von Ost- und Westdeutschland bzw. u.a. die Erklärung bzw. Prognose von Migrationströmen abbildet, wurde von SINN (2000) entworfen. In seinem makroökonomischen Transformationsmodell wird der Frage nachgegangen, was passiert, wenn eine größere, gut funktionierende Wirtschaftseinheit sich mit einer kleineren, ökonomisch schwächeren Wirtschaftseinheit vereinigt. Da der Produktionsfaktor „Arbeit" schneller reagiert als „Kapital" kommt es in diesem Modell zu anfänglich hoher Arbeitsmigration aus der ökonomisch schwächeren in die ökonomisch stärkere Wirtschaftseinheit. In der Folge, so SINNS Theorem, wird im Herkunftsland die steigende Knappheit an Arbeitskräften das Lohnniveau steigen lassen und die weniger effizienten Arbeitsplätze beseitigen. Nach und nach wird die Verlagerung von Kapital in den Herkunftsländern zu einer Erhöhung der Arbeitsnachfrage führen und letztlich Rückwanderung initiieren. Der sich aus den Kräften des Marktes ergebene Transformationsprozess steigere langfristig die Wohlfahrt der gesamten Volkswirtschaft (wie im gegebenen Fall: der EU), sodass keine Beschränkung der Migration, auch nicht durch Subventionierung von Arbeit im Herkunftsland, durch die Politik auferlegt werden sollte. In dem sich langfristig einstellenden Gleichgewicht sieht SINN (2000) den besten Lösungsweg, sowohl in gesamtdeutscher Sicht, die innerdeutsche Ost-West-Migration betreffend, als auch im Rahmen der EU-Osterweiterung.

2.5.2 Möglichkeiten zur Messung und Quantifizierung von Humankapital

Erste Ansätze der Humankapitalquantifizierung gehen auf FARR (1853) zurück. Mithilfe der verbleibenden Lebensarbeitszeit ermittelt er den volkswirtschaftlichen Nutzen eines Individuums, indem das zukünftige Arbeitseinkommen mit den Lebenshaltungskosten saldiert wird. ENGEL (1883) und WITTSTEIN (1867) nutzen hingegen die Produktionskosten als Ausgangspunkt für eine monetäre Bewertung von Humankapital (HOFMANN 2001, S. 16).

In der wissenschaftlichen Literatur lassen sich drei unterschiedliche Herangehensweisen zur Messung von Humankapital ausmachen. Erstens erlaubt der schulische Abschluss

---

[11] Während die Wissensökonomik stärker die Mechanismen für wirtschaftliches Wachstum herausstellt, sucht die Polarisationstheorie nach Erklärungen für die Entwicklung in stagnierenden und schrumpfenden Regionen. Grundlage der Polarisationstheorie war die Auseinandersetzung mit Entwicklungsproblemen in Ländern der Dritten Welt und Erfahrungen mit langfristig benachteiligten Gebieten, wie periphere Grenzregionen oder ländlich-agrarisch geprägte Regionen in den 1960er und 1970er Jahren (MAIER und TÖDTLING 2002, S. 85). Als klassische Vertreter der räumlichen Polarisationstheorie gelten G. MYRDAL (1974) und A. HIRSCHMAN (1967). Beide stellen anhand empirischer Beobachtungen heraus, wie nicht auf Gleichgewicht ausgerichtete Prozesse zum Zurückbleiben einer Region führen.

gewisse Rückschlüsse auf das Bildungsniveau eines Menschen. Zweitens besteht die Möglichkeit in Testverfahren oder Befragungen Kenntnisse, Fähigkeiten und Fertigkeiten von Akteuren zu ermitteln. Drittens erlaubt die Verschneidung der individuellen Einkommen mit bestimmten sozioökonomischen Daten einen gewissen „Marktwert" der Individuen zu schätzen (OECD 1998, S. 15).

Aufgrund der relativ guten Datenlage wird in Studien zum Humankapitalvergleich oftmals die erste Möglichkeit genutzt, also das formale Bildungsniveau. In amerikanischen Untersuchungen wird dabei am häufigsten der Indikator „median school years completed", wenn auch relativ umstritten, verwendet (MEUSBURGER 1998, S. 84). Auch in Deutschland wird üblicherweise das Humankapitalniveau mit dem Bildungsniveau eines Individuums gleichgesetzt. Meist wird hierzu das mitunter recht komplexe deutsche Bildungssystem in seine dreigliedrige Grundklassifikation:

Hauptschulabschluss (auch Volksschulabschluss)

Realschulabschluss (auch 10. Klasse Polytechnische Oberschule/ DDR)

Abitur/ (Fach-)hochschulreife

aggregiert. Dezidierte Untersuchungen zur Ost-West-Migration auf der Grundlage dieser Humankapitaldefinition finden sich bei KEMPE (1999); KEMPE (2001), BECK (2004) sowie SCHNEIDER (2005). Vorteil dieser Unterteilung nach dem formalen, schulischen Bildungsniveau sind die offensichtlichen und unstrittigen Unterschiede in den jeweils zu erreichenden Qualifikationsniveaus. Kritisch muss allerdings angemerkt werden, dass der schulische Bildungsabschluss nichts über den letztendlich erreichten (beruflichen) Bildungsstandard im Laufe des weiteren (Erwerbs-)lebens aussagt. Mit zunehmendem Alter der Individuen werden die Unsicherheiten bei dieser Art der Betrachtung immer größer. Andererseits kann diese Klassifikation für Untersuchungen mit Personen am Beginn ihrer Erwerbskarriere durchaus sinnvoll sein, auch dann, wenn das schulischen Bildungsniveau durch das berufliche (beispielsweise Lehre, Fachhochschulstudium, Universitätsstudium) ergänzt wird.

Eine andere Möglichkeit besteht in der Zusammenführung von Bildungsdaten mit dem Einkommensniveau. Damit kann eine detaillierte Abstufung, zumindest hinsichtlich des erreichten beruflichen Erfolgs in Bezug auf das Einkommen vorgenommen werden (vgl. GERNANDT und PFEIFFER 2006).

Einen Bewertungszugang im Sinne einer finanzpolitischen Betrachtungsweise besteht in der monetären Bilanzierung der Wanderungsströme anhand der historischen Ausbildungskosten, dem Kostenwertprinzip bzw. der durch die Arbeitskraft der Migranten zu erwartenden diskontierten Zukunftserträge, dem Ertragswertprinzip. Diese Bewertungsmaße wurden häufig für internationale Migrationsströme angewandt und entspringen einem mitunter auf Gerechtigkeit beruhendem Ansatz. Daher fanden diese Bewertungsmaße auch vornehmlich während der ersten Hochphase der brain-drain-Diskussion Anwendung, die ab den 1960er/ 1970er Jahren im Rahmen der internationalen Arbeitskräftewanderung aus Entwicklungsländern stattfand (vgl. Kap. 2.6.2).

So basiert das Kostenwertprinzip auf den für die Ausbildung des Migranten angefallenen Kosten. Werden jene historischen Kosten angesetzt, die das Ausbildungsland in die

Bildung des Migranten investiert hat, ist die Bewertung Ausdruck für den Humankapitalverlust des Herkunftslandes. Wird der Humankapitalwert hingegen auf der Grundlage der analogen, theoretischen Ausbildungskosten im Zielland angesetzt, entsteht eine Bewertungsgröße, die den Humankapitalgewinn im Herkunftsland beschreibt. Diese Bewertung setzt allerdings einen lebenslangen Verbleib des Migranten im Zielland voraus. Falls der Migrant ins Herkunftsgebiet zurückwandert oder mehrfach wandert, entsteht eine komplexe Konstellation, die einer differenzierten Bewertungsgrundlage bedarf. Es stehen prinzipiell wieder mehrere Möglichkeiten offen, den zusätzlich seit der Migration entstandene Humankapitalmehrwert zu messen. Hierbei können wiederum entweder auf Grundlage theoretischer Ausbildungskosten im Herkunftsland oder der tatsächlich zwischenzeitlich im Zielland entstandenen Kosten Bewertungen vorgenommen werden, die je nach spezifischer Fragestellung sinnvoll sind.

Eine weitere Bewertungsmöglichkeit besteht in der Diskontierung des zu erwartenden Lebenseinkommens des Migranten. Auch hierbei wird ein Verbleib des Migranten im Zielgebiet unterstellt. Es gelten ähnliche Prinzipien wie sie bereits beim Kostenwertprinzip vorgestellt wurden[12]. Da über zukünftige Remigration oder mehrfache Wanderungen zwischen Herkunfts- und Zielgebiet nur Annahmen getroffen werden können, eignen sich diese Verfahren jedoch nur für eine Querschnittsbetrachtung bzw. eine ex-post-Analyse. Zu bedenken ist jedoch, dass Rückwanderung und Mehrfachwanderungen gerade im hoch qualifizierten Bereich von großer Bedeutung sind, daher sind Annahmen im Bewertungsverfahren unumgänglich.

Für die hier vorliegende Untersuchung scheint es daher sinnvoll zu sein, eine aus den vorgestellten Möglichkeiten operationalisierbare Synopse herzustellen, die den gestellten Forschungsfragen gerecht wird. Schließlich sind einige, aus der internationalen Migrationsforschung stammende Bewertungsverfahren, wie beispielsweise das vorgestellte Kosten- und Ertragswertprinzip bei Wanderungsströmen innerhalb einer Volkswirtschaft nur bedingt sinnvoll. Obwohl das in Deutschland auf Bundesländerebene finanzierte Bildungssystem eine gewisse Rechtfertigung liefert, soll dieser reinen finanzpolitischen Betrachtung durch eine Bewertung auf der Grundlage des formalen Bildungsniveaus und des beruflichen Status mit weiteren geeigneten sozioökonomischen Indikatoren sowie dem Einkommen der Vorzug gegeben werden.

2.6 Der Begriff „brain drain" in der Migrationstheorie

In den vorangehenden Ausführungen wurde die vorliegende Arbeit in migrationstheoretischer Hinsicht verortet. Gleichermaßen ist jedoch auch Ziel der Arbeit, das in den Wanderungsstrom aus Ostdeutschland eingebundene Humankapital zu ermitteln und zu bewerten. Eine Symbiose zwischen Migration und Humankapital findet in wissenschaftlichen Untersuchungen unter dem Konstrukt des so genannten „brain drain" statt. Unter diesem Terminus werden sowohl die Migrationsströme und die wirtschaftlichen Effekte in den Herkunfts- und Zielländern beschrieben, aber auch die individuellen Entscheidungskalküle der wandernden und bleibenden bzw. rückkehrenden Individuen. Der

---

[12] für eine detaillierte Beschreibung des Kostenwert- und Ertragswertprinzips vgl. GALINSKI 1986, S. 36 bis 54

Begriff des brain drain sowie das im Laufe der Jahre daraus entstandene Spektrum an definitorischen Möglichkeiten sollen im folgenden Kap. 2.6 vorgestellt werden.

2.6.1 Definition und Herkunft des Begriffs

Erstmalig (soweit sich dies nachweisen lässt) wurde der Begriff „brain drain" 1962 in einem Bericht der British Royal Society verwendet. Ausgangspunkt war die zunehmende Abwanderung von Wissenschaftlern und Ingenieuren in die USA (MEUSBURGER 1998, S. 383). Von der wörtlichen Bedeutung ausgehend meint brain drain den Abfluss (drain) von Geist und Wissen (brain). Ein so genannter brain drain impliziert demnach zwei unterschiedliche Blickwinkel: erstens die Migration und zweitens die Qualifikation.

Ursächlich wurde der Begriff auf internationale Migrationsströme bezogen. So definiert BHAGWATI (1983, S. 44) brain drain auch als „international migration of highly skilled manpower form the poor to the rich countries". Nachdem der Begriff zuerst nur für die Migrationen von hoch Qualifizierten aus Entwicklungsländern verwendet wurde, vor allem im Zusammenhang mit der Diskussion über nachteilige Folgen der Auswanderung, wurde er später auch für die hoch Qualifizierten-Wanderung zwischen Industrienationen herangezogen. So benutzte auch das Europäische Parlament (1989) den Begriff brain drain für europäische Wissenschaftler, die in die USA auswandern (WOLBURG 1999, S. 20). Brain drain ist zwar ein wissenschaftlicher Fachterminus der Migrationsforscher, in erster Linie findet der Begriff aber auch im politischen Sprachgebrauch Verwendung und wird dort zumeist mit negativem Tenor benutzt. In diesem Sinne wird er gleichgesetzt mit einem irreversiblem Verlust an qualifizierten Arbeitskräften und Humankapital (ebenda 1999, S. 19). Gleichwohl dieser politischen Brisanz unterlag die Definition einer gewissen zeitlichen Variabilität, die vor allem die sozialen, ethnischen und politischen Aspekte des brain drain widerspiegelt (GIANNOCCOLO 2004, S. 3). In der letzten Dekade erlebte die Debatte um den brain drain und seine Folgen eine Wiederbelebung, zum einen aufgrund einer wieder zunehmenden quantitativen Bedeutung der Hoch-Qualifizierten-Wanderung im internationalen Maßstab. Zum Anderen führten auch politische Maßnahmen, deren Ziel in der Anwerbung von hoch Qualifizierten liegt, zu einem gesteigerten wissenschaftlichen Interesse am brain drain (vgl. auch COMMANDER, KANGASNIEMI und WINTERS 2003, S. 1).

Eine weitere definitorische Frage stellt sich bezüglich der inhaltlichen Abgrenzung des Prädikats „brain drain". Generell kann davon ausgegangen werden, dass hoch qualifizierte Berufsgruppen sich durch eine hohe, in der Regel wissenschaftliche Qualifikation auszeichnen und meist ein hohes Sozialprestige genießen. Eine exakte Definition hoch qualifizierter Berufe erscheint dennoch relativ schwierig. Im Zuwanderungsgesetz der Bundesrepublik Deutschland werden hoch Qualifizierte lediglich als „Spitzenkräfte der Wirtschaft und Wissenschaft" mit einem jährlichen Mindesteinkommen von 84.000 € bezeichnet[13]. GALLINSKI (1986, S. 6) nutzt die „International Standard Classification of Occupation (ISCO)" und fasst unter hoch qualifizierten Arbeitskräften die Berufsgruppen „Professional", „Technical and Related Workers" sowie „Administrative, Executive and

---

[13] BUNDESMINISTERIUM DES INNERN: http://www.zuwanderung.de/2_neues-gesetz-a-z/hochqualifizierte.html, letzter Download am 12.09.2006

Managerial Workers".[14] Oftmals konzentrieren sich Untersuchungen zum brain drain eines Landes auch nur auf die Mobilität einer bestimmten Berufsgruppe oder Berufsuntergruppe, wie beispielsweise Wissenschaftler oder Stipendiaten eines bestimmten Faches oder einer Förderorganisation (vgl. z.B. ENDERS und MUGABUSHAKA 2003, JÖNS 2006). Aber auch das formale Bildungsniveau dient als Abgrenzungskriterium. So operationalisiert WOLBURG (1999, S. 162) hoch Qualifizierte als Personen mit „third-level non-university education", „third-level university education" und „post-graduate studies".

Aufgrund der Parallelen zu den Definitions- und Operationalisierungsproblemen des Humankapitals (siehe Kap.2.5.2) soll die Diskussion der Indikatoren an dieser Stelle nicht weiter vertieft werden.

2.6.2 Brain drain in der Migrationstheorie

Seit dem zweiten Weltkrieg sind die entwickelten Länder und insbesondere die USA Nutznießer der internationalen Migration von hoch Qualifizierten. Dementsprechend häufig finden sich Studien zu diesen Migrationsströmen und über deren Konsequenzen in den Herkunftsländern. Diese hier umfassend vorzustellen würde nicht zielführend für die vorliegende Arbeit sein, da die Ergebnisse nur bedingt eine theoretische Grundlage für die hier untersuchte innerdeutsche Ost-West-Binnenwanderung darstellen. Daher sei an dieser Stelle lediglich auf ausgewählte Arbeiten von BALDWIN (1970), MANDI (1981), BHAGWATI (1983), GALLINSKI (1996), WOLBURG (1999), DESAI, KAPUR und MCHALE (2002) und BACKHAUS, NINKE, OVER (2002) verwiesen, die sich in erster Linie den Auswirkungen auf Wohlfahrt, fiskalischer Situation und Wirtschaftswachstum anhand ökonometrischer Modelle widmen (vgl. Literaturangaben bei GIANNOCCOLO 2004). BALDWIN und BHAGWATI diskutieren die Frage, inwieweit auch ein Überangebot an hoch Qualifizierten Arbeitsplätzen einen brain drain verursacht. In diesem Fall würde ein brain drain nicht automatisch einen Mangel an Fachkräften auslösen, sondern lediglich den Arbeitsmarkt des Herkunftslandes entlasten. Diese Überlegungen sind auch im Rahmen der innerdeutschen Ost-West-Migration von maßgeblicher Bedeutung.

Die Auswirkungen auf die Zielländer sind in wissenschaftlichen Studien hingegen noch relativ wenig untersucht. Erst neuere Arbeiten nehmen einen Perspektivenwechsel vor und widmen sich den Effekten in den Herkunfts- und Zielländern sowie der globalen Sichtweise (REGETS 2001). Eine relative Fülle an wissenschaftlichen Arbeiten zur internationalen Arbeitskräftewanderung erfolgte in Deutschland mit der Einführung der Greencard (vgl. z.B. KOLB und HUNGER 2001, KOLB 2002, PETHE 2004 sowie WEISS 2006).

Da die Auswirkungen des brain drain sowohl in den Herkunfts- als auch in den Zielländern sehr heterogener Natur sind und vielerlei Rückkopplungen unterliegen, scheint ein allgemeiner „Überblick" über den Stand der Forschung für das Anliegen der vorliegenden Arbeit nicht sinnvoll. Im Folgenden soll daher vornehmlich solche Literatur zur Migration von hoch Qualifizierten diskutiert werden, die sich einer komplexen Beschrei-

---

[14] Die ISCO ist eine von der International Labour Organisation herausgegebene Berufsklassifikation. Vgl. auch: http://www.ilo.org/

bung des brain drain zuwendet. Nicht zuletzt aufgrund steigender Vernetzung und stärker werdender Zyklizität von Wanderungen ist diese Perspektive relevant.

2.6.3 Brain drain, brain gain und brain exchange

Bereits BHAGWATI lenkte im Jahr 1979 mit der Frage „How looses?" die Brain-Drain-Diskussion von der reinen Negativperspektive des Humankapitalabflusses zum differenzierten Abwägen möglicher positiven und negativen Folgeeffekte. Zudem weist MEUSBURGER 1998 (S. 34) darauf hin, dass die Bedeutung von Humanressourcen für eine Volkswirtschaft zwar unumstritten ist, man aber über die genauen Wirkungszusammenhänge von Qualifikation, Forschung, Innovationspotential, Kapitalkraft und wirtschaftliche Wettbewerbsfähigkeit relativ wenig weiß. Gleichfalls gibt er zu bedenken, „ob und unter welchen gesellschaftlichen, politischen und wirtschaftlichen Rahmenbedingungen ein hohes Ausbildungsniveau der Bevölkerung Ursache und Folge der wirtschaftlichen Entwicklung ist oder welche wirtschaftlichen Auswirkungen der brain drain für die Ziel- und Herkunftsländer hat" (ebenda, S. 34). Generell wird in der neueren Literatur der brain drain differenzierter betrachtet. Dies betrifft sowohl Migrationsstudien (vgl. bspw. GUENTCHEVA, KABAKCHIEVA und KOLARSKI 2004, HUNGER 2003, HAUG 2005) als auch Arbeiten auf der Grundlage der Humankapitaltheorie bzw. zur Humankapitalakkumulation (vgl. STARK 2004, STARK und FAN 2006 und COMMANDER, KANGASNIEMI und WINTERS 2003).

Die Brain-Drain-Diskussion erweiterte sich um neue Termini, die die komplexe Situation und der diversifizierten Folgeerscheinungen der Hoch-Qualifizierten-Wanderung Genüge tun sollen. In diesem Zusammenhang sollen die Begriffe „brain exchange", „brain gain" und „brain re-gain" beispielhaft erläutert werden (vgl. auch WOLBURG 1999, S. 57ff., REGETS 2001, S. 3ff. und STRAUBHAAR 2000, S. 8ff.).

Konträr zu den Brain-Drain-Argumenten sind differenzierte Folgeeffekte hinsichtlich der Migration hoch Qualifizierter denkbar, deren Einteilung nach einem reinen positiv/ negativ Bewertungsschema nicht immer eindeutig vornehmbar ist. Grundsätzlich herrscht in der Literatur Einigkeit darüber, dass Abwanderung nicht nur mit Humankapitalverlust (brain drain) einhergeht, sondern unter bestimmten Bedingungen auch einen Wissensaustausch (brain exchange) oder sogar zu einem Humankapitalgewinn oder -rückgewinn (brain gain, brain re-gain) in Gang setzt. So zeigen STARK und FAN (2006, S. 3 ff.) modellhaft, dass durch die Abwanderung von hoch Qualifizierten der Anreiz für die Individuen im Herkunftsland, in die eigene Bildung zu investieren, größer wird, da sich die Individuen durch höhere Bildung auch eine potentielle Chance auf eine spätere Migration offen halten. Letztlich verfügt somit die Volkswirtschaft nach dem Modell von STARK und FAN (2006, S. 16) über einen höheren Bildungsgrad als ohne brain drain. Eine Übersicht über theoretisch mögliche Folgeeffekte der internationalen Migration hoch Qualifizierter findet sich in Tab. 1. Diese Übersicht erhebt keinen Anspruch auf Vollständigkeit, sondern soll lediglich die Vielzahl möglicher Ansatzpunkte anzeigen, wobei empirisch untermauerte Studien nur zu einem Teil der skizzierten Argumente vorliegen. Dies mag oftmals daran liegen, dass Rückwanderer von der amtlichen Statistik nicht erfasst werden oder die ausgewählten Aspekte Quantifizierungs- und Messbarkeitsprobleme verursachen.

Tab. 1: Mögliche globale und nationale Effekte der Migration hoch Qualifizierter

Herkunftsländer: mögliche negative Folgen Produktivitätsverlust durch den zumindest zeitweiligen Verlust von hoch qualifizierten Arbeitskräften und Studenten (vgl. Humankapitaltheorie) weniger öffentliche Unterstützung für Hochschulen (Mittelkürzungen)	Zielländer: mögliche negative Folgen sinkender Anreiz für die heimische Bevölkerung ihr Wissen und ihre Fähigkeiten zu erweitern Verdrängungseffekte bezüglich einheimischer Studenten an den Eliteuniversitäten Sprachbarrieren und kulturelle Unterschiede zwischen einheimischen hoch Qualifizierten und Immigranten Technologietransfer an feindliche Staaten
Herkunftsländer: mögliche positive Folgen steigender Anreiz der zurückgebliebenen Bevölkerung in Bildung zu invertieren und ihr Wissen zu erweitern die Möglichkeit der Emmigration erhöht die Einkommenerwartung durch Bildungsinvestitionen (Anreiz zur Qualifikation) Entlastung des Arbeitsmarktes Wissenstransfer und Zusammenarbeit Exportmöglichkeiten für Technologie Erhalt von ausländischem Wissen und Humankapital bei Rückwanderung Rücküberweisungen und andere Unterstützungen von Diaspora-Netzwerken	Zielländer: mögliche negative Folgen Zunahme von F&E und ökonomischer Aktivität durch zusätzliche hoch qualifizierte Arbeitskräfte Wissenstransfer und Zusammenarbeit Zusätzliche Verbindungen zu ausländischen Forschungsinstitutionen Exportmöglichkeiten für Technologie (mehr Einschreibungen in Graduiertenprogramme, kleinere Programme bleiben überlebensfähig)
Mögliche globale Effekte: Verbesserter internationaler Wissenstransfer bessere Stellenbesetzungen größere und umfangreichere Arbeitsmöglichkeiten für hoch qualifizierte Angestellte und Wissenschaftler größere Chancen für Arbeitgeber Arbeitskräfte mit seltenen und einzigartigen Fähigkeiten zu finden Herausbildung von internationalen Wissens- und Technologieclustern (Silicon Valley, CERN) internationaler Arbeitsmarkt kann konkurrenzsteigernd wirken und somit Anreize für Bildungsinvestitionen der Individuen freisetzen	

Quelle: in Anlehnung an REGETS (2001, S. 4), übersetzt aus dem Englischen

Empirische Studien existieren in erster Linie zur Bedeutung von Technologietransfers und Unternehmensgründungen ehemaliger Migranten oder Rückkehrern.

Ein prägnantes Beispiel ist China, schließlich gilt es seit 1978 als Auswanderungsland für hoch Qualifizierte. Mittlerweile scheint sich dieser Trend durch die zunehmende Rückwanderung von Auslandschinesen, die vor allem in den großen chinesischen Zentren mündet, umzukehren. Staatliche Investitionsprogramme, die auf ausländische Direktinvestitionen (FID) und Technologietransfer abzielen verstärken diesen Trend. Gleichwohl besteht eine wirtschaftspolitische Strategie der chinesischen Regierung darin, Rückwanderung der im Ausland lebenden Eliten durch Investitionsprogramme für innovative und technologieorientierte Unternehmensgründungen zu fördern (MÜLLER 2004, S. 1 und HUNGER 2003, S. 27).

In Indien setzte dieser Prozess zeitlich gesehen bereits eher ein. Indien investierte im Zuge seiner auf industrielle und technologische Unabhängigkeit ausgerichteten Politik in den Bildungssektor und insbesondere in technische Ausbildungsgänge. Daraus resultierte ein Überschuss an Akademikern, die keine adäquate Beschäftigung im Land finden konnten. In der Folge setzte eine massive Auswanderung von technischen Eliten ins Ausland ein, vor allem in die USA. Diese Non-Resident-Indiens (NID) haben durch Wissens- und Kapitaltransfers, soziale und berufliche Netzwerke oder durch ihre Rückkehr maßgeblich zum Boom der indischen Softwareindustrie, die als Hoffnungsträger der zukünftigen Wirtschaftsentwicklung gilt, beigetragen (HUNGER 2003, S. 11ff.). So sind 19 der 20 Topunternehmen in Indien unter Beteiligung von NRI gegründet wurden bzw. werden gegenwärtig von ihnen geleitet (ebenda, S. 24).

Zu ähnlichen Ergebnissen kam auch WEISS (2005) in einer Untersuchung von Vietnamesen, die als Schüler, Studenten oder Vertragsarbeiter temporär in der ehemaligen DDR lebten. Im Zuge der Wiedervereinigung kehrten viele dieser Auslandsvietnamesen im Rahmen eines Rückkehrprogramms in ihre angestammte Heimat zurück. Die während ihrer Zeit als Vertragsarbeiter erzielten Ersparnisse sowie die erworbenen Qualifikationen legten den Grundstein für Unternehmensgründungen, z.B. auch über Joint-Venture-Projekte. Insgesamt schätzt man, dass ca. 14.000 neue Arbeitsplätze durch das Rückkehrprogramm in Vietnam entstanden sind. Die während des Aufenthaltes in der ehemaligen DDR erworbenen Qualifikationen und Erfahrungen leisten weiterhin einen nicht zu unterschätzenden Betrag im Reformprozess in Vietnam. WEISS (2006, S. 30) führt weiter aus, dass von den ehemaligen Schülern und Studenten heute fast alle in mittleren und leitenden Positionen tätig sind und damit einen bedeutenden Einfluss auf die Entwicklung des Landes haben.

Allerdings wendet HILLMANN (2007, S. 59 f.) ein, dass zwar „das migrierende Individium und das es umgebene Netzwerk von der Migration [profitiert], für die Allgemeinheit (d.h. in diesem Falle das nationale Kollektiv) […] tendenziell eher Kosten (z.B. in Form von sozialräumlichen Disparitäten oder aber in Form von Ausbildungsverlusten) [entstehen]". Dennoch untermauern die empirischen Beispiele den positiven Nutzen, den auch eine Volkswirtschaft aus dem Export von Humanressourcen und Humankapital langfristig ziehen kann. Darüber hinaus ist anzunehmen, dass das Interesse der Migranten, im Heimatland zu investieren nicht nur vom zu erwartenden ökonomischen Erfolg abhängt, sondern auch von weichen Faktoren wie emotionale Verbundenheit beeinflusst wird (vgl. auch TZSCHASCHEL 1986, S 88).

Allerdings bleibt die Frage offen, inwieweit diese Erkenntnisse aus der internationalen Migration auf regionale Migrationsströme übertragbar sind.

Studien auf intranationaler Ebene gewinnen seit einigen Jahren zunehmend an Bedeutung. Ein Überblick findet sich bei MEUSBURGER (1998, S. 384).[15] JAHNKE (2005) befasste sich mit der Abwanderung aus dem italienischen Mezzogiono, die vornehmlich in den prosperierenden Norden Italiens mündet. Unter dem Fokus einer Transformation zur wissensbasierten Ökonomie quantifiziert er die Akademikermobilität bzw. -immobilität für

---

[15] Ergänzt werden soll diese Übersicht um die zeitlich nachfolgenden Studien von TOPAN (1998) und EGGER, STALDER und WENGER (2003).

die Regionen Italiens hinsichtlich der Phänomene „brain application", „brain exchange", „brain drain", „brain gain" und „brain waste" (ebenda 2005, S. 127). Schließlich stellt JAHNKE (2005, S. 134) für den italienischen Mezzogiorno fest, dass gerade Absolventen jener Fachbereiche mit vergleichsweise entspannterem regionalen Arbeitsmarkt besonders häufig abwandern. Ein Zusammenhang zwischen Arbeitmarktlage und Abwanderungsverhalten kann daher nur unter bestimmten Einschränkungen festgestellt werden. Gleichzeitig stellt JAHNKE (2005) fest, dass Rückkehrwanderer in den Mezzogiorno eher durch jene Akademiker mit vergleichsweise schlechten Abschlussnoten determiniert werden. Ein langfristiger Positiveffekt von Abwanderung kann daher in diesem Fallbeispiel eher verneint werden.

Ähnlich der ersten Generation der Brain-Drain-Literatur nehmen auch Studien von intranationalen bzw. interregionalen Untersuchungen zum Humankapitalabfluss meist den Fokus der Abwanderungsregion ein. Die Analysen stehen in der Regel unter der Prämisse, für diese „Verliererregionen" Lösungsmöglichkeiten und politische Strategien zu entwickeln. In dem europäischen Verbundprojekt „Human capital in European peripheral regions: Brain-Drain and Brain-Gain" wird versucht für die Beispielregionen Twente (Niederlanden), Luzern und Uri (Schweiz) sowie die Region Westpfalz (Deutschland) Handlungspläne zu entwickeln und einzuführen, um die Abwanderung von Fachkräften zu verringern und stattdessen deren Zuwanderung zu fördern (vgl. Universiteit Twente, http://www.brain-drain.org).

TOPAN 1998 wirft den Gedanken des brain drain namentlich am Beispiel von Mecklenburg-Vorpommern als eine der ersten im Zusammenhang mit der Abwanderung aus Ostdeutschland auf, argumentiert allerdings ausschließlich anhand von Wanderungsdaten der amtlichen Statistik. Untersuchungen bezüglich des in die Ost-West-Migration eingebundenen Humankapitals finden sich bei HARDT, KEMPE und SCHNEIDER 2001, KEMPE 2001 sowie SCHNEIDER 2005. Diese Untersuchungen stützen sich auf Daten zum formalen Bildungsniveau aus dem Sozioökonomischen Panel (SOEP).

2.7 Rückwanderung

In vielen Fällen ist der Wanderungsentscheidungsprozess mit dessen Realisierung nicht endgültig abgeschlossen. Diese empirische Beobachtung hielt gleichermaßen Einzug in den theoretischen Diskurs. In Analogie zur neuen Ökonomie der Migration befinden sich die Akteure permanent in einem Such- und Entscheidungsprozess, indem sie ihre Situation am (vorläufigen) Zielort neu überprüfen und gegebenenfalls die Option in eine andere Region weiter zuwandern oder auch in die Herkunftsregion zurückzugehen in Betracht ziehen. Arbeiten auf der Grundlage von ökonomisch-rational begründeten Modellen erklären Rückwanderung als eine Option innerhalb einer Suchstrategie, die eine logische Folge der vorherigen Migrationserfahrung ist. BERNINGHAUS und SEIFERT-VOGT (1991) entwickelten einen „Entscheidungsbaum", indem der Suchprozess solange fortgesetzt wird, bis die marginalen Suchkosten größer werden als der zu erwartende Grenznutzen. Als Motivationsgründe für Rückwanderung werden in verschiedenen Studien entweder ökonomisch-rationale Faktoren beschrieben, die mit einer Unzufriedenheit der am Zielort vorhandenen Möglichkeiten einhergehen oder durch nicht-ökonomische Faktoren, beispielsweise Kinder- oder Altenbetreuung (vgl. BAILEY und COOK 1998, DA VANZO 1980, NEWBOLD 1996).

Der Begriff der Rückwanderung wird meist in Verbindung mit der internationalen Migration gebracht. Erste, historische Arbeiten beschäftigen sich beispielsweise mit Rückkehrern aus der Überseewanderung im letzten und vorletzten Jahrhundert. So schätzt man, dass die Rückwanderungsquoten aus den Vereinigten Staaten in dieser Zeit zwischen 30 % und 50 % lagen (BÄHR, JENTSCH, KULS 1992, S. 611)[16]. Auch neuere Arbeiten zur Rückwanderung beschäftigen sich meist mit internationalen Arbeitskräftewanderungen. Beispielsweise untersuchte HUNGER (2003) die Auswirkungen von Rückwanderung auf verschiedene ehemalige „Abgeberländer". Auch auf Deutschland bezogene Arbeiten beschäftigen sich häufig mit internationalen Rückwanderungsströmen und den Motivationen der Akteure, z.B. von ehemaligen türkischen Einwanderern (vgl. hierzu beispielsweise WALDORF 1997).

Ansätze für eine theoretische Erklärung, wann eine Rückkehrentscheidung in Betracht gezogen wird, beziehungsweise zur optimalen Dauer eines Aufenthaltes im Ausland, sind bei DUSTMANN (1994) zu finden. Für Kanada fand NEWBOLD (1996) anhand von Lohndifferenzen heraus, dass Rückwanderer negativ selektiert sind, d.h. das Einkommen der Rückkehrer ist signifikant geringer als das der onward-Migranten.

Eine für die vorliegende Arbeit interessante Perspektive auf der mesoanalystischen Ebene nimmt die bereits erwähnte Arbeit von FIELDING (1992) ein (vgl. Kap. 2.1). Eine Weiterentwicklung bzw. empirische Überprüfung von Fieldings Ansatz findet sich auch bei HAM und MULDER (2004), untersucht für die Niederlande. Individuen mit einer Migrationsbiographie, die zwei oder mehr Migrationen enthalten und am Ende in einer Rückwanderung münden, wobei entweder ein Aufenthalt in einer größeren Stadt enthalten ist (returncity 8) oder nicht (returnnocity 4), erreichen erwartungsgemäß einen signifikant höheren beruflichen Status als Nichtwandernde auf dem Lande. Der erste Fall (returncity 8) unterstreicht FIELDINGS Erkenntnisse. Führte die Migration in eine größere Stadt mit anschließender Rückkehr (returncity 8), dann ist der beruflicher Erfolg nicht nur signifikant höher als der von Nichtmigranten auf dem Lande, sondern übertrifft sowohl den von städtischen Nichtmigranten als auch jenen von Land-Land-Migranten. Auch bei HAM und MULDER gibt es Hinweise darauf, dass Rückkehrer aus den großen Städten die größten Erfolgsaussichten verglichen mit allen anderen Migrationsbiographien haben (vgl. Abb. 3).

Ein anderer, das Rückwanderungsgeschehen beeinflussender Aspekt, sind persönliche Bindungsfaktoren, wie positive Erinnerungen an die Herkunftsregion, Heimatverbundenheit und regionale Identität mit der Herkunftsregion. Untersuchungen zum Zusammenhang von lokalem Orts- bzw. Regionsbezug und raumbezogenem Individualverhalten zeigen, dass sich diese Bedürfnisse auf die Abwanderungsbereitschaft bzw. Rückwanderungsbereitschaft (beispielsweise nach Beendigung der Ausbildung, bei Arbeitslosigkeit oder mit dem Ruhestand) in die Herkunftsregion auswirken (TZSCHASCHEL 1986, S. 88). Ein nach BARTELS (1984, S. 3) vorhandener gewachsener Traditionsraum, der sich aus der

---

[16] Weitere Ausführungen zur Rückwanderung der Überseewanderung finden sich auch bei MARSCHALCK (1973)

	Without migration	Differences between types of migration histories							
		1	2	3	4	5	6	7	8
1	Nomignocity								
2	Nomigcity	+**							
	With migration								
3	Onemignocity	+*	+						
4	Returnnocity	+**	+	+					
5	Onwardnocity	+***	+***	+**	+				
6	Tocity	+***	+***	+**	-	-			
7	Fromcity	+***	+**	+	-	-	-		
8	Returncity	+***	+***	+**	+	+	+		
9	Onwardcity	+***	+***	+**	-	-	+	+	+

Quelle: HAM und MULDER (2004, S. 16), * p < 0.10; ** p < 0.05; *** p < 0.01

Abb. 3:   Ökonomischer Erfolg von Rückwanderern im Vergleich

Projektion derjenigen Sozialwelt ergibt, in der man selbst „groß geworden" ist, also als die eigene Heimat definiert wird, kann in verstärkten Rückkehrbestrebungen münden.

Eine empirisch-quantitative Untersuchung zur Rückwanderung nach Ostdeutschland findet sich bei BECK (2004). Sie errechnete mithilfe des Datensatzes des SOEP, dass von den Migranten, die die neuen Bundesländer zwischen den Jahren 1991 und 2000 in Richtung Westdeutschland verlassen haben, bereits bis zum Jahr 2001 ca. 20 % wieder zurück gekehrt waren.

Diese Ergebnisse sind von außerordentlicher Bedeutung für die vorliegende Arbeit, da sie wichtige Hinweise auf mögliche Szenarien der langfristigen Entwicklungen von Abwanderung in Ostdeutschland geben können.

2.8   Zusammenfassung und Ableitungen für die vorliegende Arbeit

Die dargelegten konzeptionellen Ansätze sowie die Vorstellung relevanter Studien mit Bezug zum eigenen Forschungsinteresse dienen dazu, die vorliegende Arbeit theoretisch zu verorten. Der gewählte bipolare Ansatz mit einerseits entscheidungs- und handlungszentrierten Erklärungsansätzen und andererseits ökonomischen, dem Humankapitalansatz folgenden Modellen, liefert den Rahmen für die Erklärung des untersuchten Wanderungsgeschehens und seiner Akteure.

Zusammenfassend leiten sich bezogen auf das Forschungsinteresse folgende Schwerpunkte ab:

Welchen Erklärungsgehalt können die vorgestellten konzeptionellen Ansätze bieten? Stehen sie konträr nebeneinander bzw. welchen Stellenwert nehmen die ökonomischen Ansätze ein?

Regionale Disparitäten sind sicherlich Kriterien, um das Ausmaß des Wanderungsstroms von Ost- nach Westdeutschland zu erklären. Aus der Perspektive der Akteure wird Migration dagegen nie aus einer Ursache heraus bestimmt, sondern es sind immer Motivationsbündel, die letztendlich zur Abwanderung führen. Mobilität und Wanderungsbereitschaft wird auf der Individualebene von biographischen Wanderungserfahrungen oder Wanderungserfahrungen des persönlichen Umfeldes beeinflusst. Ebenso hängt die Bereitschaft, die Heimatregion zu verlassen, auch von der regionalen Verwurzelung und bei der hier betrachteten Altersgruppe auch teilweise von den Einstellungen und Erwartungen der Eltern und der Familie zur Mobilität ab. Schließlich bleibt festzuhalten, dass die generelle Wanderungsbereitschaft auch von den individuellen Charaktereigenschaften diktiert wird.

Sind neue Konzepte der internationalen Arbeitskräftewanderung auf regionale Wanderungen übertragbar, welchen Einschränkungen unterliegen sie?

Es ist davon auszugehen, dass die innerdeutsche Ost-West-Wanderung gerade aufgrund der bestehenden Disparitäten und der augenscheinlich hohen ökonomischen Motivation relativ viele Parallelen zur internationalen Arbeitskräftewanderung aufweist. In Anlehnung an die theoretischen Ausführungen zur Rückwanderung (vgl. Kap. 2.7) stellt sich die Frage nach der sozialräumlichen Einbindung der Akteure ins Herkunfts- und Zielgebiet und ob Motivationen zu einer eventuellen Rückwanderung erkennbar sind. Es gilt zu prüfen, ob in Anlehnung an die Erkenntnisse der internationalen Hoch-Qualifizierten-Wanderung Hinweise für ein sich etablierendes zirkuläres Wanderungsgeschehen zwischen Ost- und Westdeutschland bestehen.

Kann der Begriff des brain drain auf den untersuchten Prozess angewendet werden?

Hinsichtlich einer Betrachtung von Migrationsströmen aus der Brain-Drain-Perspektive kann festgehalten werden, dass auf internationaler Ebene eine Vielzahl von Untersuchungen vorliegen. Eine Übertragung des Konzeptes auf Binnenwanderungen oder kleinräumige Wanderungen findet relativ selten statt. Zunächst gilt festzuhalten, dass ausgehend von der Definition des brain drain, resp. seiner Sonderformen, eine Übertragung auf die nationale oder regionale Ebene möglich ist. Bei internationalen Migrationen sind die Opportunitätskosten weitaus höher, sodass möglicherweise eine stärkere Selektivität das Wanderungsgeschehen bestimmt. Allerdings wurde auch bei den Wanderungen aus dem ländlichen Raum deren Selektivität bezüglich des Bildungsniveaus erkannt (bspw. JAHNKE 2005 und EGGER, STALDER und WENGER 2003). Ein weiterer Grund für die primäre Assoziation des brain drains mit der internationalen Arbeitskräftemigration mag in der politischen Relevanz dieses Themas liegen. Es bleibt daher zu überprüfen, inwieweit das in der vorliegenden Arbeit untersuchte Wanderungsgeschehen den dargelegten Begrifflichkeiten standhält.

3 Datenbasis und Methodendiskussion

3.1 Das Untersuchungsdesign

Zur Beantwortung der aufgestellten Forschungsfragen bedarf es der Untersuchung sowohl migrationsrelevanter als auch bildungsökonomischer Aspekte auf unterschiedlichen Maßstabsebenen. Die Analyse der Muster und des Volumens des Wanderungsgeschehens erfordert eine makroanalytische Betrachtungsweise, während die handlungstheoretische Erklärung der Migrationsentscheidungen und Erwerbsbiographien auf die Individualebene abzielt.

Eine regionale Betrachtungsweise des Forschungsgegenstands erfordert zunächst die Auswertung und Erhebung für das Gebiet repräsentativen, d.h. quantitativen Datenmaterials, um Aussagen über die Prozesse und die Wirkungen von Entwicklungen im jeweiligen Untersuchungsgebiet ableiten zu können. Die Wirkungszusammenhänge und Prozesse, die mithilfe quantitativer Forschung mit statistischen Aggregaten sichtbar geworden sind, können anschließend mit qualitativen Methoden erklärt werden (vgl. dazu auch FLICK 1995, S. 281). In der vorliegenden Arbeit wurde daher der Weg beschritten, qualitative Forschung der quantitativen überzuordnen (vgl. Abb. 4).

Diesen Vorüberlegungen folgend war die erste empirische Phase durch die sekundärstatistische Auswertung von Daten der amtlichen Statistik zu den Themen Wanderung und

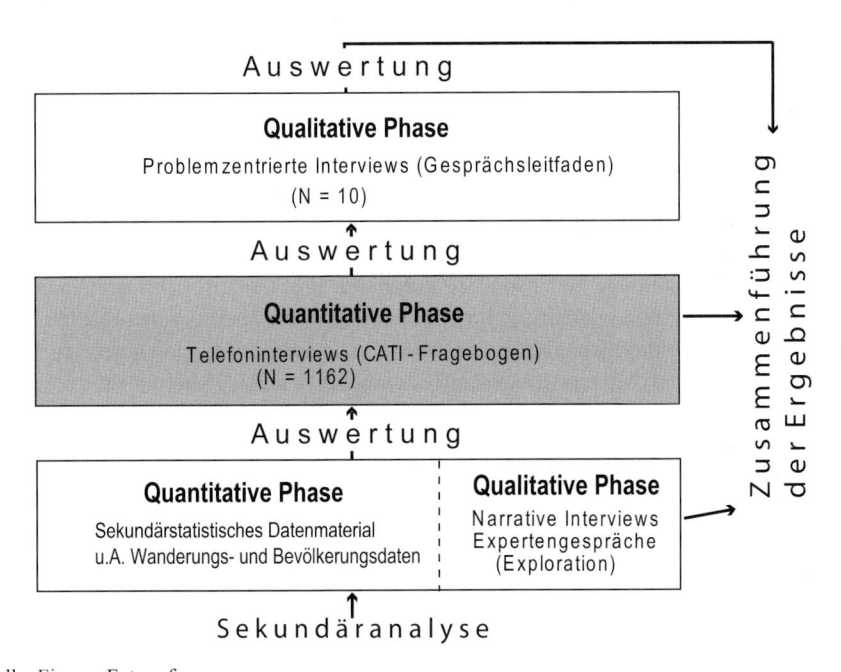

Quelle: Eigener Entwurf

Abb. 4: Forschungsdesign und Methodenmix

Bevölkerung sowie Arbeitspendler, Beschäftigung und Fachkräftebedarf geprägt (vgl. Kap. 3.3). Simultan wurde in explorativer Weise durch zwei Experteninterviews (mit Vertretern des Arbeitsamtes/Hochschulteam Halle und der Wirtschaftsförderung Halle) sowie fünf narrative Interviews mit Fortzüglern die Grundlage für die Konzeption der quantitativen Erhebung gelegt. Mithilfe eines strukturierten Fragebogens wurden Migranten, die in die westdeutschen Bundesländer gezogen sind, befragt (vgl. Kap. 3.4.1 und 3.4.2). Aufgrund positiver Erfahrungen in ähnlichen Untersuchungen sowie nach Beratungen mit Experten vom zsh (Zentrum für Sozialforschung Halle) fiel die Entscheidung, die Befragung per Telefon durch Computer-Assisted Telephone Interviewing (CATI) durchzuführen. Darauf aufbauend wurden zu ausgewählten Thematiken zehn problemzentrierte qualitative Interviews durchgeführt (vgl. Kap. 3.4.3).

3.2 Räumliche Analyseebene und Auswahl des Untersuchungsgebietes

Räumliche Analyseebene des Forschungsvorhabens sind der Fragestellung entsprechend die ostdeutschen Bundesländer. Neben den fünf Flächenländern Mecklenburg-Vorpommern, Brandenburg, Sachsen-Anhalt, Thüringen und Sachsen wird auch Berlin zum Untersuchungsgebiet hinzugezählt. Sowohl aus sachlichen als auch aus formalen Gründen ist diese Betrachtung sinnvoll. Trotz ihrer Sonderstellung als deutsche Hauptstadt lassen sich nach ausgewählten demographischen, regionalökonomischen und strukturellen Indikatoren keine derartigen Disparitäten erkennen, die einen Ausschluss dieses Bundeslandes rechtfertigen würden (vgl. auch Kap. 4.3). Eine Aufteilung in Ost- und Westberlin erübrigt sich 17 Jahre nach der Wiedervereinigung, zumal auch viele Daten der amtlichen Statistik nicht mehr für Ost- und Westberlin getrennt herausgegeben werden.

Die Primärdatenerhebung wurde exemplarisch für das Land Sachsen-Anhalt durchgeführt. Die regionale Eingrenzung der Untersuchungsregion fußt in erster Linie auf operationalen Gründen. Da sich das Meldewesen im Zuständigkeitsbereich der Gemeinden bzw. Gemeindeverwaltungen befindet, ist für eine Realisierung des Vorhabens eine regionale Begrenzung sinnvoll. Insbesondere durch den problematischen Datenzugang sowie die Kooperationsbereitschaft des Innenministeriums als übergeordnete Instanz sowie der einzelnen Einwohnermeldeämter, sensible, personenbezogene Daten bereitzustellen, erwies es sich als sinnvoll, ein Bundesland exemplarisch auszuwählen.

3.3 Sekundärstatistische Analyse

Die quantitative Beschreibung des Wanderungsstromes mit seiner altersselektiven Spezifik stützt sich auf die Auswertung von Wanderungs- und Bevölkerungsdaten aus der amtlichen Statistik (ggf. auf Kreisebene). Den Beginn des Analysezeitraumes setzt die Wiedervereinigung. Diese Begrenzung ist nicht nur aufgrund des historischen Einschnittes und der Veränderung elementarer migrationsbeeinflussender Rahmenbedingungen sinnvoll. Ebenso sind seit diesem Zeitpunkt die auf aktuelle Gebietsgrenzen zurückgerechneten Bevölkerungs- und Wanderungsdaten zugänglich. Je nach Fragestellung konzentriert sich die Untersuchung auf die Jahre 2003/2004, da diese auch zeitlich den Erhebungszeitraum der Primärdaten abdecken. Zeitreihen werden bis zum Jahr 2006 weitergeführt.

Zur Darstellung der regionalökonomischen Situation werden Kennziffern zur Arbeitsmarktsituation herangezogen. Daten zum formalen Bildungsniveau der Bevölkerung nach Altersgruppen können dem Mikrozensus entnommen werden. Weitere regionalisierte arbeitsmarktrelevante Indikatoren, wie beispielsweise offene Stellen und Pendlerdaten stellt die Agentur für Arbeit (Nürnberg) zur Verfügung.

Detaillierte Informationen zur Fachkräftesituation, resp. zu sektoralen, qualifikationsspezifischen und regionalen Unterschieden, liefert das IAB-Betriebspanel. Es wurde eine Querschnittsanalyse der Befragungswelle 2000, die u.a. das Schwerpunktthema „Fachkräftebedarf" beinhaltet, vorgenommen. Dabei wurden Datensätze von 13.931 Betrieben untersucht (8.416 in Westdeutschland und 5.515 in Ostdeutschland) (vgl. IAB, http://doku.iab.de/fdz/iabb/Panelmortalitaet_sw.pdf). Die Auswertung der Daten erfolgte mittels Datenfernverarbeitung.

3.4 Die Interviews

3.4.1 Erhebungskonzeption und Stichprobe

Eine wesentliche empirische Grundlage des akteursbezogenen Zugangs ist die Befragung von West-Migranten, die sich in der ersten Phase des Erwerbsverlaufs befinden. Auf der Grundlage der Erkenntnisse der ausgewerteten sekundärstatistischen Daten sowie erster narrativer Interviews und Experteninterviews konnte ein Fragebogen für die quantitative Befragung entwickelt werden. Inhaltlich behandelt der Fragebogen die Themen:

- Lebenssituation der Akteure vor und nach dem Fortzug,
- Fortzugsmotive,
- Migrationsbiographie,
- Bildungsniveau,
- Berufsausbildung,
- Integration im Zielgebiet und Netzwerke in die Herkunftsregion sowie
- eventuelle Rückkehrbestrebungen.

Darüber hinaus wurden demographische und sozioökonomische Merkmale der Migranten erhoben. Zunächst wurde eine schriftliche Version des Fragebogens entwickelt (vgl. Anlage A), der mit den Experten des zsh (Zentrum für Sozialforschung Halle) diskutiert und in einen „telefonischen Computerfragebogen" umgewandelt wurde. Diese CATI-Version wurde mit ca. 20 Migranten pre-getestet bevor die eigentliche Erhebung begann.

Zunächst wurde ein geeignetes Instrument der Stichprobenziehung entwickelt. Die Recherche der neuen Wohnortadressen der West-Migranten stützt sich auf die Auswertung der kommunalen Einwohnermelderegister.

Das amtliche Meldewesen in Deutschland sieht vor, dass jede Person, die ihren Wohnsitz ändert, dies am neuen Wohnort beim zuständigen Einwohnermeldeamt angibt. Gleichzeitig wird damit die Abmeldung am Herkunftsort registriert. Einer operationalisierbaren methodischen Umsetzung folgend wurde die Untersuchung zunächst auf des Land Sachsen-Anhalt räumlich eingegrenzt (vgl. Kap. 3.2). Da das Meldesystem lokal organisiert ist, d.h. im Zuständigkeitsbereich der Gemeinden bzw. Verwaltungsgemeinschaften liegt, konnten die erforderlichen Adressdaten der Fortzügler nicht über eine übergeordnete Stelle bezogen werden. Insgesamt existierten zum Zeitpunkt der Datenrecherche (Oktober/ November 2003) 224 Gemeinden oder Verwaltungsgemeinschaften im Land Sachsen-Anhalt. Entsprechend den Raumkategorien (Kreistypen der BBR 2004) wurden daher 24 Verwaltungsgemeinschaften im Land Sachsen-Anhalt ausgewählt. Durch diese geschichtete Stichprobenziehung konnte abgesichert werden, dass sowohl ein Oberzentrum als auch Mittelstädte und Gemeinden im ländlichen Raum in die Stichprobe eingingen. Somit sind mithilfe der Stichprobe auch Auswertungen nach Regionstypen möglich, die bei der Auswahl nur einer Beispielgemeinde ausgeschlossen wären.

Schließlich wurden die ausgewählten Gemeinden und Verwaltungsgemeinschaften (vgl. Anlage B) über einen Runderlass des Ministeriums des Innern des Landes Sachsen-Anhalt gebeten, alle Adressen der zwischen 1998 und 2002 in die westlichen Bundesländer verzogenen Migranten, die zum Zeitpunkt des Fortzugs zwischen 18 und 35 Jahre alt waren, zur Verfügung zu stellen.

Format und Bereinigungsstand der zur Verfügung gestellten Daten variierten je nach Gebietskörperschaft. Vor allen die kleinen Verwaltungsgemeinschaften hatten die größeren technischen Probleme die Daten entsprechend der Vorgaben zu filtern bzw. auch elektronisch zur Verfügung zu stellen. Optimale Ergebnisse wurden nur von zwei Einwohnermeldeämtern geliefert. Die überwiegende Anzahl der Ämter stellte nur die ungefilterten Daten aller Fortzügler, großenteils auch als Papierausdruck zur Verfügung. In diesen Fällen erfolgte die Filterung nach Fortzugsregion und Alter der Migranten „per Hand". Im Ergebnis konnten 15.421 Fortzügler aus den Gemeinden in den fünf betrachteten Jahren eruiert werden, zu denen anschließend die Telefonnummern am Zielort mittels einer elektronischen Telefonsoftware recherchiert wurden. Allerdings konnten mit dieser Methode nur bei 15 % der Adressdaten auch Telefonnummern ermittelt werden, was einer Bruttostichprobe von 2.288 Rufnummern entsprach. Aufgrund dieser Problematik ist die Repräsentativität der durch die Erhebung generierten Daten eingeschränkt und bedarf weiterer Testverfahren (vgl. Kap. 3.4.2).

Die Gründe für die relativ geringe Eintragdichte im Telefonbuch können sehr unterschiedlich sein. In der Literatur schwanken die Angaben für nichteingetragene Telefonnummern um die 75 % (HÄDER, 1996 und HECKEL, 2001), wobei HECKEL (2001) ausdrücklich darauf hinweist, dass die Eintragdichte in den letzten Jahren stetig abgenommen hat und dieser Trend weiterhin anhält. Eine Erklärung mag in der zunehmenden Nutzung von Mobiltelefonen sowie in der Öffnung des Telefonmarktes im Festnetzbereich für Drittanbieter liegen. Der Eintrag ins Telefonbuch ist im Mobilfunkbereich dann möglich, wenn dies im Nutzungsvertrag eindeutig vermerkt ist (HECKEL 2001). Da es sich bei der zu untersuchenden Zielgruppe um ein junges und mobiles Bevölkerungssegment handelt, ist anzunehmen, dass Mobiltelefone stark verbreitet sind. Weiterhin ist zu vermuten, dass aufgrund des recht weit gesteckten Zeitfensters der recherchierten Fortzügler (zwischen 1998 und 2002) ein Teil der Migranten bereits erneut verzogen ist bzw. auch wieder zurückgekehrt ist. In Einzelfällen konnten die Personen weiterverfolgt und der neue Wohnort ermittelt werden. Bei der weitaus überwiegenden Mehrheit diese Fälle bricht an dieser Stelle allerdings jedwede Nachverfolgungsmöglichkeit ab.

Die Bruttostichprobe verringerte sich weiter während der telefonischen Befragungsphase[17], sodass letztlich 1.827 Probanden per Telefon erreicht und um ein Interview gebeten wurden. Die Telefonbefragung wurde vom Cati-Labor der Martin-Luther-Universität durchgeführt. Die Befragung nahm ca. 20 min. in Anspruch. Als besonders hilfreich erwies sich die gute Fremdsprachenfähigkeit der studentischen Hilfskräfte, die die Interviews führten. Auch mit Probanden nichtdeutscher Herkunft konnten daher Interviews unproblematisch realisiert werden. Insgesamt betrug der Anteil von Fortzüglern mit Migrationshintergrund (mit eigener Migrationserfahrung) in der Untersuchung ca. 19 %. Auf diese Weise konnten Bevölkerungsgruppen relativ zuverlässig erreicht werden, die normalerweise aufgrund von sprachlichen Verständigungsschwierigkeiten überproportional oft verweigern bzw. das Interview abbrechen. Insgesamt konnten 1.161 Interviews erfolgreich durchgeführt werden, was einer Verweigerungsquote von 36,4 % entspricht. Dieser Wert liegt durchaus im zu erwartenden Bereich bei telefonischen Befragungen.

3.4.2 Charakteristik der Stichprobenpopulation

Aufgrund der in Kap. 3.4.1 beschriebenen operationellen Probleme bei der Telefonnummernrecherche bedarf es einer Betrachtung bestimmter demographischer Merkmale der Stichprobe, um Aussagen über die Validität der erhobenen Daten treffen zu können. Zu diesem Zweck wurden die Daten verschiedenen Testverfahren unterzogen. Dazu diente die Alters- und Geschlechtsverteilung der interviewten Migranten.

In Abb. 5 sind die Altersjahrgänge der Probanden zum Zeitpunkt des Fortzugs und zum Zeitpunkt der Erhebung dargestellt. Es konnte eine signifikante Gleichverteilung der Altersjahrgänge festgestellt werden, zudem entspricht die Geschlechterverteilung von 50,5 % (Frauen) zu 49,5 % (Männer) der Verteilung bei den Wanderungsdaten der amtlichen Statistik im Bezugszeitraum. Auffallend ist die starke Besetzung des Altersjahrgangs der 20 bis 21-Jährigen. Vergleichend mit den Daten aus der amtlichen Statistik ist dies allerdings auch gleichzeitig der am höchsten in die Ost-West-Wanderung involvierte Altersjahrgang.

Obwohl die Auswahl der Migranten auf die bereits beschriebenen Altersgruppen beschränkt war, waren in der Stichprobe ebenfalls wenige Personen enthalten, die zum Zeitpunkt der Wanderung jünger oder auch älter waren. Diese Diskrepanz lässt sich u.a. mit verspäteten An- bzw. Abmeldungen erklären. In die Analyse gingen die in der Telefonbefragung genannten Zeitpunkte ein, da sie das tatsächliche Fortzugsjahr darstellen und nicht den Zeitpunkt der behördlichen Ummeldung. Trotz der fokussierten Altersgruppe wurden ältere oder jüngere Migranten nicht grundsätzlich aus dem Sample

---

[17] kein Anschluss unter dieser Nummer, falscher Anschluss, Proband zum Zeitpunkt der Befragung wieder verzogen bzw. wieder zurückgegangen, nach dreimaligem Versuch kein Kontakt zustande gekommen.

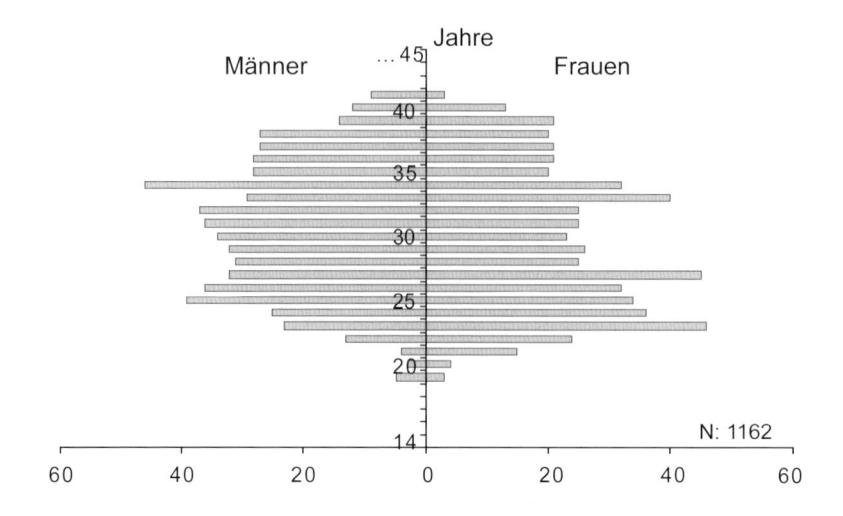

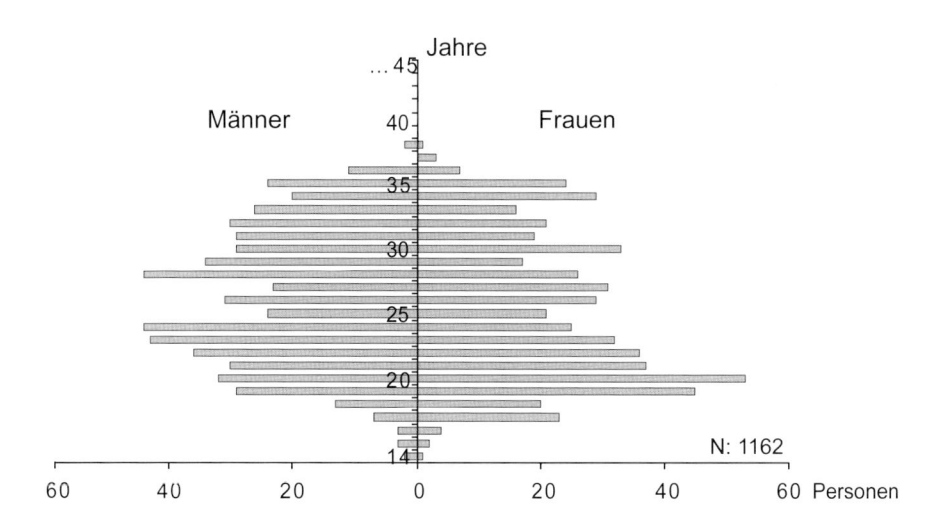

Quelle: Eigener Entwurf

Abb. 5: Alter der Probanden zum Zeitpunkt der Befragung (oben) und zum Zeitpunkt des Fortzugs

entfernt, da sowohl ihr altersmäßiger Abstand als auch ihre geringe Fallzahl dies nicht erforderlich machten.

In Abb. 6 sind exemplarisch die Zielregionen der befragten Migranten dargestellt. Deutlich wird, dass bestimmte Muster bezüglich der Zielorte der befragten Fortzügler bestehen, die mit den bevorzugten Zielen der Ost-West-Migration übereinstimmen (vgl. Kap. 4.2.3).

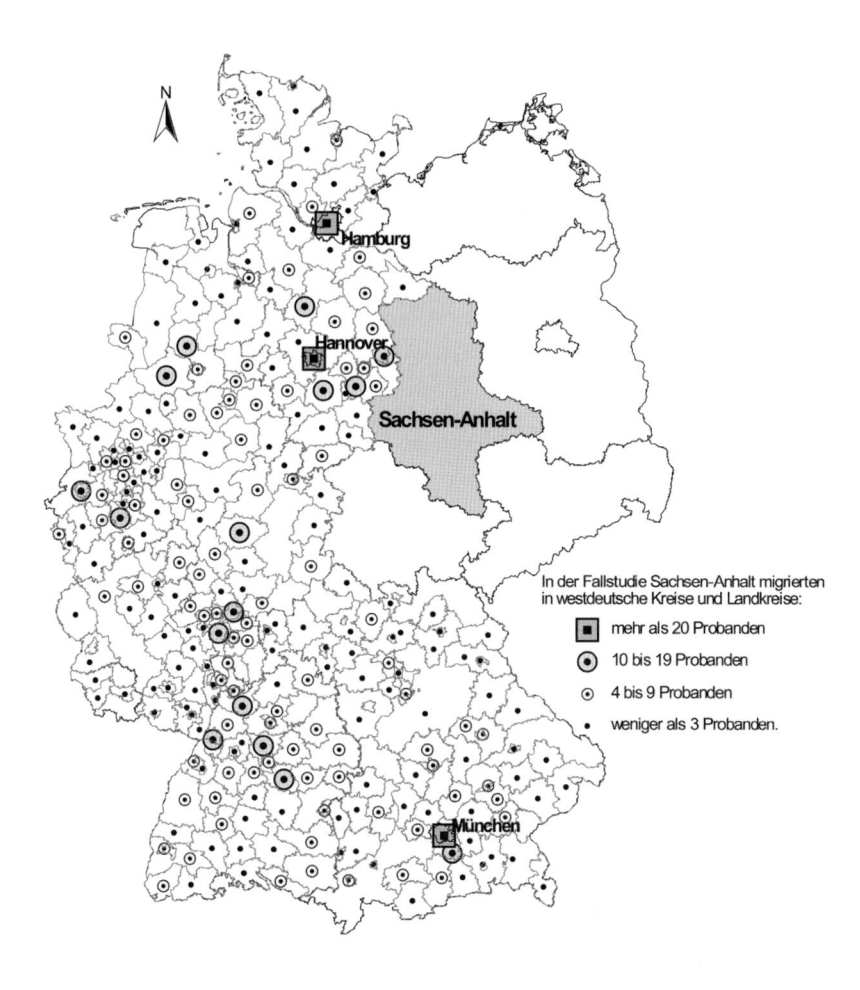

Quelle: Eigener Entwurf

Abb. 6: Zielregionen der befragten Migranten

3.4.3 Qualitative Interviews

Nach Ablauf der telefonischen Befragungsaktion und vorläufigen Auswertungen des quantitativen Datenmaterials wurden mit zehn Migranten problemzentrierte Interviews durchgeführt. Ziel dieser zweiten qualitativen Phase ist die intensive Beleuchtung der Themenschwerpunkte:

- Migrationsbiographie,
- persönliche und familiäre Kontexte vor der Wanderung,
- persönliche und berufliche Situation nach der Wanderung, insbesondere die Integration am Zielort bzw. in der Zielregion sowie
- Rückkehrbestrebungen, Netzwerke und Heimatverbundenheit,

die in ihrer inhaltlichen Tiefe nicht durch die strukturierten Telefoninterviews erhoben werden konnten. Die problemzentrierten Interviews dienten der Ergänzung dieser in der quantitativen Erhebung nur ansatzweise erfragten und erklärten Aspekte und wurden in einem Gesprächsleitfaden umgesetzt.

Die Auswahl der Migranten erfolgte über einen differenzierten Suchprozess. Einerseits wurden in den zwei Referenzstädten München und Hamburg gezielt Probanden über Aushänge an öffentlichen Institutionen (beispielsweise in Lehrlingswohnheimen, Universitätsbibliotheken und Kliniken) gesucht. Zudem erwies es sich als günstig, im hoch qualifizierten Bereich Migranten über Alumniverzeichnisse der Universitäten Magdeburg und Halle gezielt anzusprechen. Tab. 2 ist eine Kurzcharakteristik der Gesprächspartner zu entnehmen.

Tab. 2: Soziodemographische Merkmale der Interviewpartner

Name	gezogen nach:	vor ... Jahren:	gewohnt in:*	geboren in:*	aktuelle Tätigkeit	höchster Schulabschluss	Alter zum Befr.-zeitpunkt	Geschlecht*
Katrin	München	2	LK Wittenberg	NBL	Azubi/ Reiseverkehrskauffrau	Abitur	21	w
Stefan	München	7	LK Saalkreis	NBL	Azubi/ Krankenpfleger	Realschule	18	m
Peter	München	6	Halle	ABL	Wissenschaftler/ Volkswirt	Abitur	39	m
Julia	München	2	Dessau	NBL	Studentin Pharmazie	Abitur	20	w
Franziska	München	1,5	Dessau	NBL	Studentin BWL (Duales Studium)	Abitur	20	w
Michael	München	knapp 2	LK Weißenfels	NBL	Azubi Bankkaufmann	Abitur	21	m
Daniela	Hamburg	4	LK Stendel	NBL	Krankenschwester	Realschule	25	w
Wolfgang	Köln	2	Halle	ABL	Wissenschaftler/ Mathematiker	Abitur	38	m
Kerstin	Hamburg	4	Magdeburg	NBL	Wissenschaftler/ Informatiker	Abitur	37	w
Frank	Bielefeld	2	Halle	NBL	Lehrer	Abitur	38	m

* NBL = neue Bundesländer, ABL = alte Bundesländer, w = weiblich, m = männlich, LK = Landkreis
Quelle: Eigene Erhebungen

Als Interviewform wurde das problemzentrierte, leitfadenorientierte Interview gewählt, da es einerseits die Fokussierung auf die oben genannten Forschungskomplexe zulässt, andererseits aber auch genügend Platz für narrative Elemente lässt. Die Konzeption des qualitativen Interviews von WITZEL (1985) [aus FLICK, S. 105] umfasst:

- einen vorgeschalteten Kurzfragebogen,
- einen Leitfaden,
- die (Tonband-) aufzeichnung und
- das Postscriptum (Interviewprotokoll).

Entsprechend den Erfahrungen aus der explorativen Phase wurde der Kurzfragebogen allerdings ans Ende des Interviews gestellt. Dies war möglich, da wichtige Hintergrundinformationen über den Probanden bereits über einen Kontakt per Telefon oder Email im Vorfeld des Interviews bekannt waren.

Sowohl die Erhebungssituationen als auch die Interviewverläufe wurden von der Interviewerin generell als angenehm und positiv bewertet, sodass alle zehn durchgeführten Interviews als verwertbar eingeschätzt werden können. Die Gespräche dauerten in der Regel zwischen ein und zwei Stunden und wurden digital mit einem Diktiergeräte aufgezeichnet und anschließend mithilfe eines Notationssystems transkribiert.

Generell hat die Thematik die Interviewten selbst sehr beschäftigt und sie waren – bis auf einen Fall – ausgesprochen mitteilungsbedürftig. Lediglich in einem Fall verlief das Interview recht schwergängig und stockend. Gerade zu Beginn mussten viele Nachfragen gestellt werden, auf die der Proband immer nur kurz und knapp antwortete, eine „Erzählatmosphäre" kam nur zögerlich in Gang. In einem weiteren Fall erwies sich die Aufnahme des Gesprächs mit dem Diktiergerät als Störfaktor, und zwar als gegen Ende des Interviews das Gespräch auf eine mögliche, zukünftige Familiengründung gelenkt wurde. Das Ausschalten des Diktiergerätes entschärfte die Interviewsituation und die dadurch ungefähr 10-minütige „Lücke" in der elektronischen Aufzeichnung wurde unmittelbar nach Abschluss des Interviews als Gedächtnisprotokoll notiert.

Die Ergebnisauswertung der Leitfadeninterviews wird nicht in einem eigenen Kapitel präsentiert, sondern wird als Ergänzung und Vertiefung zu den entsprechenden Themenbereichen vorgestellt. Damit wird auch dem Anspruch gerecht, die qualitativen Interviews den quantitativen überzuordnen und als Instrument zur Klärung nicht hinlänglich beantworteter Fragestellungen und Problemlagen zu nutzen.

Die systematische Auswertung des Transkriptes erfolgte nach wiederholter Lektüre durch Sequenzierung des Textes in thematische Einheiten. Anschließend wurden für die sich aus der quantitativen Analyse ergebenen Fragestellungen relevante Äußerungen zusammen- und gegenübergestellt. Schließlich dienen die qualitativen Interviews dem Ziel, das Spektrum möglicher Handlungsmuster und Erklärungen themenspezifisch aufzuzeigen. Eine Quantifizierung ist bei der vorliegenden Anzahl von zehn Interviews nicht vorgesehen.

Da auf Ergebnisse dieser Interviews nicht gesondert eingegangen wird, sondern an exemplarischen Stellen, soll eine Typisierung anhand von Bildungsmerkmalen, Berufsstatus und Wanderungszeitpunkt im Lebenszyklus bereits an dieser Stelle vorgenommen werden. Die bereits in Tab. 2 dargestellten Merkmale der Migranten lassen auf vier verschiedene Migrations- und Qualifikationstypen schließen, die in dieser Art auch in den folgenden Kapiteln Verwendung finden (vgl. Tab. 3).

Tab. 3: Migrantentypisierung der qualitativen Interviews

Ausbildungswanderer Typ A (Lehrausbildung): Katrin, Stefan, Michael und Daniela
Ausbildungswanderer Typ B (Studenten): Franziska und Julia
Berufsmigranten/ Akademiker Typ A: Kerstin und Frank
Berufsmigranten/ Akademiker Typ B („Rückkehrer" nach Westen): Peter und Wolfgang

Quelle: Eigene Erhebungen

3.5 *Zur Methodik der Datenanalyse*

Die Datenauswertung erfolgte vornehmlich durch das Tabellenkalkulationsprogramm (Excel) sowie die Statistiksoftware SPSS. Auf einzelne standardmäßige Verfahren der deskriptiven Statistik wie beispielsweise Signifikanztests oder Korrelationen einzugehen, soll an dieser Stelle verzichtet werden. Es sei diesbezüglich lediglich an die üblichen Standardwerke der Statistik verwiesen, exemplarisch seien BÜHL und ZÖFEL (2000), BACKHAUS, ERICHSON, PLINKE und WEIBER (2003) sowie BAHRENBERG, GIESE und NIPPER (1990 und 1992) genannt.

Zudem kamen multivariate Analysemethoden zum Einsatz, wie die Faktoren- und die Clusteranalyse. In einem Fall diente die Clusteranalyse der Typisierung der ostdeutschen Regionen (auf Kreisebene) hinsichtlich Migration (auch Arbeitspendeln), Bevölkerungsentwicklung und Arbeitsmarktsituation. In einem zweiten Fall war sie Grundlage einer Typenbildung der in den Telefoninterviews befragten West-Migranten. Bevor die Clusterung dieser 1.162 Fälle (Probanden) vorgenommen werden konnte, wurde eine Faktorenanalyse vorgeschaltet, um voneinander unabhängige Beschreibungs- und Erklärungsvariablen zu finden. Eingegangen in die Analyse sind 19 Variablen, die den Erfolg der Wanderung sowie die Wichtigkeit privater und beruflicher Ziele widerspiegeln (Fragen 39 und 50, vgl. Anlage A). Mithilfe der Faktorenanalyse konnten sechs Faktoren ermittelt werden:

aus Frage 50 (Lebensziele, -einstellung, vgl. Anlage A)

1) Einkommenssicherung, Lebensstandard, soziale Sicherheit;
2) Freundschaften, Freizeit;
3) Familienorientierung
4) Karriereorientierung, Flexibilität
   sowie aus Frage 39 (Migrationserfolg, vgl. Anlage A)
5) berufliche Belange und
6) familiär- und partnerschaftliche Belange,

die anschließend in die Clusteranalyse eingingen (vgl. Kap. 5.1.2). Datengrundlage für die beiden Clusteranalysen sind

112 Landkreise und kreisfreie Städten in Ostdeutschland sowie 1.162 Fortzügler (vgl. Tab. 4).

Tab. 4: Gruppenbildung anhand von Merkmalen

Problemstellung	Zahl und Art der Merkmale (Variablen)	Anzahl der Fälle	Ermittelte Cluster
Kleinräumige Unterschiede in Ostdeutschland bezügl. Migration und Pendelmigration	4 Variablen: Migrationssaldo je 1000 Einwohner 2004, Saldo der Ein- und Auspendler je 1000 soz.-vers.-pflichtig Beschäftigter 2004, Bevölkerungsentwicklung 1990 bis 2004 Arbeitslosenquote 2004	112 ostdeutsche Kreise	4
Auffinden von Migrationstypen	Zustimmung oder Ablehnung von Antwortvorgaben, best. Lebenseinstellungen, -erwartungen und -ziele sowie durch die Migration erreichte Veränderungen (Fragen 39 bis 50, vgl. Anlage A)	1.162 befragte Fortzügler aus Sachsen-Anhalt	4

Quelle: Eigene Darstellung

Für die vorliegenden Untersuchungen wurde jeweils die Ward-Methode verwendet. Ihr Spezifikum ist, dass nicht diejenigen Objekte zusammengefasst werden, die die geringste Distanz aufweisen, sondern es werden alle Fälle zu einem Cluster vereinigt, die die Varianz (Streuung) innerhalb einer Gruppe möglichst wenig erhöhen. Dadurch können homogene Gruppen gebildet werden (BACKHAUS, ERICHSON, PLINKE und WEIBER 2003, S. 511). Das Ward-Verfahren findet in der Praxis weite Verbreitung, nicht zuletzt, da es im Vergleich zu anderen Algorithmen in den meisten Fällen sehr gute Partitionen findet und die richtige Zuordnung zu den Gruppen erfolgt (BERGS 1981, S. 96). Dies kann auch von der Autorin für beide Analysen bestätigt werden.

In beiden Analysen lieferte eine Lösung mit vier Clustern optimal zu interpretierende Ergebnisse. Darauf aufbauend wurde zur Überprüfung der Analyseergebnisse in beiden Fällen eine Diskriminanzanalyse gerechnet.

3.6 *Methodenreflexion*

Der Überblick zur angewandten Methodik verdeutlicht die Breite der angelegten Untersuchung. Aufgrund des gewählten methodischen Ansatzes verfolgt die Arbeit demnach eine makroanalytisch-regionalökonomische sowie eine mikroanalytisch-handlungstheoretische Sichtweise. Das in die Analyse eingegangene empirische Datenmaterial impliziert gleichermaßen die Anwendung sowohl statistischer Auswerteverfahren, als auch Verfahren der qualitativen Sozialforschung. Dieser hier angewandte Methodenmix birgt die Gefahr, dass die Beantwortung der aufgeworfenen Fragestellung in Sequenzen erfolgt, die anschließend losgelöst nebeneinander stehen. Deshalb werden in der vorliegenden Arbeit die mit unterschiedlichen Methoden erhobenen Daten nicht in gesonderten Kapiteln ausgewertet, vielmehr findet eine themengeleitete Argumentation statt. Die sekundärstatistischen Daten aus der amtlichen Statistik liefern die Grundlage für alle weiteren Betrachtungen auf individueller Ebene und werden daher im Kap. 4 der eigentlichen Analyse vorangestellt. Anschließend erfolgt die Zusammenführung der Analyseergebnisse aus der quantitativen telefonischen Erhebung und den qualitativen problemzentrierten Interviews in den Kap. 5 bis 7. Generell kann resümiert werden, dass sich bei einer auf inhaltliche Breite angelegten Untersuchung eine Kombination der angewandten Methoden anbietet, um die Fragestellungen angemessen beantworten zu können.

4 Ausmaß und Muster der innerdeutschen Ost-West-Migration

4.1 Binnenwanderung in Deutschland – Ein Überblick

Die Binnenwanderung in Deutschland unterliegt bestimmten Mustern und Ausprägungen. Vor allem die Kernstädte der großen Agglomerationsräume ziehen Gewinne aus der Binnenwanderung durch die in der vorliegenden Arbeit fokussierte Altersgruppe. In Abb. 7 (siehe S. 183) sind die relativen Wanderungssalden aus der Binnenwanderung dieser Altersgruppe (18 bis 30 Jahre) kleinräumig dargestellt. Bereits dieser Überblick verdeutlicht den Ost-West-Gegensatz im Binnenwanderungsgeschehen. Vor allem Regionen in den südwestlichen Bundesländern Bayern und Baden-Württemberg können kontinuierliche Gewinne erzielen (vgl. Abb. 7). Demgegenüber erfahren die sechs östlichen Bundesländer, mit Ausnahme einiger Oberzentren, fast flächendeckend Verluste.

Der angesprochene Ost-West-Gegensatz (vgl. Abb. 7) deutet bereits auf einen nennenswerten Wanderungsstrom aus den neuen in die alten Bundesländern hin. Einen detaillierten Einblick in seine quantitative Bedeutung im gesamten Binnenwanderungsgeschehen Deutschlands kann Abb. 8 (siehe S. 184) liefern. Hier ist eine Verflechtungsmatrix auf Bundesländerebene exemplarisch für den Zeitraum 1995 bis 1998 dargestellt. Daraus geht hervor, dass das quantitative Ausmaß der Wanderungsströme zwischen den Bundesländern sehr variiert. Die meisten Wanderungsfälle werden im Bezugszeitraum zwischen den benachbarten Bundesländern Niedersachsen und Nordrhein-Westfalen (und Gegenrichtung), Berlin und Brandenburg sowie Baden-Württemberg und Bayern (und Gegenrichtung) gezählt.

Die Ost-West-Wanderung (linkes Kästchen in Abb. 8, siehe S. 184) nimmt ein moderates Ausmaß im Binnenwanderungsgeschehen zwischen den 16 Bundesländern ein. Dabei ist zu berücksichtigen, dass der gewählte Betrachtungszeitraum in die Periode wieder ansteigender Abwanderung nach Westdeutschland fällt. Dennoch wird die quantitative Bedeutung der Abwanderung nach Westen im Vergleich zu den Wanderungen zwischen den ostdeutschen Bundesländern deutlich. Die Bedeutung bzw. die Spezifik der Ost-West-Wanderung ist demnach nicht ihr Wanderungsvolumen im gesamtdeutschen Kontext, sondern die Wanderungsintensität nach Westen aus Sicht der Herkunftsgebiete.

4.2 Die Ost-West-Wanderung ab 1990

4.2.1 Wanderungsvolumen im Zeitverlauf

Mit der Öffnung der Grenzen begann eine Phase massenhafter Fortzüge aus der ehemaligen DDR. Allein in den beiden Jahren 1989 und 1990 verließen 783.739 Menschen den Osten Deutschlands (STABA 2000). Per Saldo verloren die fünf neuen Bundesländer und Ost-Berlin 742.387 Menschen in diesen ersten zwei Jahren nach der Grenzöffnung. In dieser Hochphase der Abwanderung waren deutlich mehr Männer als Frauen in das Wanderungsgeschehen involviert.

In den nächsten Jahren schwächte sich die Massenabwanderung nur langsam ab. Der Sonderstatus der Exklave West-Berlin verlor sich spätestens mit dem Datum der Wiedervereinigung. Nicht zuletzt aus diesem Grund wird in der vorliegenden Arbeit die Ost-West-Wanderung nach 1990 als Wanderung zwischen den fünf neuen Bundesländer und Gesamtberlin auf der einen Seite und den zehn westlichen Bundesländern auf der anderen Seite betrachtet (vgl. Kap. 3.2).

Insgesamt haben zwischen 1991 und 2006 3,0 Mio. Menschen die östlichen Bundesländer in Richtung Westen verlassen. Demgegenüber standen allerdings nur 2,0 Mio. Zuzügler, was per Saldo zu einem Defizit von fast einer Mio. Menschen im Bezugszeitraum führt. Dieses quantitative Ausmaß führt in seiner Konsequenz zu einem hohen öffentlichem und wissenschaftlichem Interesse, sodass die Thematik seit der politischen Wende kontinuierlich bearbeitet wurde.[18]

Augenscheinlich ist der zyklische Verlauf des Wanderungsgeschehens. Für die 15 betrachteten Jahre lassen sich zwei Abwanderungswellen ausmachen (vgl. Abb. 9). Die erste Welle begann im Zuge der Grenzöffnung (im Jahr 1989) mit massenhaften Abwanderungen über die Drittländer Tschechien und Ungarn. Im Bezugszeitraum ab 1991 ist die abnehmende Tendenz dieser ersten Wanderungswelle sichtbar. Bis zum Jahr 1993 ging die Abwanderung nach Westen deutlich zurück. Zum Ausmaß des Wanderungsgeschehens müssen allerdings weitere erklärende Erläuterungen gegeben werden. Zwar deuten die absoluten Zahlen des Wanderungsstroms auf ein quantitativ nennenswertes Ausmaß an ostdeutscher Mobilität hin, dieser Eindruck bestätigt sich aber nicht, wenn man die normierten Wanderungskennziffern betrachtet. Die Bevölkerung der ehemaligen DDR

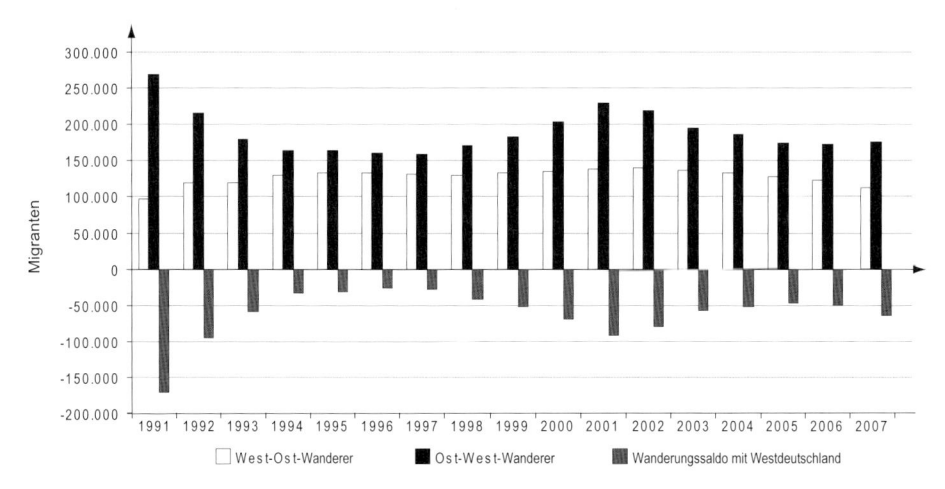

Quelle: STABA (versch. Jg.), eigene Berechnungen

Abb. 9: Zu- und Fortzüge nach Ostdeutschland zwischen 1991 und 2007

---

[18] Exemplarisch sollen an dieser Stelle genannt werden: SCHWARZE und WAGNER (1992); WENDT (1993/94); BÜCHEL und SCHWARZE (1994); SCHWARZE (1996); GANS und KEMPER (Hrsg.) (1995) und alle darin enthaltenen Aufsätze sowie SCHLÖMER (2004)

war traditionell räumlich eher wenig mobil, mit einem Wanderungsvolumen von unter 20 Wanderungen über die Gemeindegrenzen je 1.000 Einwohner beschreibt GRUNDMANN (1994, S. 51) sie als relativ immobil. Sogar im Jahr der Grenzöffnung mit dem Beginn der massenhaften Abwanderungen nach Westen lag die migrationelle Mobilität der ostdeutschen Bevölkerung unter der der westdeutschen und nahm von diesem Zeitpunkt wieder sukzessive ab (ebenda). Die folgenreichen Auswirkungen der Migration erklärt GRUNDMANN (1994, S. 51 f.) damit, dass die Personen, die sich zu einer Wanderung entschließen, mit großer Wahrscheinlichkeit in die westlichen Bundesländer migrieren und somit die Wanderungseffektivität sehr hoch ist. Bereits in dieser Phase wird in der öffentlichen Diskussion die Situation, dass überwiegend junge und gut ausgebildete Menschen den Osten verlassen als „verhängnisvoll" wahrgenommen (SACHVERSTÄNDIGENRAT 1990, S. 254).

Der anschließende Rückgang der ostdeutschen Binnenwanderungsbeteiligung ist vor allen den rückläufigen Wanderungen nach Westen geschuldet. Während 1991 von 1.000 Einwohnern noch ca. 14 nach Westdeutschland migrierten, sank dieser Wert in den Folgejahren auf ca. neun Migranten je 1.000 Personen der Bestandsbevölkerung ab. Gleichzeitig erhöhten sich die Zuzüge aus den alten Bundesländern in den Osten stetig. Zur Erklärung müssen verschiedene Faktoren betrachtet und herangezogen werden. Die massenhafte Abwanderung nach Westen während der ersten Phase war durch „spekulative Migration" dominiert, d.h. die Wanderung wurde vor dem Finden eines Arbeitsplatzes oder Ausbildungsplatzes realisiert (KEMPE 1999, S. 21 und FRANZ 1996, S. 215). Die Migrationsentscheidung fiel demnach oftmals unter sehr großen Unsicherheiten und Informationsdefiziten über die Zielregion. Es ist anzunehmen, dass die Erwartungen der Migranten am Zielort z.T. enttäuscht wurden, dies mag auch ein Grund dafür gewesen sein, dass ein nicht unbedeutender Anteil wieder nach Ostdeutschland zurückkehrte.

Über das reale Ausmaß des Rückwanderungsgeschehens nach Ostdeutschland in seiner zeitlichen Differenzierung existieren keine Untersuchungen. Jedoch kommt BECK (2005, S. 106) mithilfe des SOEP zu dem Ergebnis, dass im Zeitraum von 1991 bis 2001 der Gegenstrom, also die West-Ost-Migrationen zu 50 % Rückwanderer beinhaltet. Es ist anzunehmen, dass die Zunahme der West-Ost-Wanderungen bis Mitte der 1990er Jahre und somit die Angleichung der Zu- und Fortzüge an einen fast ausgeglichenen Saldo nicht unwesentlich durch Rückwanderungen der Wanderungspioniere aus der ersten Abwanderungswelle zu erklären ist. Zudem migrierten im Zuge des Aufbaus Ost zahlreiche Fach- und Führungskräfte sowie akademische und politische Eliten in die neuen Bundesländer und Berlin. Gründe dafür sind u.a. der Wechsel des Regierungssitzes nach Berlin mit seinen nachgeordneten Behörden (Bundesministerien und -institutionen) sowie die umfangreichen Neubesetzungen von Führungskräften auf regionaler und kommunaler Ebene in der öffentlichen Verwaltung, an den Universitäten und anderen Institutionen, für die Personen mit i.d.R. hohem Bildungsstand in die neuen Bundesländer kamen. Im Resultat nahm das Wanderungsgeschehen zwischen Ost- und Westdeutschland zwischen den Jahren 1993 und 1998 einen fast ausgeglichen Saldo an.

Ab 1998/ 1999 begann die zweite Abwanderungswelle. Bei stagnierenden Zuzügen aus den westlichen Bundesländern nahmen die Fortzüge aus dem Osten stetig zu. Diese Phase geht einher mit einer Zunahme der Disparitäten in der Wirtschafts- und Arbeitsmarktentwicklung (HEILAND 2004, S. 176 und 178). Gleichzeitig verschärft sich die ostdeutsche Arbeitsmarktsituation, da die geburtenstarken Jahrgänge der 1980er Jahre auf den Arbeitsmarkt drängen. Nachdem die eingangs beschriebene erste Abwanderungswelle vornehmlich durch junge Familien mit Kindern dominiert war, wandern jetzt Personen im jungen Erwachsenenalter vor der Familiengründung. Der Anteil der unter 18-Jährigen verbleibt – mit Ausnahme des Jahres 2001 – auf niedrigem Niveau. Generell kann als markantes Merkmal der zweiten Abwanderungswelle die zunehmende Mobilität der Bevölkerung im jungen Erwachsenenalter herausgestellt werden. Obwohl die ostdeutsche Bevölkerung nach wie vor weniger mobil als die westdeutsche ist, findet ein sichtbarer Aufhol- und Anpassungsprozess statt. Diese Beobachtung lässt sich mithilfe der Wanderungen über die Gemeindegrenzen nachweisen. Hierbei findet zunehmend eine Angleichung statt (vgl. Tab. 5). Dennoch war auch im Jahr 2006 die ostdeutsche Bevölkerung weniger mobil als die westdeutsche.

Auch während der zweiten Abwanderungswelle ab 1998 hat die Westwanderung einen bedeutenden Anteil am gesamten Wanderungsvolumen in den neuen Bundesländern und Berlin. Die Gruppe der Personen im jungen Erwachsenenalter erreicht während dieser Abwanderungswelle mit über 40 Westwanderungen je 1.000 Einwohner im Extremjahr 2002 eine Wanderungsintensität, die sogar die des Jahres 1991 deutlich übertrifft (vgl. Abb. 10). Aufgrund der Abnahme der Bestandbevölkerung wird diese neue Intensität lediglich in den Wanderungsraten und nicht in den absoluten Zahlen deutlich. Seit dem Jahr 2003 reduziert sich der Abwanderungsstrom ein zweites Mal. Allerdings kann in den letzten Jahren eine deutliche Zunahme bei der Abwanderung junger ostdeutscher Frauen (18 bis 30 Jahre) festgestellt werden.

Tab. 5: Wanderungsvolumen über die Gemeindegrenzen je 1.000 Einwohner

Jahr	westliche Bundesländer	östliche Bundesländer
1992	49,5	23,5
1995	51,8	36,4
1998	50,1	44,0
2001	49,3	38,8
2004	47,3	41,7
2006	45,3	34,9

Quelle: STABA 2007, eigene Berechnungen

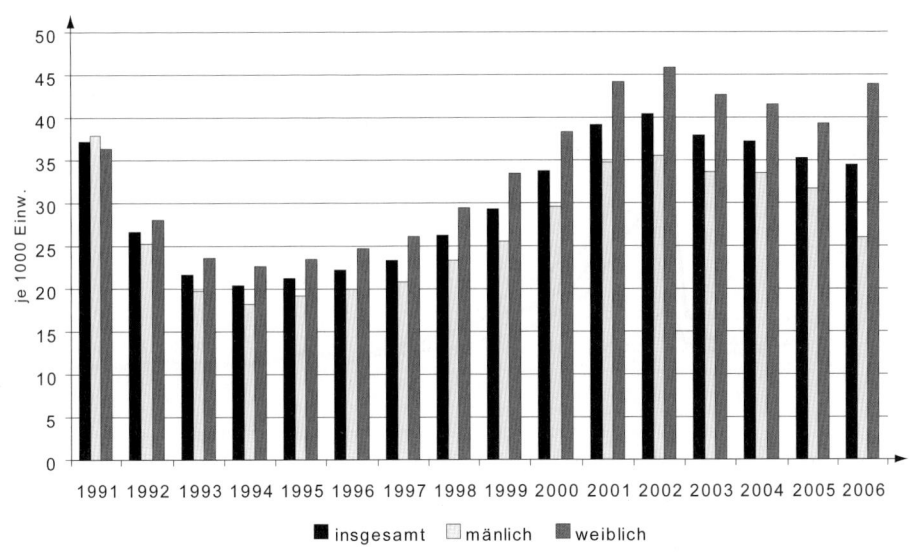

■ insgesamt □ mänlich ■ weiblich

Quelle: STABA (versch. Jg.), eigene Berechnungen

Abb. 10: Westwanderungen je 1.000 Einwohner in der Altersgruppe der 18-30-Jährigen zwischen 1991 und 2006[19]

4.2.2 Beteiligte Altersgruppen und Geschlechterproportionen

Die stärkere Beteiligung von Personen im jungen Erwachsenenalter wurde bereits an mehreren Stellen der Arbeit herausgehoben und beschrieben. Aufgrund der Fokussierung auf diese Altersgruppe soll die Altersselektivität an dieser Stelle gesondert diskutiert werden.

Deutlich wird, dass die Wanderungsbeteiligung der in die Ost-West-Migration eingebundenen Altersjahrgänge, der typischen altersspezifischen Verlaufskurve von Wanderungen entspricht. Die im theoretischen Kapitel (2.3) skizzierte schwankende Migrationsbereitschaft in den verschiedenen Lebensphasen der Individuen zeigt sich spiegelbildlich auch bei dem hier betrachteten Wanderungsstrom (vgl. Abb. 11). Ebenso folgt auch der Gegenstrom – also die West-Ost-Wanderung – diesem idealtypischen Verlauf, mit einem deutlichen Extremwert während der Ausbildungs- und Berufseinstiegsphase. Die Proportionen, d.h. die Amplitude der Verlaufkurve, zeigt jedoch sowohl geschlechtsspezifische Unterschiede als auch Abweichungen zwischen dem Abwanderungsstrom und seinem Gegenstrom. Während von einzelnen Jahrgängen der Anfang 20-Jährigen mehr als 10.000 junge Menschen (Männer und Frauen) nach Westen gezogen sind, fiel der Gegenstrom um ca. 40 % geringer aus.

Eine deutliche Zunahme der Ausbildungsmobilität im Vergleich zur ersten Abwanderungswelle konnte auch KEMPE (1999, S. 19) mithilfe des Datensatzes des SOEP feststel-

---

[19] der Bestandsbevölkerung am Jahresanfang

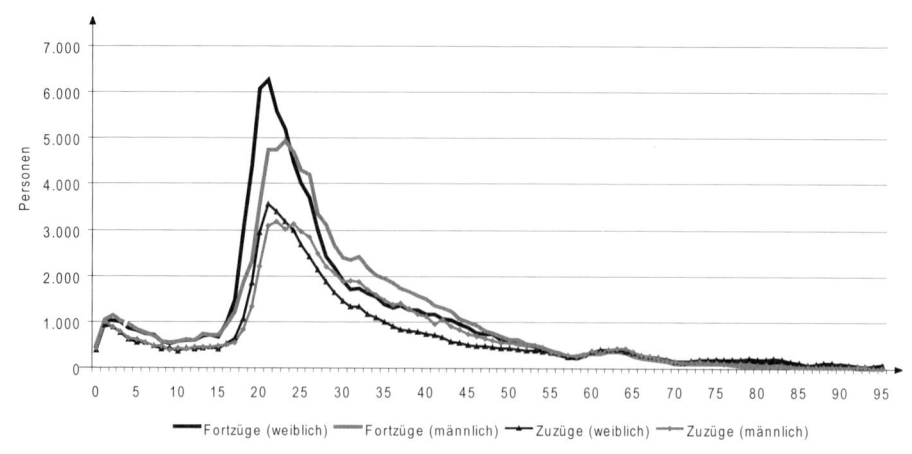

Quelle: StaBa 2006a, eigene Berechnungen

Abb. 11: Fortzüge aus und Zuzüge nach Ostdeutschland nach Altersjahren 2003

len. Da der Extremwert bei den Frauen beim Altersjahrgang der 23-Jährigen und bei den Männern bei den 25-Jährigen liegt, kann darauf geschlossen werden, dass die Migration häufig mit der Aufnahme der ersten Beruftätigkeit einhergeht (vgl. Kap. 4.2.2). Generell muss an dieser Stelle angemerkt werden, dass die Ausbildungswanderung in der amtlichen Statistik eher unterrepräsentiert erfasst wird. Schließlich melden sich viele Auszubildende und Studierende häufig nur mit dem Nebenwohnsitz am Ausbildungsort an, als Hauptwohnsitz verbleibt die elterliche Wohnung im Heimatort. Tatsächlich ist zu vermuten, dass diese junge Bevölkerungsgruppe sogar eine noch höhere Wanderungsintensität aufweist, als durch die Daten der amtlichen Statistik messbar ist.

Hinsichtlich des Geschlechterverhältnisses lässt sich eine offensichtliche Ungleichverteilung feststellen, sowohl bezüglich der Fortzüge als auch der Zuzüge aus bzw. nach Ostdeutschland. Entgegen der allgemeinen öffentlichen Wahrnehmung wandern insgesamt aus allen neuen Bundesländern und Berlin Männer wie Frauen gleicher Maßen ab. So sind zwischen 1991 und 2006 nur minimal mehr Frauen als Männer in Richtung Westen gezogen. Allerdings sind im Gegenstrom bedeutend mehr Männer als Frauen nach Ostdeutschland zugewandert. In Zahlen ausgedrückt heißt das, dass in den betrachteten 16 Jahren über 230.000 Frauen weniger als Männer in den Osten kamen. Saldiert mit den Fortzügen verblieb ein Frauendefizit von 630.000 im besagten Zeitraum, bei den Männern akkumulierte sich „nur" ein negativer Saldo von 400.000. In der Altersgruppe der 18-30-Jährigen unterscheiden sich die Frauen noch stärker in ihrer Wanderungsintensität. Vor allem für das Jahr 2006 kann insofern ein eklatanter Anstieg der Mobilität ostdeutscher Frauen beobachtet werden (vgl. Tab. 6), als das 60 % der Abwanderer Frauen sind. Im Jahr 2006 wanderten vor allem jungen Frauen unter 18 Jahren nach Westdeutschland ab.

Insgesamt bleibt daher festzuhalten, dass die jungen ostdeutschen Frauen eine höhere Wanderungsbeteiligung nach Westen aufweisen als die Männer. Einen entscheidenden Anteil am resultierenden Frauendefizit haben allerdings auch die fehlenden Zuzüge

Tab. 6: Frauenanteil der Ost-West- bzw. West- Ost-Wanderung 1991 bis 2006

Jahre	alle Altersgruppen in %		Altersgruppe der 18-30-Jährigen in %	
	West-Ost-Wanderung	Ost-West-Wanderung	West-Ost-Wanderung	Ost-West-Wanderung
1991	35,8	48,7	35,9	47,9
1992	37,2	50,0	36,9	51,4
1993	39,9	50,4	41,0	52,7
1994	42,1	51,2	43,7	53,4
1995	43,3	50,4	45,1	52,7
1996	44,2	49,9	45,9	52,7
1997	45,5	49,7	47,6	52,8
1998	46,3	49,7	49,4	52,9
1999	47,2	49,9	50,1	53,7
2000	47,6	49,7	50,9	53,4
2001	48,1	49,7	51,1	53,0
2002	47,9	49,9	51,2	53,4
2003	47,7	50,1	50,3	53,0
2004	47,7	49,7	51,1	52,6
2005	47,8	49,7	51,1	52,6
2006	48,1	60,8	51,9	60,3
Durchschnitt	45,0	50,5	47,2	52,9

Quelle: STABA 2007, eigene Berechnungen

junger westdeutscher Frauen. Ob diese Beobachtung durch eine geringere Attraktivität des Ostens auf weibliche Zuzügler oder möglicherweise durch eine höhere Rückwanderungsquote der Männer zu erklären lässt, kann aus dem vorliegenden Datenmaterial nicht geschlossen werden.

Hinsichtlich der vorliegenden Arbeit muss daher berücksichtigt werden, dass die empirische Erhebung (Telefoninterviews und qualitative Interviews) in den Jahren 2004/2005 stattfand, also in einer Phase mit noch relativ ausgeglichener Geschlechterproportion.

4.2.3 Herkunfts- und Zielgebiete sowie regionale Arbeitsmarktsituation

Die Zielgebiete der Migration liegen bevorzugt in den süddeutschen Bundesländern Baden-Württemberg und Bayern, zudem kann Hamburg einen großen Zustrom an ostdeutschen Migranten verzeichnen. Allerdings ergeben sich bei der Präferenz der Zielgebiete große Unterschiede bezüglich der Herkunft der Migranten. Prinzipiell lässt sich feststellen, dass Migranten aus den nord-östlichen Bundesländern auch den westlichen Norden präferieren, während aus den Bundesländern Sachsen und Thüringen vornehmlich nach Südwesten gewandert wird. Brandenburger und Sachsen-Anhalter bevorzugen die Mitte Westdeutschlands und wandern überwiegend in die Bundesländer Niedersachsen und Nordrhein-Westfalen (vgl. Abb. 12, siehe S. 185). Neben dem Ost-West-Wanderungsgefälle kommen hier demnach auch nord-süd-spezifische Präferenzen zum Tragen. Die wirtschaftlich prosperierenden Regionen in Süddeutschland verbuchen zwar hohe Zuzugszahlen aus Süd-Ost (Sachsen und Thüringen), ziehen aber nur relativ wenige Migranten aus Mitte-Ost (Sachsen-Anhalt, Brandenburg und Berlin) an. Aus Nord-Ost (Mecklenburg-Vorpommern) sind nennenswerte Wanderungsbewegungen nach Südwestdeutschland nicht erkennbar. Vielmehr wirkt hier der Großraum Hamburg mit einer ebenfalls vergleichsweise günstigen Arbeitsmarktsituation als „Magnet" für Migranten aus Mecklenburg-Vorpommern. Der auf den ersten Blick zu vermutende Zusammenhang zwischen Zuzugsgebieten und Arbeitsmarktsituation stellt sich jedoch komplexer und regional differenziert dar.

Die fünf größten Migrationsgewinner der Ost-West-Wanderung sind die Städte Hamburg, München, gefolgt vom Großraum Hannover, Frankfurt a. M. und Stuttgart. Im Untersuchungsjahr 2003 lassen sich allein 23 % des Nettowanderungsverlustes durch Zuzug in diese fünf Zentren erklären. In den ökonomischen Migrationstheorien werden überregionale Wanderungen mit dem Wechsel des Arbeitsplatzes häufig mit ökonomischen Disparitäten zwischen den Regionen erklärt. Tatsächlich gehören die Arbeitsamtbezirke München, Hamburg, Frankfurt und Stuttgart zu jenen mit den meisten offenen Stellen und verfügen über einen vergleichsweise hohen Anteil an offenen Stellen im hoch qualifizierten Bereich (vgl. Abb. 13, siehe S. 186). Der Großraum Hannover nimmt bei dieser Betrachtung allerdings eine Sonderstellung ein. Der Faktor räumliche Nähe scheint, wie in Abb. 12 bereits verdeutlicht, ebenso von Bedeutung zu sein. So zieht der Großraum trotz eines relativ engen Arbeitsmarktes in starken Maße Fortzügler aus Sachsen-Anhalt an. Hier scheinen demnach eher Verdrängungseffekte zum Tragen kommen. Generell können – bis auf wenige Ausnahmen – alle Regionen in Westdeutschland einen positiven Wanderungssaldo mit den neuen Bundesländern und Berlin verbuchen. Einzig sehr periphere Regionen, beispielsweise im Emsland, im Bayrischen Wald, in der Rhön oder in Oberfranken verlieren per Saldo Einwohner nach Ostdeutschland (vgl. Abb. 14, siehe S. 187).

4.3 Kleinräumige Unterschiede im Mobilitätsverhalten

Obwohl die Besonderheit der innerdeutschen Ost-West-Wanderung die quasi flächendeckenden Wanderungsverluste der ostdeutschen Regionen nach Westdeutschland sind und diese Wanderungsrichtung in den 16 Jahren nach der Wiedervereinigung in vielen Kreisen die bestimmende Wanderungsrichtung war[20], ergeben sich nennenswerte kleinräumige Unterschiede sowohl im Migrations- als auch allgemein im Mobilitätsgeschehen. Die größten relativen Wanderungsverluste (je 1.000 Einwohner) haben sehr periphere

---

[20] Eine Ausnahme stellen zweifelsohne die Landkreise im Umfeld großer Städte dar, die bis Mitte/Ende der 1990er Jahre teilweise sehr hohe Suburbanisierungsgewinne verzeichnen konnten.

Mittelstädte in Mecklenburg-Vorpommern und im Osten Brandenburgs zu beklagen. Diese größten Verlierer, zu denen die Städte Cottbus, Neubrandenburg, Hoyerswerda und Frankfurt (Oder) sowie der Landkreis Uecker-Randow gehören, vereint neben der peripheren Lage auch ihre wirtschaftliche Problemsituation und Strukturschwäche. Diese unter massiver Abwanderung leidenden Mittelstädte waren durch eine forcierte Ansiedlungspolitik von Industriebetrieben, beginnend in den 1960er und 1970er Jahren, geprägt (KOHL et al. 1976, S. 77ff. 111ff. und 137 ff.). Einhergehend mit dieser Ansiedlung erfuhren diese Städte einen beträchtlichen Einwohnerzuwachs durch staatlich gelenkte Migrationspolitik. Mithilfe staatlicher Wohnungsbauprogramme (Plattenbausiedlungen) wurden vornehmlich junge Arbeitskräfte angezogen. Nach dem Zusammenbruch der DDR und dem Niedergang vieler Industriebetriebe waren diese Städte besonders von Arbeitslosigkeit betroffen (PETER 2006, S. 284). Ihre periphere Lage schloss ein Pendeln in wirtschaftsstärkere Regionen weitestgehend aus. Der Landkreis Uecker-Randow war historisch nur wenig industrialisiert, hatte nach der Wiedervereinigung allerdings unter dem drastischen Rückbau von mehreren Militärstandorten zu leiden.

Vor allem die junge Bevölkerung war es, die als Konsequenz der wirtschaftlichen Transformation den Osten verließ. Trotz der geschilderten Intensitätsunterschiede ist das Phänomen des Bevölkerungsrückgangs und der Nettoabwanderung flächendeckend in Ostdeutschland zu beobachten (siehe Abb. 14, S. 187). Bei Fokussierung auf Personen im jungen Erwachsenenalter (18 bis 30 Jahre) wird deutlich, dass einzig die Stadt Berlin einen positiven Wanderungssaldo gegenüber den westlichen Bundesländern in dieser Altersgruppe verbuchen kann. Allerdings wird auch deutlich, dass Städte mit vergleichsweise günstiger Wirtschaftsentwicklung, vor allem auch Universitätsstädte, per Saldo relativ geringe Wanderungsverluste in dieser Altersgruppe mit Westdeutschland erzielen. Hier fallen in erster Linie die Städte Jena, Leipzig, Halle, Weimar und Potsdam mit vergleichsweise geringen Wanderungsverlusten per Saldo auf.

Neben den Zu- und Fortzügen soll an dieser Stelle auch die Pendelwanderung in seinem Ausmaß und regionaler Differenzierung betrachtet werden. Schließlich kann Pendeln sowohl als Vorstufe oder aber auch als Alternative zur Migration gesehen werden. In der Literatur werden konträre Meinungen zur Frage deutlich, wie sich Pendeln auf das Migrationsverhalten auswirkt. Bezüglich der innerdeutschen Ost-West-Migration kam BURDA (1993) zu Beginn der 1990er Jahre, also noch zur Zeit der ersten Abwanderungswelle aus Ostdeutschland, zu dem Ergebnis, dass Westpendler eine überdurchschnittlich hohe Abwanderungsbereitschaft haben.

Zum gleichen Ergebnis kommen auch BÜCHEL und SCHWARZE (1994), während HUNT (2000, S. 28) Pendeln und Abwandern als Substitute betrachtet und den Anteil derjenigen, die vor der Migration gependelt sind, auf 20 % beziffert.

Tatsächlich pendeln mehr als 370.000 (2004) Menschen zur Arbeit in die westlichen Bundesländer (BUNDESAGENTUR FÜR ARBEIT 2005). Damit übertrifft die Zahl der Pendler die der Abwanderer (im Untersuchungsjahr) um das Zweifache, zudem bestehen hinsichtlich des Ausmaßes an Westpendlern regional bedeutend stärkere Unterschiede als bei den Wanderungszahlen. Das Pendleraufkommen variiert mit der Entfernung zu den westlichen Bundesländern. Die Kreise mit westlicher Randlage und räumlicher Nähe zu einem westlichen Wirtschaftszentrum haben erwartungsgemäß den mit Abstand höchsten Anteil an Arbeitspendlern nach Westen. Die höchsten Auspendlerraten haben die Landkreise Sonneberg (Thüringen), das Eichsfeld (Thüringen), Nordwestmecklenburg, Hildburghausen (Thüringen) sowie der Altmarkkreis Salzwedel (Sachsen-Anhalt). Aus diesen Regionen pendelt ca. jeder dritte sozialversicherungspflichtig Beschäftigte in die westlichen Bundesländer. Aus dem sehr ländlich geprägten Altmarkkreis Salzwedel wird beispielsweise vornehmlich in die nahegelegenen Mittelzentren Wolfsburg, Braunschweig und Lüneburg gependelt (STALA Sachsen-Anhalt 2004).

HUNT (2000, S. 28) konnte in ihrer Untersuchung mit Daten des SOEP feststellen, dass sich in regionaler Betrachtung, je nach Entfernung zu den westlichen Ländern, Westmigranten und Westpendler substitutiv verhalten. Zudem stellte sie keinen Unterschied im Qualifikationsprofil von Pendlern und Migranten fest; dieser liegt bei beiden Gruppen signifikant über dem Querschnitt. Jedoch unterscheiden sich beide Gruppen hinsichtlich ihres Alters insofern als die Jüngeren eher abwandern, die Älteren hingegen eher pendeln. Letztlich führt das Pendeln, auch wenn die quantitativen Zahlen einen hohen Stellenwert vermuten lassen, nach HUNT (2000, S. 28) nicht zu einer Verminderung der Abwanderung aus Ostdeutschland, da das Pendeln temporärer Natur ist und als Sprungbrett zur permanenten Migration dient.

Es stellt sich allerdings die Frage, welche maßgeblichen Entwicklungen im Mobilitätsgeschehen auf kleinräumiger Ebene bestimmend sind? Daher wurde anhand geeigneter Indikatoren eine Clusteranalyse auf Basis der Landkreise und kreisfreien Städte in Ostdeutschland durchgeführt, in die die Bevölkerungsentwicklung, das Migrations- und Pendlergeschehen sowie die Arbeitsmarktsituation eingehen[21]. Im Ergebnis werden räumliche Muster sowie „Gewinner- und Verliererregionen" ermittelt sowie Disparitäten innerhalb der neuen Bundesländer (inkl. Berlin) sichtbar.

Nach der Auswahl geeigneter Indikatoren (vgl. grau unterlegten Kasten) wurde eine Distanzmatrix berechnet und anschließend mit dem genannten Fusionierungsverfahren die Clusterzugehörigkeit bestimmt. Anschließend wurde mittels einer Diskriminanzanalyse die Clusterzugehörigkeit überprüft und ggf. modifiziert.

Ursächlich gingen in die Untersuchung folgende Indikatoren ein:	
Komponente im Mobilitätsgeschehen	Indikator (*** wurde in die Analyse aufgenommen)
Mobilität	Fortzüge über die Kreisgrenzen je 1000 Einwohner 2004 Zuzüge über die Kreisgrenzen je 1000 Einwohner 2004 Wanderungssaldo je 1000 Einwohner auf Kreisebene 2004 Wanderungssaldo mit den westlichen Bundesländern je 1000 Einw. 2004*** Wanderungssaldo mit den westlichen Bundesländern der jungen, erwerbsfähigen Bevölkerung (18 bis unter 30) je 1000 Einw. 2004 Auspendler insgesamt in % der soz.-vers.-pflichtig Beschäftigten 2004 Auspendler in die westlichen Bundesländer in % der soz.-vers.-pflichtig Beschäftigten 2004***

---

[21] Es wurde die Hierarchische Clusteranalyse mit der Fusionierungsmethode „Ward" und der quadrierten Euklidischen Distanz als Distanzmaß verwendet.

Bevölkerung	Bevölkerungsentwicklung 1991 bis 1995 in %
	Bevölkerungsentwicklung 1991 bis 2004 in %***
Wirtschafts- und Arbeitsmarktlage	Arbeitslosenquote 2004***
	BIP pro Kopf 2004

Da das Ergebnis einer Clusteranalyse von Korrelationen zwischen den Variablen und Ausreißern beeinflusst bzw. beeinträchtigt wird, galt es diese im Vorfeld zu erkennen und entsprechend zu eliminieren. Tatsächlich korrelieren einige Variablen sehr hoch miteinander. Nach Ausschluss der Variablen mit einem höherem Bestimmtheitsmaß als 0,5 gingen die Indikatoren Bevölkerungsentwicklung zwischen 1991 und 2004 in %, relativer Wanderungssaldo mit Westdeutschland 2004 je 1000 Einw., Auspendlerrate nach Westdeutschland in % 2004 und Arbeitslosenquote in % in die Analyse ein. Des Weiteren verfügt der Landkreis Spree-Neiße (östliches Sachsen) über ein Aufnahmelager, wodurch Migrations- und Bevölkerungsdaten derart beeinflusst wurden, dass dieser Landkreis nicht betrachtet wurde.

Eine optimale Lösung lieferte eine Unterteilung in vier Cluster, die folgendermaßen beschrieben werden können:

Cluster I = regionale Zentren oder Verdichtungsräume mit vergleichsweise günstiger Arbeitsmarktlage und Regionen mit vergleichsweise geringer Bevölkerungsschrumpfung,
Cluster II = periphere, ländliche Gebiete oder ehem. hochindustrialisierte Regionen mit starken Wanderungsverlusten nach Westen,
Cluster III = Suburbanisierungskreise mit Bevölkerungswachstum und
Cluster IV = Auspendlerkreise nach Westen.

Diese vier Cluster (vgl. Abb. 15, S. 188) sind durch folgende Struktur- und Entwicklungsmerkmale gekennzeichnet:

Das Cluster I vereint Gebiete mit mäßiger Schrumpfungsintensität. Die Wirtschafts- und Arbeitsmarktsituation fällt vergleichsweise günstig aus, bezüglich der Bevölkerungsentwicklung und der Nettoabwanderung nach Westen werden unterdurchschnittliche Negativwerte erreicht. Zum Cluster I gehören die Wachstumsinseln in Sachsen und Thüringen mit den umliegenden Landkreisen, die Stadt Berlin mit dem benachbarten Potsdam sowie ausgewählte Oberzentren in Mecklenburg-Vorpommern und Sachsen-Anhalt, teilweise incl. ihrer Umlandkreise.

Zum Cluster II gehören die Regionen und kreisfreien Städte, die unter den höchsten Bevölkerungsverlusten und der schwierigsten Arbeitsmarktsituation leiden. Die Arbeitslosenquote liegt fast vier Prozentpunkte über dem ostdeutschen Durchschnitt, jeder Fünfte ist in diesen Gebieten ohne Beschäftigung. Dies sind die primären Quellgebiete der Ost-West-Migration. Durchschnittlich haben diese Landkreise im Jahr 2004 mehr als 6 % ihrer Bevölkerung an die westlichen Bundesländer verloren. Vor allem ehemals hoch industrialisierte Mittelstädte im mitteldeutschen Raum sowie periphere und ländlich geprägte Regionen im südlichen Brandenburg und Mecklenburg-Vorpommern sind dem Cluster II zugehörig.

Kreise des Clusters III befinden sich ausschließlich im Umfeld größerer Städte. Ihnen ist gemein, dass sie in den 1990er Jahren von der Suburbanisierung aus den Kernstädten ins

Umland profitierten und daher Bevölkerungswachstum verzeichnen konnten. Insgesamt schneidet das Cluster III bei allen gewählten Indikatoren sehr positiv ab. Landkreise dieses Clusters befinden sich im Umland der Städte Halle, Leipzig, Dresden und Rostock sowie flächendeckend um Berlin und Potsdam. In diesem Zusammenhang muss allerdings angemerkt werden, dass Suburbanisierung flächendeckend in allen Ober- und Mittelzentren Ostdeutschlands stattfand, das statistisch sichtbare Ausmaß allerdings auch davon nachhaltig beeinflusst wird, ob und in welchem Umfang Eingemeindungen stattfanden. Ebenso haben Ausdehnung und räumlicher Zuschnitt der Gebietskörperschaften Einfluss darauf, wie stark bei einem Umlandkreis das Merkmal „Suburbanisierungsgewinner" für die gesamte Gebietskörperschaft von dominantem Charakter ist. Die Landkreise im Umland von Berlin suggerieren aufgrund ihrer großen räumlichen Ausdehnung weitflächigere Stadt-Umland-Wanderungen als tatsächlich vorhanden sind. In der Regel konzentrieren sich die Suburbanisierungsgewinne auf einen schmalen Saum um die Kernstädte herum (BARJAK und HEIMPOLD 1999, S. 1). Allerdings ist dort die Intensität derart hoch, dass das Merkmal maßgebliches Charakteristikum des gesamten Landkreises wird.

Das Cluster IV umfasst Landkreise, die am Westrand Ostdeutschlands und damit in unmittelbarer Nähe zu den westlichen Bundesländern liegen. Hier dominieren offensichtlich hohe Auspendlerzahlen nach Westen. Mehr als 20 % der sozialversicherungspflichtig Beschäftigten pendeln durchschnittlich von hier in die benachbarten westlichen Bundesländer. Die Möglichkeit des Arbeitspendelns durch die räumliche Nähe zu wirtschaftsstärkeren Regionen führt dazu, dass in diesem „Randsaum" eine relativ geringe Arbeitslosigkeit vorhanden ist. Gleichzeitig entspricht die relative Nettoabwanderung nach Westen in dieser Region dem Durchschnitt aller ostdeutschen Kreise.

Die Clusteranalyse zeigt, dass das Mobilitäts- und Wanderungsgeschehen auf kleinräumiger Ebene durchaus differenziert ist. Regionale Wachstumszentren verlieren deutlich weniger Migranten nach Westen und leiden meist nur unter geringeren Bevölkerungsverlusten. Gleichzeitig profitiert meist auch das Umland; aus demographischer Sicht sind diese Kreise durch die stattgefundene Suburbanisierung in den 1990er Jahren sogar die am besten konstituierten Gebiete im ostdeutschen Vergleich. Am stärksten schrumpfen periphere, ländliche oder altindustrielle Regionen. Sie haben auch die höchsten relativen Wanderungsverluste, und zwar vornehmlich nach Westdeutschland. Gleichzeitig unterstreicht die Clusteranalyse, dass Regionen in unmittelbarer Nachbarschaft zu den westlichen Bundesländern – bei gleichzeitiger räumlicher Nähe zu wirtschaftlichen Zentren – die mit Abstand höchsten Auspendlerraten nach Westdeutschland haben. Das heißt, dass die ansässige Bevölkerung von der dort bestehenden Möglichkeit des Pendelns entsprechend Gebrauch macht. Jedoch schmälert die bedeutende Zahl an Westpendlern nicht das Ausmaß der Westmigranten. Tatsächlich entsprechen die relativen Wanderungsverluste nach Westdeutschland dem ostdeutschen Durchschnitt. Diese Beobachtung spricht dafür, dass in Ostdeutschland Migration und Arbeitspendeln nur bedingt substitutive Handlungsentscheidungen sind. Vielmehr wirkt sich die Möglichkeit des Pendelns in dieser Randregion positiv auf die Zahl der Arbeitslosen aus, insofern hier die geringste Arbeitslosigkeit in Ostdeutschland gemessen wird. Die Ergebnisse zeigen, dass die Möglichkeit zum Pendeln die Erwerbslosenquote mindern kann.

Andererseits hat die Befragung von Westmigranten in der Fallstudie Sachsen-Anhalt verdeutlicht, dass Pendeln häufig eine Vorstufe zur Migration darstellt. Schließlich gab fast die Hälfte der Befragten an, dass sie vor dem Umzug selbst bzw. ein Familienmitglied zum späteren Zielort gependelt sind. Arbeitspendler stellen somit eine Gruppe potenzieller Migranten dar, wenngleich diese Beobachtung nicht zu der Interpretation einer substitutiven Handlungsentscheidung führen darf, da – wie bereits ausgeführt – in den prädestinierten Auspendlerregionen keine geringere Abwanderungsintensität nachzuweisen ist. Die hohen Auspendlerraten im westlichen Randsaum sind somit durch eine zusätzliche Mobilisierung der erwerbsfähigen Bevölkerung aufgrund der räumlichen Nähe und der faktischen Realisierung des täglichen Arbeitspendelns zurückzuführen.

4.4 Auswirkungen der Abwanderung auf die Bevölkerungsstruktur

Die Auswirkungen des politischen Umbruchs und der Wiedervereinigung auf Fertilitäts- und Migrationsverhalten waren immens. Eine Gesellschaft, die traditionell wenig mobil war, gleichzeitig nach den familienpolitischen Maßnahmen 1976 mit 1,9 Kindern je Frau (StaBa 2006c) fast die einfache Reproduktion erreichte, erfuhr in kürzester Zeit einen Wandel der Lebensbedingungen, der hinreichende demographische Konsequenzen hatte. Der rapide Abfall der Geburtenrate erreichte seinen Tiefststand 1993/94 mit weniger als 0,8 Kindern je Frau. In der Konsequenz standen allein im Jahr 1994 den 99.615 Geburten 209.990 Sterbefälle gegenüber. Der schlagartige Rückgang der Natalität in dieser Dimension erinnert an das Geburtenverhalten während Kriegs- und Krisenzeiten. Die Gründe für diese Verhaltensänderung können neben den veränderten politischen und gesellschaftlichen Rahmenbedingungen und den damit verbundenen individuellen Situationen und unsicheren Zukunftserwartungen auch in dem Wegfall bestimmter familienpolitischer Anreize gesehen werden. Frauen in der DDR bekamen bereits in sehr jungen Jahren, mit Anfang 20, Kinder. Umfrageergebnisse bestätigen in diesem Zusammenhang, dass sich das Geburtenverhalten von ostdeutschen Frauen an das der westdeutschen angeglichen hat und vielfach ein Kinderwunsch nur verschoben wurde, also zu einem späteren Zeitpunkt nachgeholt wird (Schulz 1997). Resultierend nähert sich die zusammengefasste Geburtenziffer (TFR) stetig an westdeutsches Niveau an.

Die negative natürliche Bevölkerungsentwicklung wird zudem durch die hohen Abwanderungszahlen nach Westdeutschland genährt, da – wie bereits mehrfach erwähnt – vor allem Personen im jungen Erwachsenenalter in die Abwanderung involviert sind.

Der Einbruch der Geburtenzahlen ist 15 Jahre nach der Wiedervereinigung deutlich im Altersaufbau der neuen Bundesländer sichtbar (vgl. Abb. 16). Während die Bevölkerungspyramide im Jahr 1990 noch durch einen relativ breiten Sockel geprägt war, wird 15 Jahre später der extrem geringen Besatz der Altersjahrgänge der 12- bis 14-Jährigen deutlich. Die jüngeren Jahrgänge sind zwar wieder geringfügig stärker vertreten, dennoch verbleibt ein sehr schmaler Sockel im aktuellen Altersaufbau.

So ist in den letzten Jahren der Anteil der jungen Erwachsenenbevölkerung zwischen 18 und 30 Jahren in Ostdeutschland sukzessive zurückgegangen (vgl. Abb. 17). Von

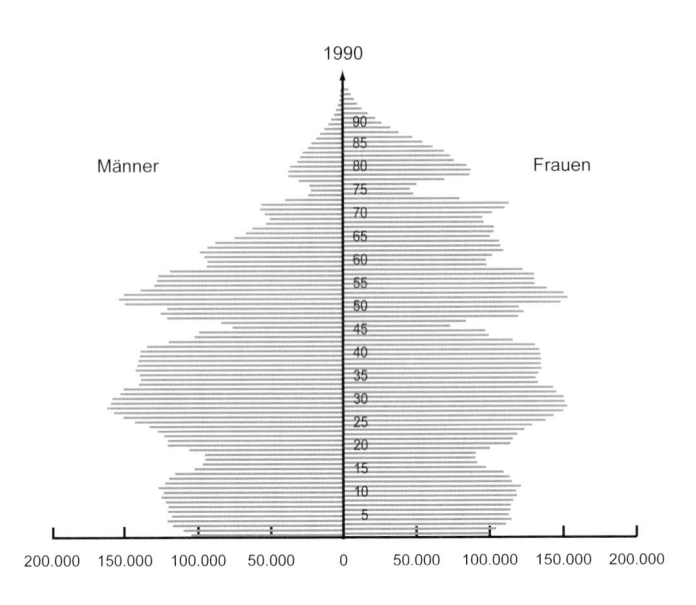

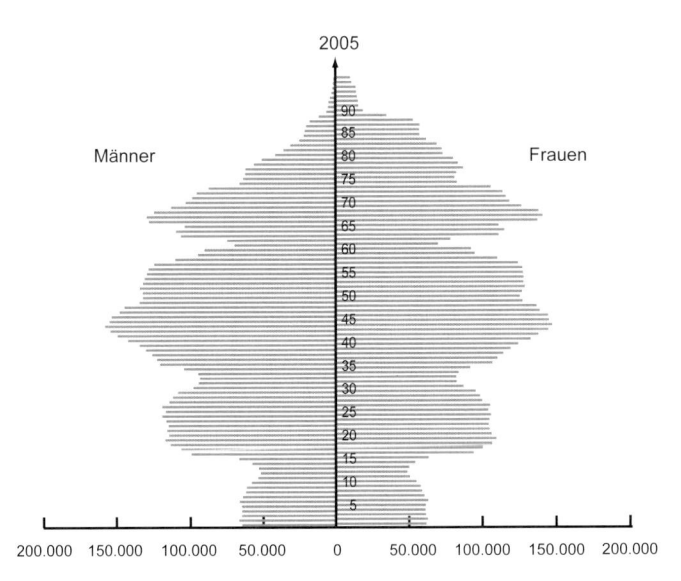

Quelle: StaBa 2006, eigene Berechnungen

Abb. 16: Altersaufbau 1990 (oben) und 2005 in den neuen Bundesländern und Berlin

ursprünglich fast 18 % sank ihr Anteil bis zum Ende der 1990er Jahre auf unter 15 %. Durch die geburtenstarken Jahrgänge Ende der 1970er bis Mitte der 1980er Jahre stabilisiert sich seit dem Jahr 2000 der Anteil der jungen Erwachsenengeneration. Diese geburtenstarken Jahrgänge führen relativ gesehen sogar zu einem minimalen Zuwachs der betrachteten Altersgruppe.

[Chart: Anteil der 18 bis 30-Jährigen 1990-2006, Ostdeutschland und Westdeutschland, y-Achse 10% bis 22%]

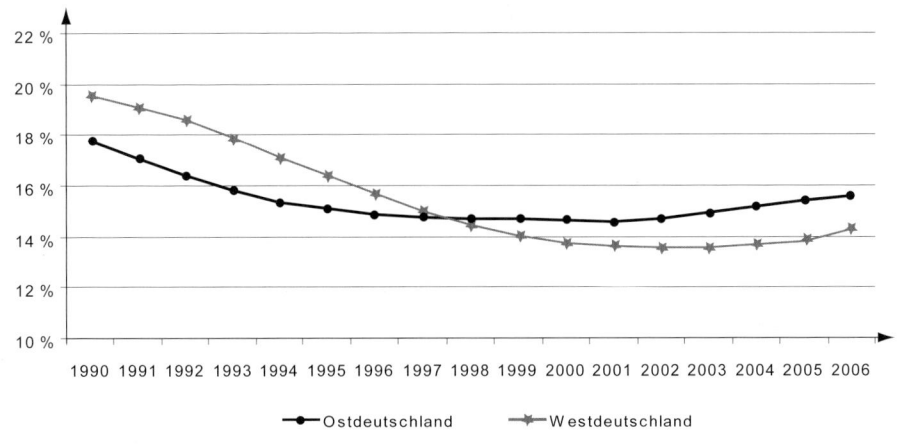

Quelle: StaBa 2006

Abb. 17: Anteil der 18 bis 30-Jährigen in Ost- und Westdeutschland 1990 bis 2006

Weitere demographische Konsequenzen ergeben sich durch die in Kap. 4.2.2 beschriebene höhere Abwanderungsneigung der ostdeutschen jungen Frauen bzw. durch den unterdurchschnittlichen Frauenanteil bei den Zuzügen nach Ostdeutschland. Besonders in ländlichen und peripheren Regionen resultiert ein Frauendefizit in der Altersgruppe der 18 bis unter 30-Jährigen. Bei der jungen Erwachsenengeneration ist in Gebieten Mecklenburg-Vorpommerns, aber auch in ländlichen Regionen in Thüringen, Sachsen-Anhalt und Brandenburg bereits ein Frauenanteil von unter 45 % zu verzeichnen.

Die zyklischen Veränderungen im Wanderungsvolumen (vgl. Kap. 4.2.1) in Kombination mit der Entwicklung des Geburtenverhaltens führen in ihrer Konsequenz zu wechselnden „Hauptverursachern" für die ostdeutsche Bevölkerungsschrumpfung. In der ersten Hochphase der Abwanderung zu Beginn der 1990er Jahre war sie der bestimmende Faktor für den Bevölkerungsrückgang. Mit sinkenden Fortzügen bei gleichzeitig steigenden Zuzügen ging auch die anteilige Verursachung der Nettoabwanderung am Bevölkerungsrückgang zurück. Gleichzeitig schlug bis 1994 (dem Jahr der geringsten Natalität) der drastische Rückgang der Geburten zu Buche, sodass der Anteil der Nettoabwanderung am generelleren Bevölkerungsschwund bis unter 20 % sank. Mit dem erneuten Anstieg der Fortzüge zum Ende der 1990er Jahre stieg die Nettoabwanderung und analog ihr Anteil am Bevölkerungsrückgang erneut an und pegelte sich schließlich bei Werten um die 40 % ein (vgl. Tab. 7). Bei dieser Betrachtung muss allerdings bedacht werden, dass der Wanderungssaldo mit dem Ausland in der Betrachtungsperiode immer positiv ausfiel und die hohen Wanderungsverluste nach Westen etwas abmilderten.

4.5 Die Stellung der Untersuchungsregion Sachsen-Anhalt im Wanderungsgeschehen – Ein Vergleich

Wie im Kap. 3.4.1 erläutert, wurde die Wanderungsanalyse auf Individualbasis exemplarisch für das Land Sachsen-Anhalt durchgeführt. Daher soll an dieser Stelle kurz die

Tab. 7: Bevölkerungs- und Wanderungsverlust in Ostdeutschland 1989 bis 2006

	Bevölkerung am 31.12.	Wanderungssaldo mit dem Westen und dem Ausland	Bevölkerungsverlust zum Vorjahr	Anteil der Nettoabwanderung am Bevölkerungsverlust
1989*	18.564.321	- - -	-240.836	- - -
1990*	18.185.543	- - -	-406.222	- - -
1991	17.954.681	-128.165	-230.862	55,5
1992	17.857.165	17.212	-97.516	-17,7 **
1993	17.774.902	36.459	-82.263	-44,3 **
1994	17.702.388	37.466	-72.514	-51,7 **
1995	17.645.860	44.796	-56.528	-79,2 **
1996	17.590.841	32.363	-55.019	-58,8 **
1997	17.509.099	-10.078	-81.742	12,3
1998	17.414.627	-28.659	-94.472	30,3
1999	17.334.701	-21.218	-79.926	26,5
2000	17.232.045	-50.732	-102.656	49,4
2001	17.117.556	-60.628	-114.489	53,0
2002	17.009.438	-52.113	-108.118	48,2
2003	16.912.759	-37.755	-96.679	39,1
2004	16.821.186	-42.966	-91.573	46,9
2005	16.739.983	-27.970	-81.203	34,4
2006	16.648.264	-39.778	-91.719	43,4

* ohne West-Berlin
** positiver Wanderungssaldo durch hohe Gewinne mit dem Ausland
Quelle: StaBa 2006 und 2006a, eigene Berechnungen

Spezifik des Bundeslandes im Vergleich zu den anderen ostdeutschen Ländern herausgestellt werden.

Das Land Sachsen-Anhalt ist in besonderem Maße geprägt von Bevölkerungsschrumpfung und Abwanderung. In den 16 Jahren nach der Wiedervereinigung hat das Bundesland 15 % seiner Bevölkerung verloren und nimmt damit die „negative Spitzenposition" in demographischer Hinsicht unter den ostdeutschen Ländern ein.

In Abb. 18 (siehe S. 189) wird deutlich, dass Sachsen-Anhalt zusammen mit Mecklenburg-Vorpommern die größten Abwanderungsraten nach Westdeutschland zu verzeichnen hat. Aus den Bundesländern Thüringen, Brandenburg, Berlin und Sachsen wandern dagegen vergleichsweise weniger Migranten nach Westen, in diesen Ländern liegt der Anteil unter dem ostdeutschen Durchschnitt. Bei Betrachtung der relativen Wanderungssalden ergibt sich insofern ein etwas anderes Bild, als dass Berlin als einziges ostdeutsches Bundesland seit dem Jahr 1998 (mit Ausnahme des Jahres 2004) einen positiven Wanderungssaldo aus der Ost-West-Wanderung ziehen kann. Thüringen, Sachsen und Brandenburg liegen seit der zweiten Wanderungswelle 1998 recht nah beieinander, während Sachsen-Anhalt und Mecklenburg-Vorpommern mit deutlich negativem Abstand folgen.

Die Fallstudie Sachsen-Anhalt repräsentiert somit ein Bundesland, welches in besonderem Maße von Wanderungsverlusten nach Westen betroffen ist. Zudem waren zwischen 1991 und 2005 ca. 90 % der gesamten Wanderungsverluste Sachsen-Anhalts allein der Nettoabwanderung nach Westdeutschland geschuldet. Dies gilt es bei der Interpretation der Ergebnisse sowie bei verallgemeinernden Aussagen zu berücksichtigen.

4.6 *Zusammenfassende Charakteristik der Wanderungsmuster*

Die quantitative Analyse des Ost-West-Wanderungsstroms verdeutlicht, dass sein Ausmaß im gesamtdeutschen Kontext keineswegs von außergewöhnlicher Bedeutung ist, die Wanderungsintensität nach Westdeutschland aus Sicht des Herkunftsgebietes jedoch hoch ist. Durch die ausgeprägte Altersselektivität der Abwanderung, d.h. den hohen Anteil an Personen im jungen Erwachsenenalter, kann das allgemeine Interesse sowie die Sensibilität, mit der die Thematik in der Öffentlichkeit diskutiert wird, nachvollzogen werden.

Ein wesentliches Merkmal der Ost-West-Wanderung ist, dass sie quasi in allen ostdeutschen Bundesländern die wesentliche Wanderungsrichtung darstellt (abgesehen von den Stadt-Umland Wanderungen zwischen Berlin und seinem brandenburgischen Speckgürtel), jedoch werden auf Kreisebene regionale Unterschiede im Mobilitätsgeschehen deutlich. Ein schmaler Grenzsaum am westlichen Rand zeichnet sich durch sehr hohe Auspendlerraten nach Westdeutschland aus. Die räumliche Nähe zu prosperierenden Zentren mit vergleichsweise besseren Arbeitsmarktbedingungen eröffnet hier die Möglichkeit des Arbeitspendelns. Gleichzeitig wird deutlich, dass die Fortzugsraten in diesem Grenzsaum dadurch nicht – wie vielleicht zu vermuten wäre – wesentlich niedriger ausfallen, sondern ostdeutschen Durchschnitt erreichen. Allerdings zeichnet sich diese ehemalige Grenzregion durch eine vergleichsweise geringe Arbeitslosenquote aus. In diesen Regionen stellt Pendeln keine Alternative zur Abwanderung dar, vielmehr eröffnet die räumliche Nähe zu westdeutschen Zentren einem gewissen Bevölkerungssegment Arbeitsmarktchancen, welches andernfalls womöglich von Arbeitslosigkeit betroffen wäre.

Gleichzeitig wird auf kleinräumiger Ebene deutlich, dass die wirtschaftlich stärkeren Verdichtungsräume, so genannte Wachstumsinseln, auch in geringerem Ausmaß von Nettoabwanderung betroffen sind. Andererseits sind die größten Verlierer der Ost-West-Migration altindustrielle Mittelstädte oder periphere, ländliche und strukturschwache Regionen. Der Zusammenhang mit arbeitsmarktspezifischen Gegebenheiten in den Regionen und dem Ausmaß der relativen Nettoabwanderung wird in jedem Fall sichtbar, wenn auch andere Formen der Mobilität im Einzelfall hier zu Überlagerungen führen. Beispielsweise die erwähnte Pendelwanderung im westlichen Grenzsaum oder die Suburbanisierung im Umland ostdeutscher Städte.

Zudem ist es wichtig, auf den zyklischen Verlauf der Ost-West-Wanderung hinzuweisen. Während die erste Welle massenhafter Abwanderung aus Ostdeutschland bis 1992 verebbte und gleichzeitig die Zuzüge aus Westen stetig zunahmen, kam es ab 1998 zu einem neuerlichen Anstieg der Fortzüge und einer Abnahme der Zuzüge. Zwar ist das quantitative Ausmaß der Nettoabwanderung während der zweiten Abwanderungswelle deutlich geringer, der Anteil der fokussierten Altersgruppe der 18 bis unter 30-Jährigen ist jedoch angestiegen. So wurden in dieser Altersgruppe höhere Fortzugsraten nach Westen erreicht als zu Beginn der 1990er Jahre. Die Wanderungsintensität nach Westen hat demnach bei Personen am Beginn des Erwerbsalters nochmals zugenommen. Diese Entwicklung wird vor allem durch die hohe Abwanderung der jungen ostdeutschen Frauen nach Westen getragen.

Seit 2003 nimmt die Nettoabwanderung abermals sukzessive ab, erreicht allerdings beiweiten nicht das Niveau wie Mitte der 1990er Jahre. Der Wanderungsstrom nach Westen bleibt für die Herkunftsgebiete nach wie vor von relevantem Ausmaß.

5 Akteursbezogene Analyse der Ost-West-Wanderung – das Fallbeispiel Sachsen-Anhalt

Die Analyse der Muster und des Ausmaßes des Wanderungsgeschehens hat verdeutlicht, dass die Abwanderung in erster Linie aus Sicht der Herkunftsländer von Bedeutung ist. Daher stellt sich die Frage, welche Bestimmungsgründe und Rahmenbedingungen auf individueller Ebene zum Verlassen der angestammten Region beitragen bzw. in welchem Kontext die Wanderungen sowie deren Entscheidungsfindungen stehen.

5.1 Typisierung der Ost-West-Migranten

5.1.1 Soziodemographische Merkmale der wandernden Bevölkerung

Die Betrachtung sozioökonomischer Merkmale dient dazu, im Vorfeld der vorzunehmenden Typisierung der Migranten einen Einstieg sowohl in die Heterogenität und auch die Spezifik der Ost-West-Wanderer zu geben. Da in den folgenden Auswertungsschritten oftmals Bezüge zur Geburtsregion, zu Haushaltskonstellationen und zur Familiensituation hergestellt werden, soll auf die Verteilung dieser Merkmale kurz eingegangen werden.

Mehr als die Hälfte der nach Westen verzogenen Personen waren seit der Geburt in Sachsen-Anhalt wohnhaft (vgl. Tab. 8). Bemerkenswert hoch ist der Anteil von Migranten, die in den westlichen Bundesländern (15 %) oder im Ausland (19 %) geboren sind. Aus anderen ostdeutschen Bundesländern stammen hingegen nur weniger als 10 % der Westwanderer.

Auffallend ist der hohe Anteil von Personen ausländischer Herkunft im Wanderungsstrom. Schließlich haben aus dem Ausland zugezogene Personen in der Bestandsbevölkerung Ostdeutschlands nur einen ungefähren Anteil von 3,7 % (StaBa 2007, S. 31), der Anteil von Personen ausländischer Herkunft mag demnach auch in Sachsen-Anhalt ungefähr diese Größenordnung annehmen. Tatsächlich handelte es sich bei den Abwanderern mit ausländischer Herkunft sehr häufig um Spätaussiedler aus den Staaten der ehemaligen Sowjetunion (vgl. Tab. 9), für die Sachsen-Anhalt oftmals die erste Station nach der Ankunft in Deutschland darstellte[22].

Tab. 8: Geburtsregionen der Fortzügler aus Sachsen-Anhalt

Geburtsregion	in %
Sachsen-Anhalt	57
NBL* einschl. Berlin-Ost (ohne Sachsen-Anhalt)	9
ABL** einschl. Berlin-West	15
außerhalb Deutschlands	19
insgesamt, N: 1156	100

*NBL = neue Bundesländer, **ABL = alte Bundesländer
Quelle: Eigene Erhebungen, Frage 5 (vgl. Anlage A)

---

[22] Der Spätaussiedlerfamilie wird gemäß § 2 Wohnortzuweisungsgesetz vorerst ein Wohnort in Deutschland zugewiesen, den sie für die nächsten drei Jahre oder max. solange sie auf Sozialleistungen angewiesen ist, beibehalten muss. Anschließend wandern viele Aussiedler in andere Regionen ab.

Tab. 9: Herkunft der nicht in Deutschland geborenen Migranten

Geboren in Ländern:	in %
der ehemaligen Sowjetunion	86
davon:	
in Kasachstan	47
in Russland	32
sonst. Asiens	4
Osteuropas	5
des westl. und südl. Europas	2
Afrikas	2
Amerikas	1
insgesamt, N: 215	100

Quelle: Eigene Erhebungen, Frage 5 (vgl. Anlage A)

Weiterhin fällt der nennenswerte Anteil von in Westdeutschland Geborenen auf. In einigen Fällen konnte in der offenen Frage nach den Hauptwanderungsgründen festgestellt werden, dass es sich hierbei um Rückkehrer handelt, die zwischen Anfang und Mitte der 1990er Jahre nach Ostdeutschland gekommen waren. In den meisten Fällen blieb diese Frage ungeklärt.

Als weiterer Aspekt sollen familiäre bzw. partnerschaftliche Bindungen beleuchtet werden. Knapp 40 % der Fortzügler aus Sachsen-Anhalt leben aktuell in der klassischen Familienkonstellation, d.h. mit (Ehe-)partner und Kind(ern), wobei auf weibliche Migranten diese Haushaltskonstellation etwas häufiger in zutrifft als auf männliche. Knapp ein Viertel der Befragten gaben an, allein zu leben, eben so viele wohnen mit der (Ehe-)partnerin gemeinsam in einem Haushalt. Diese Haushaltstypen sind etwas häufiger bei männlichen als bei weiblichen Migranten vorhanden.

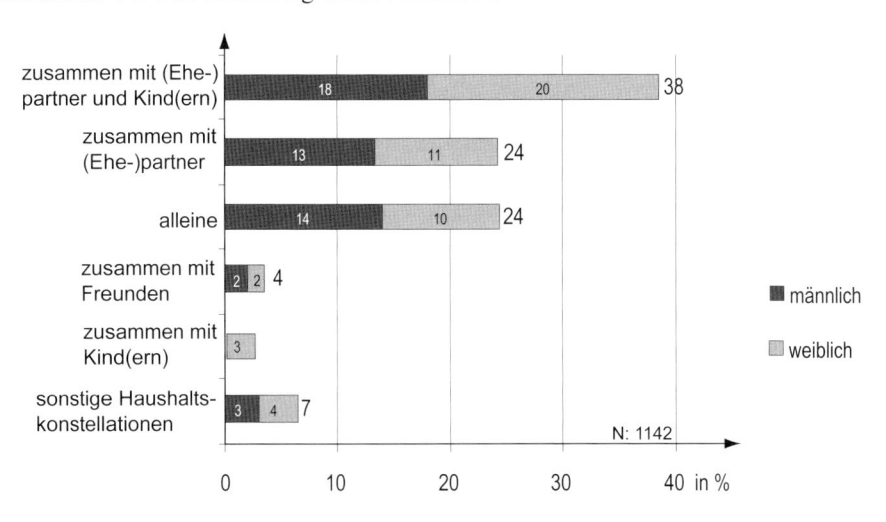

Quelle: Eigene Erhebungen, Frage 52 (vgl. Anlage A)

Abb. 19: Haushaltskonstellationen der befragten Fortzügler aus Sachsen-Anhalt

Die Betrachtung der Haushaltstypen hat bereits gezeigt, dass die Mehrheit der Westmigranten (noch) kinderlos ist. Unter denjenigen, die bereits Kinder haben, sind in der Regel maximal zwei Kinder vorhanden (vgl. Tab. 10).

Tab. 10: Kinderzahl der Migranten

Wie viele Kinder haben Sie?	Geschlecht der befragten Person (in %)		insgesamt in %
	männlich	weiblich	
kinderlos	61	51	56
1	20	24	22
2	16	20	18
3 und mehr	4	5	4
N: 1144	100	100	100

Quelle: Eigene Erhebungen, Frage 53 (vgl. Anlage A)

Diese Zahl erscheint auf den ersten Blick sehr gering und mag Mobilität und Familiengründung als konträre Handlungsdispositionen erscheinen lassen. Allerdings muss das Alter der Migranten berücksichtigt werden, schließlich umfasst die Gruppe der 18 bis 35-Jährigen einen Großteil an Personen, die sich noch vor ihrer Familiengründungsphase befindet. Während bei den unter 20-Jährigen der Anteil der Kinderlosen mit fast 90 % erwartungsgemäß sehr hoch ist, sind bei zwei Dritteln der Personen im Alter von 31 Jahren und älter Kinder vorhanden (vgl. Tab. 11). Da in den meisten Fällen die Kinder auch

Tab. 11: Geschlechts- und Altersspezifik der Fortzügler mit Kind(ern)

	männlich Angaben in %		weiblich Angaben in %	
Alter in Jahren	kinderlos	mind. ein Kind	kinderlos	mind. ein Kind
bis einschließlich 20	89	11	75	25
21 bis 23	77	23	71	30
24 bis 27	63	37	52	48
28 bis 30	60	40	25	75
31 und älter	34	66	18	82
insgesamt, N: 1109	62	39	50	50

Quelle: Eigene Erhebungen, Fragen 53 und 57 (vgl. Anlage A)

im Haushalt des befragten Migranten wohnen, lässt sich daraus schließen, dass oftmals der Fortzug „trotz" Kind(ern), realisiert wird. In den meisten Fällen befanden sich die Kinder im Säuglings-, Kleinkind- oder Vorschulalter. Insgesamt ist eher anzunehmen, dass die hohe Kinderlosigkeit der Westmigranten vor allem auf das junge Alter zurückzuführen ist sowie möglicherweise auch von anderen Merkmalen, wie dem Qualifikationsniveau, abhängt. Migration und Familiengründung müssen daher nicht zwangsläufig Antipoden darstellen, zumal sich ein Drittel der Befragten in absehbarer Zeit (weitere) Kinder wünscht, bei den Kinderlosen offenbaren dies mehr als 40 %.

5.1.2 Die Ermittlung von Migrationsteilgruppen

Für die folgenden Analysen soll ein Instrumentarium gefunden werden, mit dem eine zielgruppenspezifische Betrachtung der befragten Akteure möglich ist. Einerseits werden dazu Kriterien wie der Hauptwanderungsgrund, demographische Merkmale sowie der Bildungsstand und der Berufsstatus als beschreibende Indikatoren herangezogen. Andererseits erfordert die Analyse der forschungsleitenden Fragestellungen, Teilgruppen zu betrachten, die ähnlichen Handlungsstrategien folgen. Gerade unter dem Aspekt einer qualifikationsspezifischen Wanderungsanalyse (vgl. Kap. 6 und 7) reichen deskriptive Analysen des formalen Qualifikationsniveaus nicht aus, um dies hinreichend zu bearbeiten. Schließlich ist anzunehmen, dass die Entscheidung zu wandern oder zu bleiben nicht primär von den erreichten Bildungsabschlüssen abhängt, sondern unter anderem auch von individuellen Charaktereigenschaften, wie einem forcierten Karrierebewusstsein, einer positiven Einstellung zur Migration, die wiederum durch positive Migrationserfahrungen oder eine gewisse Weltoffenheit bestimmt wird. Letztlich befinden sich die Akteure der fokussierten Altersgruppe oftmals noch nicht am Ende ihrer schulischen und beruflichen Qualifikation, sodass der Indikator des bis dato erreichten Ausbildungsniveaus nicht hinreichend aussagekräftig ist.

Mithilfe einer Clusteranalyse mit vorgeschalteter Faktorenanalyse sollten die Migranten anhand ihrer Erwartungen und Lebensentwürfe bezüglich beruflicher und privater Aspekte sowie durch die Lebenszufriedenheit ausgewählter Belange nach der West-Migration typisiert werden. Diese Clusterung dient dazu Gruppen zu finden, die hinsichtlich der aufgeworfenen Fragestellungen in Zusammenhang mit beruflicher Entwicklung und Migration stehen.

Vorerst gingen intervallskalierte Variablen in eine Faktorenanalyse ein. Sie spiegeln bestimmte berufliche bzw. partnerschaftlich-, familiäre- oder sonstige private Erwartungen bzw. Einstellungen wider[23] und wurden auf folgende vier Komponenten reduziert (vgl. Frage 51, Anlage A):

1) Einkommenssicherung, Lebensstandard, soziale Sicherheit;
2) Freundschaften, Freizeit, soziale Beziehungen;
3) Familienorientierung sowie
4) Karriereorientierung, Flexibilität.

Weiterhin wurden Faktoren ermittelt, die Auskunft über den beruflichen und/ oder privaten Erfolg der durchgeführten Westwanderung geben (Frage 39, Anlage A). Die in diesem Zusammenhang extrahierten Komponenten beschreiben eine Verbesserung oder Verschlechterung der Lebenssituation hinsichtlich:

4) beruflicher Belange
5) familiär- und partnerschaftlicher Belange[24].

---

[23] Für diese Analyse wurde die Frage 50 (vgl. Anlage A) verwendet. Extrahiert wurden alle Faktoren mit einem Eigenwert >1.

[24] Für diese Analyse wurde die Frage 39 (vgl. Anlage A) verwendet. Extrahiert wurden alle Faktoren mit einem Eigenwert >1.

Durch die vorgeschaltete Faktorenanalyse wird sichergestellt, dass die in die Clusteranalyse eingehenden Variablen 1 bis 4 sowie 5 bis 6 möglichste unabhängig voneinander sind, d.h., dass sie wenig miteinander korrelieren. Mittels einer Korrelationsprüfung, der aus den zwei Faktorenanalysen hervorgegangen Variablen konnte zudem festgestellt werden, dass auch die Variable 1 bis 4 mit den Variablen 5 und 6 sehr gering (mit einem $r < 0{,}140$) korrelieren. Damit sind die gesetzten Vorraussetzungen hinreichend erfüllt.

Die vorliegenden Fälle (Probanden) wurden anschließend mittels einer Clusteranalyse gruppiert und in vier Cluster zusammengefasst. Anschließend wurde zur Überprüfung der Zuordnung zu den Clustern und der Relevanz der Variablen bei der Clusterbildung eine Diskriminanzanalyse durchgeführt, deren Ergebnisse in die letztliche Zuordnung einfließen.

Die vier ermittelten Cluster können folgendermaßen verbal beschrieben werden:

Cluster I: erfolgreiche Migranten mit (ökonomischer und sozialer) Verantwortung für Kind(er) und/oder Partner
Cluster II: unzufriedene, familien- und partnerschaftsfixierte Migranten
Cluster III: unabhängige, freizeitorientierte Migranten
Cluster IV: risikofreudige und karrierefixierte Migranten.

Entsprechend der gewählten Beschreibungen sind in den Clustern Migranten mit ganz bestimmten Merkmalen zusammengefasst, die signifikant von bestimmten soziodemographischen Merkmalen abhängig sind. Cluster I vereint Migranten, für die Einkommenssicherung, ein hoher Lebensstandard sowie soziale Sicherheit eine hohe Priorität haben. Ebenso sind Familie und Partnerschaft für sie von hoher Bedeutung, wobei die realisierte Westwanderung in erster Linie zur Verbesserung der beruflichen Situation verhalf. In Cluster II finden sich hingegen vornehmlich Migranten wieder, für die familiäre und partnerschaftliche Aspekte die zentrale Rolle einnehmen. Die West-Wanderung führte bei diesen Migranten eher zur Verschlechterung der beruflichen und privaten Lebenssituation. Dieses Cluster ist auch durch Frauen dominiert, die nach dem Nachzug zum Partner (nicht mehr) erwerbstätig sind. Trotz eigener beruflicher Unzufriedenheit wird ein relativ hohes Einkommen erzielt. Im Cluster III findet sich eine Gruppe von Migranten wieder, für die Freundschaften, eine ausreichende und erfüllte Freizeitgestaltung von hoher Bedeutung sind, gleichfalls sind für diese Migranten häufig ein möglichst hohes Einkommen und ein hoher Lebensstandard erstrebenswert. Die Migranten befinden sich jedoch häufig am Beginn der Erwerbskarriere. Oftmals handelt es sich um Singles. Die West-Migration stand vorwiegend im Kontext der Verbesserung der privaten Lebenssituation und sozialer Beziehungen. Cluster IV bündelt Migranten, die ausgesprochen stark karrierefixiert, jedoch im Unterschied zum Cluster III beruflich bereits etabliert sind und häufiger in Partnerschaften leben.

5.1.3 Beschreibung der extrahierten Teilgruppen

Die in der Clusteranalyse ermittelten vier Migrationstypen haben eine unterschiedliche quantitative Verteilung innerhalb der Stichprobe. Fast 50 % der Fälle entfallen auf das Cluster I „erfolgreiche Migranten mit (ökonomischer und sozialer) Verantwortung für Kind(er) und/oder Partner" (vgl. Tab. 12). Aus quantitativer Sicht von zweitgrößter Be-

Tab. 12: Prozentuale Verteilung der gebildeten Migrationstypen

Migrationstyp	in %
I) erfolgreiche Migranten mit (ökonomischer und sozialer) Verantwortung für Kind(er) und/oder Partner	49
II) unzufriedene, familien- und partnerschaftsfixierte Migranten	17
III) unabhängige, freizeitorientierte Migranten	11
IV) risikofreudige und karrierefixierte Migranten	23
insgesamt, N: 516	100

Quelle: Eigene Erhebungen, Fragen 39 und 50 (vgl. Anlage A)

deutung sind mit knapp einem Viertel der verarbeiteten Fälle „risikofreudige und karrierefixierte Migranten", gefolgt von „unzufriedenen, familien- und partnerschaftsfixierten Migranten". Jeder zehnte Migrant lässt sich als „unabhängig, freizeitorientiert" beschreiben.

Diese Ungleichverteilung in Bezug auf die genannten Merkmale schließen auf eine zielgruppenspezifische Betrachtung. In Verbindung mit bereits diskutierten soziodemographischen Merkmalen der Migranten hat sich herausgestellt, dass signifikante Abhängigkeiten von bestimmten Merkmalen bestehen. So sind die Cluster I und II vornehmlich durch Migranten repräsentiert, die in Partnerschaften leben und zudem häufig ein oder mehrere Kinder haben (vgl. Tab. 13).

Tab. 13: Migrationstyp und Kinder

Migrationstyp	kinderlos in %	Kind(er) vorhanden in %
I) erfolgreiche Migranten mit (ökonomischer und sozialer) Verantwortung für Kind(er) und/oder Partner	37	63
II) unzufriedener, familien- und partnerschaftsfixierter Migrant	39	61
III) unabhängige, freizeitorientierte Migranten	83	17
IV) risikofreudige und karrierefixierte Migranten	46	54
insgesamt, N: 516	44	56

Quelle: Eigene Erhebungen, Fragen 39, 50 und 53

Konträr stellt sich die Situation bei Migranten des Clusters III dar. In aller Regel handelt es sich bei diesem Migrationstyp um Singles, wobei Männer deutlich stärker vertreten sind als Frauen. Selbst Migranten dieses Clusters, die das 31. Lebensjahr überschritten haben sind in drei Viertel aller Fälle kinderlos. Falls Kinder vorhanden sind, leben diese häufig nicht im eigenen Haushalt. Der Anteil derjenigen Migranten, die mit (ihren) Kindern zusammenleben, ist nochmals deutlich geringer (ca. 10 %).

„Risikofreudige und karrierefixierte Migranten" des Clusters IV stellen eine Zwischenposition hinsichtlich ihrer familiären und partnerschaftlichen Positionierung dar. Zwar sind Kind(er) im Vergleich zu Migranten des Clusters I und II deutlich seltener vorhanden, allerdings lebt auch nur jeder sechste Migrant des Clusters IV als Single. Zudem handelt es sich bei diesem Migrationstypus vor allem um Männer. Dieses Cluster zeichnet sich auch durch ein ausgesprochen hohes formales Bildungsniveau aus.

Weiterhin bestehen signifikante Unterschiede hinsichtlich der Geburtsregionen und der Mobilitätserfahrung. Vor allem Migranten des Cluster IV zeichnen sich durch eine überdurchschnittlich hohe Anzahl an bereits realisierten Umzügen aus. Zudem fällt auf, dass Migranten des Typs IV, aber auch des Typs III „unabhängige, freizeitorientierte Migranten" häufig in den alten Bundesländern geboren sind (vgl. Tab. 14). Außerhalb Deutschlands Geborene fallen überdurchschnittlich häufig in der Gruppe der „erfolgreichen Migranten mit (ökonomisch und sozialer) Verantwortung für Kind(er) und/ oder Partner". Schließlich handelt es sich bei Personen mit Geburtsregion außerhalb Deutschlands oftmals um Spätaussiedler aus Osteuropa und den Ländern der ehemaligen Sowjetunion. Klassische Familienmodelle und frühe Elternschaften (WESTPHAL 1999, S. 140), wie sie bei dieser Personengruppe (noch) durchaus üblich sind, sind hier hintergründige Bestimmungsfaktoren.

Tab. 14: Migrationstyp und Herkunft der Fortzügler aus Sachsen-Anhalt

Herkunftsregion \ Migrationstyp	in Sachsen-Anhalt in %	sonst. NBL (inkl. Berlin-Ost) in %	ABL (inkl. Berlin-W.) in %	außerhalb Deutschlands in %	gesamt in %
I) erfolgreiche Migranten mit (ökonomischer und sozialer) Verantwortung für Kind(er) und/oder Partner	65	10	5	20	100
II) unzufriedene, familien- und partnerschaftsfixierte Migranten	54	14	22	9	100
III) unabhängige, freizeitorientierte Migranten	53	10	22	14	100
IV) risikofreudige und karrierefixierte Migranten	53	13	26	9	100
Gesamt: (N = 516)	59	11	15	15	100

Quelle: Eigene Erhebungen, Fragen 5, 39 und 50 (vgl. Anlage A)

Diese Typologie wird vor allem bei der Analyse des in den Wanderungsstrom eingebundenden Humankapitals im Kap. 6 sowie bei der Bewertung der Rückwanderungsintention bzw. eines sich möglicherweise etablierenden zirkulären Wanderungsgeschehens in Kap. 7 herangezogen.

5.2 Bestimmungsgründe der Migration – Entscheidungsfindung und Handlungsoptionen

5.2.1 Die Wanderungsentscheidung im biographischen Kontext

Bei der Analyse der Wanderungsmuster hat sich herausgestellt, dass die innerdeutsche Ost-West-Wanderung vornehmlich von Personen bestimmter Altersgruppen getragen wird. Allerdings ist diese Beobachtung weniger auf das absolute Alter an sich zurückzuführen, sondern darauf, dass Menschen in bestimmten Lebenslagen bzw. nach oder im Zuge von entscheidenden biographischen Stationen, besonders häufig wandern. Beispielsweise wird in der Regel die Schulausbildung, je nach angestrebtem Abschluss, mit 16 oder 19 Jahren (bei 12-Jähriger Schulzeit mit 18 Jahren) beendet. Traditionell schließt daran eine Lehrausbildung oder ein Studium an, dass im Regelfall auch innerhalb einer gewissen Anzahl an Jahren absolviert wird. Der im Regelfall daran anschließende Berufseinstieg fällt somit ebenfalls bevorzugt in ein bestimmtes Altersegment. Wie bereits in Theoriekapitel 2.3 ausgeführt, finden Migrationen bevorzugt in bestimmten Phasen des Lebenszyklus' statt. Man spricht bei diesen mobilen „Höhepunkten" auch von der so genannten Ausbildungs- oder Berufsmigration.

In der Fallstudie Sachsen-Anhalt wurden Westmigranten befragt, die zwischen 1998 und 2002 abgewandert sind und zum Zeitpunkt des Fortzugs zwischen 18 und 35 Jahren alt waren. Dabei wurde ebenfalls der Zusammenhang zwischen Ausbildungsabschlüssen und Abwanderung deutlich (vgl. Abb. 20). In beiden Häufigkeitsverteilungen ergibt sich eine Häufung für das Jahr des Schulabschlusses und des Ausbildungsabschlusses. In Zahlen ausgedrückt heißt das, dass 8 % der Befragten im Jahr des Schulabschlusses abwandern und 16 % im Jahr des Ausbildungsabschlusses. Die Migrationsentscheidung scheint demnach häufig unmittelbar an diese Stationen im Lebensverlauf anzuschließen. Neben dieser Häufung von Wanderungen im Jahr des Schul- bzw. Ausbildungsabschlusses wird die unterschiedliche Intensität beider Lebensstationen für Migrationsentscheidungen deutlich. Die „klassische" Ausbildungsmobilität, also Umzüge, die der Aufnahme eines Studiums oder der Lehrausbildung dienen, sind im Ost-West-Wanderungsstrom deutlich weniger vertreten als Migrationen, die in unmittelbarer zeitlicher Nähe zum Berufsausbildungsabschluss stehen. Diese typischerweise als „Berufsmigration" bezeichneten Fortzüge sollen, um Irritationen zu vermeiden, im Folgenden als Berufseinstiegsmigrationen benannt werden.

Fortzüge, die im zeitlichen Zusammenhang mit dem Berufsausbildungs- oder Studiumsabschluss stehen, finden ungefähr doppelt so häufig statt, wie Migrationen, die in zeitlicher Nähe zur Beendigung der Schulausbildung liegen. Ebenso deutlich wird der Unterschied, zählt man das Folgejahr, also das Jahr nach dem Erreichen der betrachten Abschlüsse hinzu[25]. Somit migrieren fast ein Viertel der fokussierten Altersgruppe im selben Jahr bzw. im Jahr nach der Beendigung der Berufsausbildung oder des Studiums.

---

[25] Die Einbeziehung des Folgejahres scheint insofern sinnvoll zu sein, da nicht davon ausgegangen werden kann, dass der Berufseintritt unmittelbar, d.h. ohne Wartezeit verläuft. Vielmehr ist anzunehmen, dass in vielen Fällen zuerst vor Ort eine adäquate Arbeit gesucht wird und erst bei negativen Erfahrungen die Suche auch überregional fortgesetzt wird. Zum Problem der regionalen und überregionalen Bewerbungen vgl. auch Kap. 6.3.

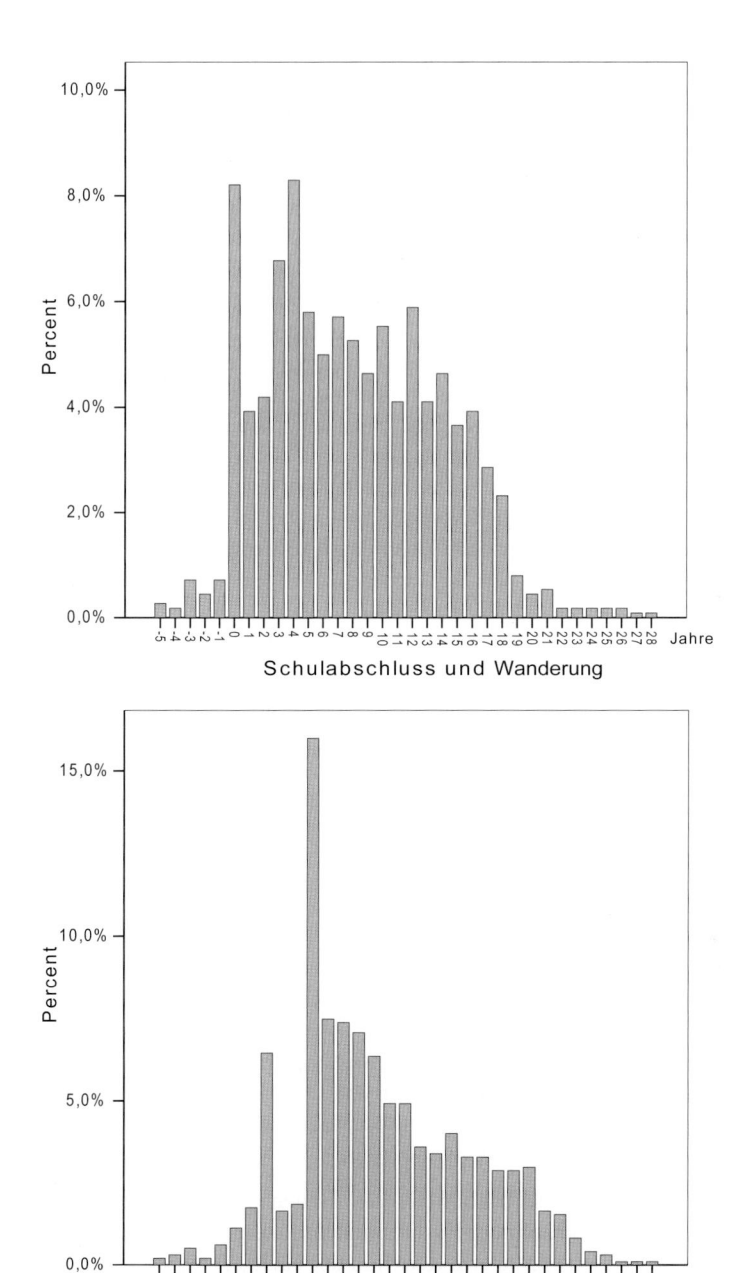

Quelle: Eigene Erhebungen, eigene Berechnungen

Abb. 20: Wanderungszeitpunkt im Kontext von (Aus-)bildungsabschlüssen der Fortzügler aus Sachsen-Anhalt

Demgegenüber finden nur 12 % der Wanderungen nach Beendigung der Schulausbildung statt. Aufgrund der ermittelten zeitlichen Nähe zu den biographischen Stationen, sollen die Gruppen im Folgenden als Ausbildungsbeginner bzw. als Berufseinstiegswanderer definiert werden.

Die Beobachtung, dass Migrationen häufiger im Anschluss an den berufsqualifizierenden Abschluss stattfinden, lässt den Schluss zu, dass die Berufseinstiegsmigration gegenüber der Ausbildungsmigration deutlich überwiegt. Vielfach wird die Ausbildung bzw. das Studium „noch" in Ostdeutschland absolviert, erst mit dem Berufseinstieg kommt es zur Migration. Dieses Ergebnis ist in zweifacher Hinsicht für die Beurteilung der Ost-West-Migration von Bedeutung. Einerseits zeigt es, dass die Ausbildungsleistung verhältnismäßig häufig von der Herkunftsregion erbracht wird, bevor der Fortzug stattfindet. Zweitens deutet der offensichtlich größere Zusammenhang zum Berufseintritt darauf hin, dass Ost-West-Wanderungen häufiger im Kontext einer defizitären Arbeitsmarktsituation stehen, als im Zusammenhang mit der Berufsausbildung oder des Studiums. Die geringeren Abwanderungsraten lassen auf vergleichsweise attraktivere Ausbildungsmöglichkeiten in Ostdeutschland schließen. Möglicherweise spielen aber auch Faktoren eine Rolle, wie eine mit zunehmendem Alter wachsende Unabhängigkeit vom Elternhaus oder steigende Einkommenserwartungen.

In vielen Fällen ist die Westwanderung für die Fortzügler gleichbedeutend mit dem Auszug aus dem Elternhaus. Für 21 % der Ausbildungsbeginner und für 23 % der Berufseinstiegswanderer stellt die Westwanderung den ersten Umzug in ihrem Leben dar. Zudem wird dies auch für einen weiteren Teil der Migranten mit mehr als einem Umzug zutreffen, insofern als frühere Umzüge mit den Eltern gemeinsam unternommen wurden.

Entsprechend der zeitlichen Abfolge im Lebensverlauf sind die Ausbildungsbeginner im Durchschnitt 4,5 Jahre jünger als Berufseinstiegswanderer. Während Ausbildungsbeginner durchschnittlich 19 Jahre alt sind, finden Wanderungen in zeitlicher Nähe zum Berufsabschluss im Alter von knapp 24 Jahren statt.

Bei einer geschlechtsspezifischen Betrachtung des Wanderungszeitpunktes im Zusammenhang mit biographischen Stationen wie dem Schul- und dem Ausbildungsabschluss ergeben sich signifikante Unterschiede zwischen den Gruppen. So ziehen Frauen deutlich häufiger unmittelbar nach dem erreichten Ausbildungsabschluss fort (vgl. Abb. 21). Bei den ostdeutschen Männern kommen Migrationen, die zeitlich nahe an diese biographische Station anschließen, dagegen seltener vor. Die empirische Verteilung der Wanderungszeitpunkte der Männer ähnelt bedeutend stärker der Normalverteilungskurve, die vorhandenen Ausreißerwerte sind weniger extrem.

Diese Beobachtung lässt darauf schließen, dass Frauen offensichtlich früher zu einer Migration bereit sind, gerade vor dem Hintergrund der Aufnahme einer Ausbildung oder eines Studiums. Die zeitlich verzögerte Reaktion der ostdeutschen jungen Männer kann nicht auf Wehrdienst- oder Zivildienstzeiten zurückgeführt werden, da auch im Folgejahr des Schulabschlusses keine Extremwerte erreicht werden. Diese unterschiedlichen geschlechtsspezifischen Verhaltensmuster sind für die höhere Wanderungsintensität ostdeutscher Frauen im jungen Erwachsenenalter verantwortlich.

Die ostdeutschen Frauen fassen den Entschluss zur Migration schneller als die ostdeutschen Männer und wandern häufiger für die berufliche Ausbildung nach Westen. Männer

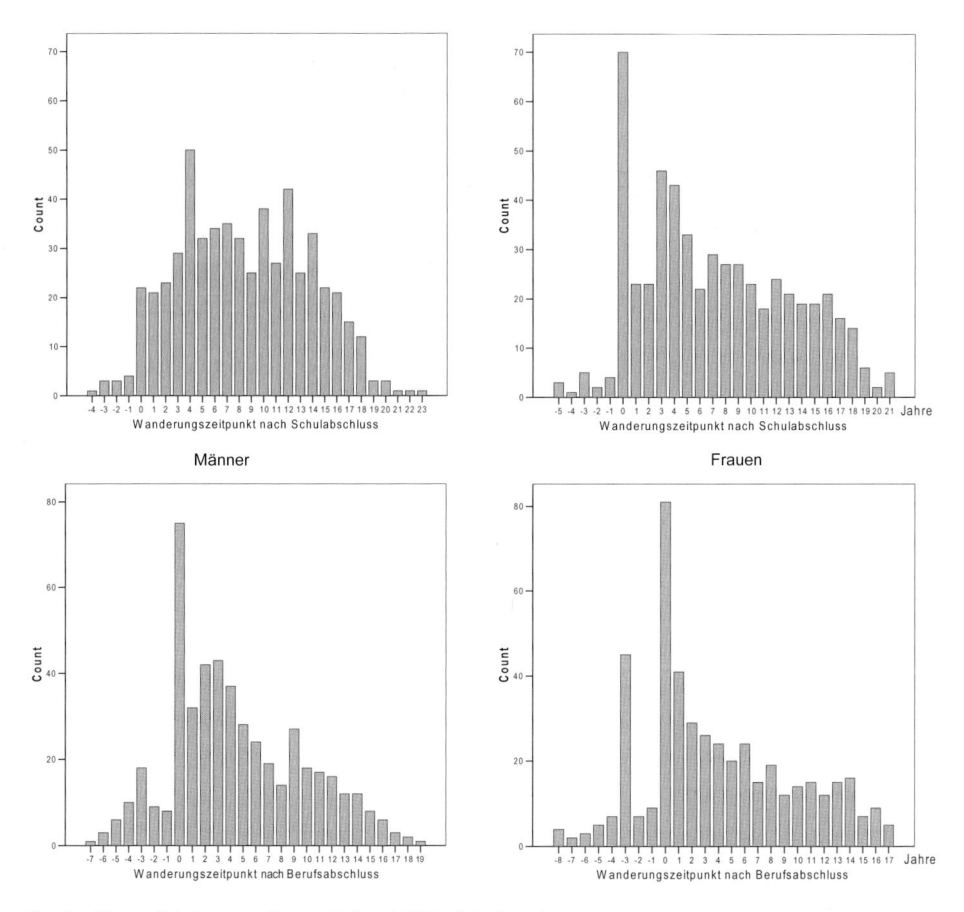

Quelle: Eigene Erhebungen, Fragen 1, 7 und 17 (vgl. Anlage A)

Abb. 21: Histogramme zum Wanderungszeitpunkt von Männern und Frauen

verbleiben während der Ausbildung meist im Herkunftsgebiet (entweder indem die Ausbildung im Herkunftsgebiet absolviert wird oder indem gependelt wird) und wandern erst für den Berufseinstieg ab.

5.2.2 Handlungsbestimmende, wanderungsauslösende Faktoren

Die Betrachtung der Wanderungszeitpunkte im Lebensverlauf hat verdeutlicht, dass die Ost-West-Migranten ihre Wanderung häufig im Zusammenhang mit bestimmten Bildungsabschlüssen ausführen. Es ist daher anzunehmen, dass die getroffenen Wanderungsentscheidungen häufig von einem ökonomisch-rationalem Kalkül im Sinne der Humankapitaltheorie beeinflusst werden.

In Abb. 22 sind mögliche Aspekte der Migrationsentscheidung dargestellt und verdeutlichen die Bedeutung dieser Kalküle. Ungeachtet der sehr allgemeinen Antwortvorgabe: am Zielort „für das weitere Leben die besseren Möglichkeiten sehen" entfallen die meisten Nennungen auf die Frage nach den Wanderungsgründen auf berufliche Belange, wie „(wieder) sichere Arbeit zu finden" oder „mehr Geld zu verdienen". Letztlich waren für drei Viertel der Befragten berufliche oder finanzielle Aspekte für die Umzugsentscheidung von Bedeutung. Diese Beobachtung entspricht den Erwartungen und wurde auch in alternativen Untersuchungen für andere ostdeutsche Bundesländer bestätigt (vgl. LANDESAMT FÜR BAUEN UND VERKEHR 2005, S. 9 und STALA SACHSEN 2002, S. 26).

Darüber hinaus bestätigt die Auswertung der Frage nach den Hauptwanderungsgründen (Fragen 14 und 33, vgl. Anlage A) die hohe Bedeutung ökonomisch-rationaler Kalküle. Zwei Drittel der Probanden gaben Erklärungen an, die ihre individuelle ökonomische Situation betreffen (vgl. Tab. 15). Gleichzeitig nannten 12 % der Befragten Gründe bezüglich regionalökonomischer Faktoren im Herkunfts- oder Zielgebiet, die für sie klassische „push" oder „pull" Faktoren darstellten. Es erstaunt, dass jedoch bedeutend häufiger Negativfaktoren des Herkunftsgebietes angeführt wurden, als dass eine positive Sichtweise auf die Zielgebiete erfolgte.

Diese hohe Bedeutung individueller ökonomisch fixierter Gründe bzw. wahrgenommener regionaler Disparitäten lässt bereits an dieser Stelle vielfach auf eine ökonomisch prekäre Situation vor der Wanderungsentscheidung schließen. Persönliche oder familiäre Faktoren wurden von knapp einem Drittel aller Befragten geäußert. Wobei auch diese Nennungen häufig auf ökonomische Erfordernisse des (Ehe-)partners zurückzuführen sind, wie dem Entgehen von Arbeitslosigkeit oder der Verbesserung seiner Einkommenssituation.

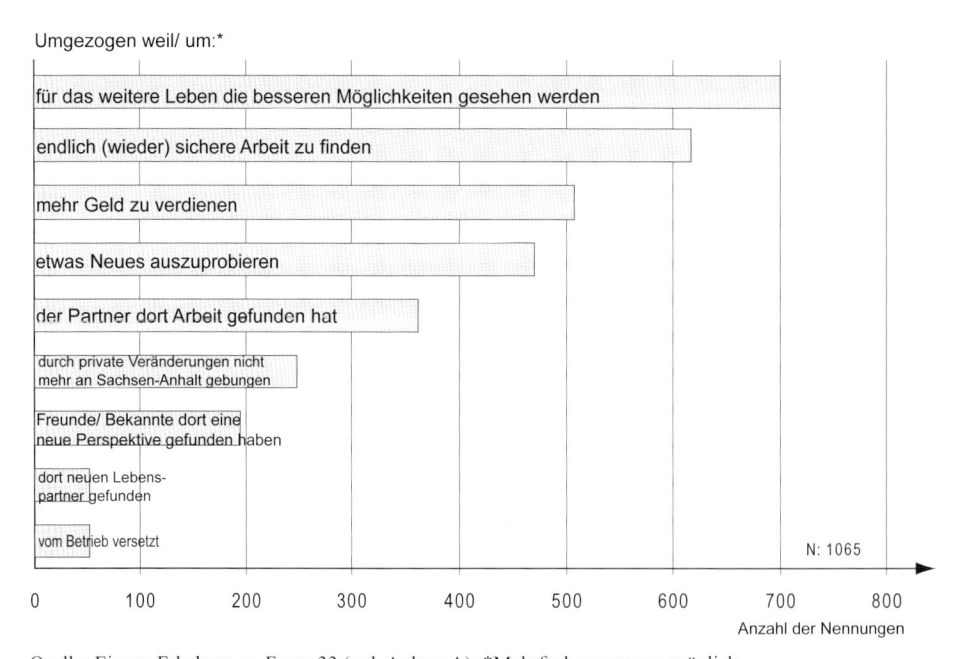

Quelle: Eigene Erhebungen, Frage 33 (vgl. Anlage A); *Mehrfachnennungen möglich

Abb. 22: Faktoren der Migrationsentscheidung bei Fortzüglern aus Sachsen-Anhalt

Tab. 15: Gründe für den Fortzug (offene Frage)

Gründe für den Wegzug	in % der Nennungen	in % der Befragten
individuelle ökonomische Situation	54	66
ökonomische und soziale Rahmenbedingungen im Herkunfts- oder Zielgebiet	10	12
persönliche, partnerschaftliche oder familiäre Gründe (häufig mit ökonomischen Tenor)	27	33
Selbstverwirklichung, Abenteuerlust	6	8
sonstiges	3	4
N: 1.049; Antworten: 1.412	100	123

Quelle: Eigene Erhebungen, Frage 31 (vgl. Anlage A)

Die alleinige Betrachtung der kategorisierten Fortzugsgründe reicht allerdings nicht aus, um Aussagen über die maßgebliche Wanderungsmotivation treffen zu können. Da üblicherweise Motivationsbündel für Fortzugsentscheidungen ausschlaggebend sind, wurden die Aussagen systematisch kategorisiert und nach einem Bewertungsschema gewichtet. In die Bewertung der genannten Gründe gingen die Reihenfolge sowie die Häufigkeit bzw. Strapazierung der genannten Faktoren ein. Wurde beispielsweise zuerst auf den Verlust des Arbeitsplatzes und die erfolglose Suche im Herkunftsgebiet eingegangen und anschließend erwähnt, dass am Zielort eine nahestehende Person lebt, wurde diese Wanderung als „prekär-ökonomisch-begründete Wanderung" und nicht als „familienorientierte Wanderung" eingeschätzt. Anhand des primären Hauptwanderungsgrundes wurde das Sample in die folgenden fünf Bestimmungsfaktoren, mit den angegebenen prozentualen Anteilen, unterteilt:

- prekär-ökonomisch-begründet → 40 %;
- familienorientiert → 28 %;
- karriereorientiert → 20 %;
- einkommensorientiert → 7 % und
- sonstige → 5 %.

Während bei prekär-ökonomisch-begründeten Migrationen die Wanderungsentscheidungen in erster Linie im Kontext von Arbeitslosigkeit, drohender Arbeitslosigkeit oder zumindest großer Perspektivlosigkeit stehen, sind familienorientierte Wanderungen durch Familiennachzüge der (Ehe-)frau oder auch des (Ehe-)mannes bzw. häufig auch der Kinder zu ihren bereits nach Westen verzogenen Elternteilen geprägt. Bei knapp jeder fünften Wanderung besteht zwar nicht die dringliche Notwendigkeit fortzuziehen, dennoch war sie durch die Aufnahme einer Arbeitsstelle oder Ausbildung dominiert. Bei der Entscheidungsfindung steht hier vornehmlich ein individuelles Karrierekalkül im Vordergrund. Quantitativ von eher geringerer Bedeutung sind einkommensorientierte Wanderungen, die immer dann als solche typisiert wurden, wenn der primäre Wanderungsgrund in der Verbesserung der Verdienstmöglichkeiten bzw. generell der Einkommensmöglichkeiten des gesamten Haushaltes stand, z.B. durch einen besser bezahlten Arbeitsplatz oder durch

Beschäftigungsmöglichkeiten beider Partner am Zielort. Die Hauptkomponenten der Migrationsentscheidungen deuten darauf hin, dass bestimmte Wanderungshauptgründe auf Probanden je nach Lebenssituation bevorzugt zutreffen. Trotzdem ist der Anteil der familienorientierten Wanderungen in den betrachteten Altersjahrgängen relativ konstant (vgl. Abb. 23, S. 189). Ca. 30 % der unter 20-Jährigen gaben familien- oder partnerschaftsbezogene Gegebenheiten als primäre Hauptgründe an. Häufig finden in dieser Altersgruppe allerdings Familiennachzüge zu den Eltern statt, die bereits zu einem früheren Zeitpunkt nach Westen verzogen sind (vgl. Kap. 5.2.5). Familienorientierte Wanderungen werden in erster Linie von Frauen (zu zwei Dritteln) durchgeführt, sehr häufig (vornehmlich in der Gruppe der über 25-Jährigen) sind Kinder vorhanden. Größere geschlechtsspezifische Unterschiede bestehen auch bei einkommens- und karriereorientierten Wanderungen, insofern als diese Wanderungshauptgründe vornehmlich von Männern zum Ausdruck gebracht wurden. Hinsichtlich der Wanderungsintentionen existieren demnach klassische Geschlechtsspezifika. Dies ist insofern überraschend, da die höhere Frauenbeteiligung bei der innerdeutschen Ost-West-Migration ein progressiveres Wanderungsverhalten ostdeutscher junger Frauen hätte vermuten lassen (vgl. Kap.4.2.2).

Der Anteil der prekär-ökonomisch-begründeten Wanderungen nimmt mit zunehmendem Alter leicht ab. Dies deutet darauf hin, dass der Beginn der Erwerbskarriere eine kritische Phase darstellt, in der die Befragten ihren Fortzug besonders häufig als zwangbehaftetes, notwendiges Erfordernis empfanden. Es verwundert nicht, dass die Mehrheit der Befragten, die anhand ihrer geäußerten Hauptwanderungsgründe diesem Migrationstyp zugeordnet wurden, vor dem Umzug von Arbeitslosigkeit betroffen waren (51 %) bzw. den Verlust des Arbeitsplatzes befürchteten (weitere 20 %). Da diese als prekär-ökonomisch-begründeten Wanderungsgründe besonders häufig von Migranten unter 23 Jahren geäußert wurden, sind die Indikatoren „Arbeitslosigkeit" und „Angst vor Verlust des Arbeitsplatzes" sicherlich unterrepräsentiert, da die Befragten oftmals noch vor dem Eintritt ins Erwerbsleben standen. Der geäußerte Hauptwanderungsgrund zielte somit in vielen Fällen darauf, in ein erstes Beschäftigungsverhältnis zu kommen.

Die Beobachtung, dass prekär-ökonomisch-begründete Wanderungen vornehmlich auf Migranten zutreffen, die einen ersten Einstieg ins Erwerbsleben suchen, bestätigte sich auch bei drei von vier geführten qualitativen Interviews mit Ausbildungswanderern (Typ A). Hierbei handelt es sich, wie in Tab. 3 beschrieben, um junge Migranten (mit Realschulabschluss oder Abitur), die für ihre Lehrausbildung in westliche Bundesländer verzogen sind. In einem Fall wurde die Ausbildung noch in Ostdeutschland absolviert, für eine Arbeitsaufnahme mit gleichzeitiger Weiterqualifikation fand anschließend eine Westwanderung statt.

Bei den drei erstgenannten Fällen, also Fortzüge im Kontext einer ersten Ausbildungsaufnahme (Lehre), begann die Ausbildungsplatzsuche in der Herkunftsregion. Erst mit dem Erkennen der problematischen Arbeits- bzw. Ausbildungssituation folgte die Auseinandersetzung mit der „Option" Abwanderung. In allen drei Fällen kam den Eltern eine große Bedeutung bei der Entscheidungsfindung und dem in Erwägung ziehen von Abwanderung zu. Die Migration stellte somit eine Ausweichmöglichkeit dar, mit der es sich in der Folgezeit zu arrangieren galt. Folgende Zitate sollen dies exemplarisch verdeutlichen:

Stefan, 18 Jahre

Na, ich habe, ich glaube 50 Bewerbungen oder so geschrieben. Na und meine Tante, die wohnt schon hier und arbeitet auch hier. Und, na und die hat mir so mehr oder weniger auch die Adresse besorgt, [...] Na und dann habe ich mich dann halt so beworben. Also ich hatte im Westen vier Lehrstellen[-angebote, A. Sc.] insgesamt und im Osten halt gar keine und dann bin ich halt hier nach München gegangen.

Michael, 21 Jahre

Ja, die [---]Bank hatte in der Mitteldeutschen Zeitung so ‚ne Anzeige, die [---]Bank sucht noch Auszubildende für München, für Großraum München und da hab ich mich dann also beworben. Das war relativ kurzfristig, ansonsten hätte ich ein Freiwilliges Soziales Jahr in Sachsen-Anhalt gemacht. Und seitdem die mich dann hier genommen haben, bin ich also lieber nach München, hab dann meine Ausbildung dort sicher, anstatt hier nur das Freiwillige Soziale Jahr zu machen. [...] da hat mich Mutti dazu gedrängt, weil sie hat immer gesagt, ja Michael, bewerb' dich doch mal als Bankkaufmann in München. Und in Westdeutschland sieht es eh viel besser mit den Ausbildungsplätzen aus. Und da hab ich das dann halt gemacht. Ja und ich war ja auch zur Berufsorientierung. Und da sagte mir man dann halt, dass in Sachsen-Anhalt bei Bankkaufmann ein Numerus Clausus von 2,5 erforderlich ist und ich hab mein Abitur von 2,6 gemacht und hier werden fast alle genommen, sogar Realschüler und so was. Ja, da sieht man halt den Unterschied zwischen Ost und West.

Katrin, 21 Jahre

[...] also ich komm aus Sachsen-Anhalt, Wittenberg aus der Region und hab mich dort halt beworben und hab gemerkt, du kriegst nichts unter zwei Jahre Wartezeit für 'ne normale Ausbildung! [...] ich hab dann halt bei mir im Landkreis geschaut, also in der Stadt, im Landkreis, nachgefragt, dann bin ich bis nach Dessau weiter gegangen, die meinten halt auch zwei bis drei Jahre Wartezeit. Da dachte ich mir, das bringt nichts, weil ich will hier nicht zwei, drei Jahre rumsitzen. Da hab ich die Ausbildung schon durch in den zwei Jahren, wenn ich noch woanders hingehe. Dann hab ich mich in ganz Sachsen-Anhalt beworben. [...] Und die meinten dann aber auch alle, ja sie würden mich nicht nehmen, keine Ahnung ist halt manchmal so. Und da hab ich gesagt, ok dann bringt es halt nichts, dann wäre ich gern nach Berlin gegangen. In Berlin habe ich aber direkt nichts gefunden. Und dann hab ich gesagt, ok, da muss ich halt weiter schauen. Da muss ich durch ganz Deutschland durch. [...] es tut zwar glaube ich schon weh, weil ich schon an meiner Familie auch sehr hänge, aber es gehört vielleicht auch zu den Erfahrungen dazu, auf eigenen Beinen zu stehen, und auch einfach sein eigenes Leben durchzuführen. Und dann hab ich halt mit meiner Mutti drüber gesprochen. Und sie meinte ja, mach das, geh einfach weg.

Die Interviewpassagen bestätigen die problematische Lehrstellensuche der Befragten. Andererseits deutet sich aber auch die Vielfältigkeit der beeinflussenden Faktoren, wie Zufälligkeiten oder Familienkonstellationen an, die eine detailliertere Analyse der bisher eher monokausal aufgezeigten Zusammenhänge erfordern.

5.2.3 Die Migrationsentscheidung – multikausale Zusammenhänge

Die anhand des geäußerten Hauptwanderungsgrunds (Telefoninterviews) gefundenen Bestimmungsfaktoren verdeutlichen, dass bei vielen Befragten eine Präzisierung auf einen Hauptgrund nicht möglich war. Daher mussten –wie bereits erwähnt– die Aussagen nach einem Bewertungsschema geordnet und gewichtet werden. Schließlich gaben ein

Viertel der Probanden Gründe an, die mehr als eine der gefundenen Gruppierungen berühren. Diese Erkenntnis verdeutlicht bereits den differenzierten Abwägungsprozess, der letztlich zur Migrationsentscheidung führt.

Generell wurde bei der Analyse der offenen Frage nach dem Hauptwanderungsgrund deutlich, dass von den Befragten an dieser Stelle oft wanderungserfordernde und wanderungsbefördernde Faktoren genannt wurden. Wanderungserfordernde Faktoren beinhalten Gründe, die die Migranten als notwendige Erfordernisse und als innere „Zwänge" empfanden. Wanderungsbefördernde Faktoren bündeln demgegenüber Gegebenheiten oder Rahmenbedingungen, die zur Migrationsentscheidung in positiver Weise beigetragen haben. Die in Kap. 5.2.2 vorgestellte Gruppierung der Probanden nach dem Hauptwanderungsgrund hat gezeigt, dass es anhand eines Bewertungsschemas zwar in der Regel möglich war, eine primäre, wanderungsauslösende Kategorie zu finden. Allerdings führten etliche Probanden auch Hauptwanderungsgründe an, die mehreren Kategorien zugehörig sind. Die häufigste Überschneidung findet zwischen prekär-ökonomisch-begründeten und familienorientierten Wanderungen statt, fast ebenso häufig tritt die Kombination familien- und karriereorientiert auf.

Die Analyse der quantitativen Daten kann für diese Fragestellung allerdings nur bedingt informationsgewinnend sein bzw. mit ihrer Hilfe können lediglich Hinweise auf näher zu beleuchtende Aspekte und kritische Momente im Wanderungsentscheidungsprozess ermittelt werden. Schließlich stellt sich die Frage, warum sich bei gleichen externen Einflussvariablen, manche Personen für, die Mehrzahl allerdings gegen einen Fortzug entscheidet. Die Gegebenheiten und Erfordernisse des Arbeitsmarktes mögen zwar eine vordergründige Erklärung für die generelle Abwanderungstendenz aus Ostdeutschland sein, letztendlich erklären sie nicht den Entscheidungsprozess, die Phase des Aufbruchs, die Maßstäbe an die potentiellen Zielregionen und die Phase des Ankommens im Zielgebiet. Es gilt also zu analysieren, welche Rahmenbedingungen beispielsweise dazu geführt haben, karriere- oder einkommensbezogene Erwartungen und Lebensziele durch eine Migration umzusetzen. Auch stellt sich die Frage, welche Bedeutung den westlichen Bundesländern als Zielregion zukommt. Diesen Fragen soll anhand der qualitativen Interviews nachgegangen werden.

5.2.4 Netzwerke und individuelle Kontexte bei der Abwanderung

In den zehn geführten qualitativen Leitfadeninterviews wird die Bandbreite der schwer beobachtbaren Charakteristika im Entscheidungsprozess deutlich. Bei allen Migranten überwog das berufliche Motiv, also entweder durch einen Berufswechsel oder durch den Beginn einer Berufsausbildung, eines Studiums oder eine berufsbegleitende Weiterbildung. Dennoch lassen sich gewisse Unterschiede zwischen und innerhalb der ausgewiesenen Typen finden. Wie in Tab. 3 dargelegt, wurden die zehn Probanden der qualitativen Interviews gegliedert in:

- Ausbildungswanderer Typ A (Lehrausbildung): Katrin, Stefan, Michael und Daniela;
- Ausbildungswanderer Typ B (Studenten): Franziska und Julia;
- Berufsmigranten/ Akademiker Typ A: Kerstin und Frank und

- Berufsmigranten/ Akademiker Typ B („Rückkehrer" nach Westen): Peter und Wolfgang

Besonderes Augenmerk soll zunächst auf die Ausbildungswanderer (Typ A und B) gelegt werden Ihnen ist gemein, dass die Migration in Verbindung mit der ersten Aufnahme einer Lehrausbildung (drei Fälle) oder einer Arbeit nach Beendigung der Lehrausbildung mit gleichzeitiger Gelegenheit zur Weiterqualifikation (ein Fall) sowie dem Beginn eines Studiums (zwei Fälle) stand.

Die geführten qualitativen Interviews mit Probanden dieses Typs verdeutlichen, dass die Ausbildungsplatzsuche nach bestimmten Suchmustern verläuft. Auffällig war, dass in vier von sechs Fällen die Standortwahl bzw. die Entscheidung sich an den späteren Zielorten zu bewerben, von einem oder mehreren Pionierwanderer mitbestimmt war. Als Pionierwanderer fungieren neben Verwandten, vor allem Freunde, ehemalige Klassenkameraden oder auch flüchtige Bekannte. Diese Pionierwanderer nehmen dabei nicht die klassische Rolle, wie bei Kettenwanderungen bei internationalen Migrationen ein (vgl. dazu HAUG 2000, S. 142 f.). Unter anderem deshalb nicht, weil die Barrieren die bei einer Binnenwanderung zu nehmen sind deutlich geringer sind. Trotzdem wurden die Wanderungen über diese langen Distanzen von allen befragten Fortzüglern als große Herausforderung angesehen. Für vier von sechs Befragten stellte die Wanderung gleichzeitig den Auszug aus dem Elternhaus dar, in allen Fällen fand die erste dauerhafte, räumlich-weite Trennung von den Eltern, der Familie und dem Freundeskreis statt. In diesem Sinne wurden Unterstützer gesucht, die am Zielort Hilfe leisten, indem Barrieren, bestehend aus Unsicherheiten vor dem Neuen, dem Alleinsein und „auf-sich-gestellt-sein", abgemildert wurden. Katrin (21, München) schildert dies sehr eindrucksvoll, indem sie erzählt, wie ihr weiteres Suchmuster nach einem Ausbildungsplatz aussah, nachdem sich heraus stellte, dass sie in der Herkunftsregion keine Chancen hat:

Und da hab ich natürlich geguckt, wo kenne ich jemanden, wo könnte ich mich bewerben, wo kenne ich jemanden, der in der Stadt lebt, dass man dort relativ schnell den Anschluss findet. Und ich kannte halt jemanden aus München, der kommt auch direkt aus meiner Stadt und ich dachte: ja versuch ich's halt mal dort mich zu bewerben. [...] Ich sag mal, es war halt für den Anschluss am Anfang für mich wichtig, dass ich vielleicht irgendjemanden kenne, aber es war halt nur ein Freund von mir und der meinte halt, komm nach München, es ist schön hier und so. [...] Also, ich wusste halt, wenn ich hier runtergehe und ich hab Probleme, ich kenn hier jemanden, der kommt aus der gleichen Stadt wie ich und der kennt mich halt so ein bisschen zu mindestens, so dass ich mich auch an ihn wenden kann. Weil, ich überleg halt auch, also wenn ich jetzt ganz woanders hingegangen wäre, wie wäre das gewesen. Da hätte ich gar niemanden gekannt, so hab ich hier wenigstens eine Person. Wie gesagt, kurz vorher hab ich mir doch noch so Gedanken gemacht, ob es wirklich das Richtige ist und dann gesagt, ok, jetzt muss ich da durch!"

Auch in drei weiteren Fällen (von sechs) kamen Kontaktpersonen am Zielort eine wichtige Funktion zu, sei es bei der Vermittlung des Ausbildungsplatzes, vorläufige Aufnahme in der Wohnung oder Hilfeleistungen beim Finden einer eigenen Wohnung. Risiken und Ängste, die mit der vordergründig ökonomisch-rational getroffenen Entscheidung verbunden waren, konnten auf diese Weise abgemildert werden.

Die Bedeutung der Kontaktpersonen für die Migranten stellte sich sehr unterschiedlich dar. Im Fall von Katrin bestanden sehr große Ängste vor der Migration und die Suche nach einem Ausbildungsplatz konzentrierte sie von vornherein auf Städte, in denen bereits Pionierwanderer ansässig waren. Die emotionale Barriere, die Heimat zu verlassen war in ihrem Fall sehr groß. In anderen Fällen, beispielsweise im Fall von Daniela (25, Hamburg) und Julia (20, München) bestand hingegen der ausgesprochene Wunsch, in eine große Stadt zu gehen. Aber auch für diese beiden progressiven Migranten waren Pioniere für die Wahl des Wanderungsziels, für organisatorische Hilfen bei und nach dem Fortzug und als Ausgangspunkt für den Aufbau eines Freundeskreises sehr wertvoll. Hierbei kamen sowohl Abenteuerlust, die Suche nach einer Herausforderung und der Wunsch „Karriere zu machen" sowie die Überzeugung, dies nur in einer wirtschaftlich prosperierenden Metropole umsetzen zu können, zusammen. So reflektiert Julia (20, München) über die Wahl ihres Studienortes folgendermaßen:

Ich hatte, ich weiß nicht, seit wann das so ist, schon immer das Gefühl, weggehen zu wollen. Also mich hat schon immer das Fernweh gepackt, irgendwie noch mehr zu sehen von Deutschland als nur Sachsen-Anhalt. Und das war so ein bisschen das Grundlegende. Aber ja, ich hab auch darüber nachgedacht, man kann das ja auch in Halle studieren oder in Leipzig oder in Dresden, was das nächste Größere wäre. [...] ich fand dann aber die LMU, wo ich halt bin in München, am ansprechendsten, weil die halt 'ne Außenstelle haben, das ist in Großhadern und da 'ne ganz neue Forschungsrichtung aufgebaut worden ist. Das ist ganz neu, die Uni in Großhadern ist ganz neu, nach höchstem Stand was es eigentlich gibt. Die besten Voraussetzungen sozusagen. Und ich habe gemerkt, dass ich hier so viele Möglichkeiten habe, das hier umzusetzen, was in Dessau nicht ist.

Ähnlich erklärt Daniela (25, Hamburg) ihre Beweggründe, in eine Großstadt zu ziehen und dafür eine Arbeitsstelle in der Nähe des Heimatortes aufzugeben, um in ein für sie vielversprechenderes und anspruchsvolleres Arbeitsverhältnis zu kommen, das gleichzeitig die Möglichkeit einer Weiterqualifizierung bietet:

Da hab ich am Morgen 16 Mal Blut abgenommen, hab ein paar älteren Damen die Füße gecremt und habe die zu ihren Behandlungen geführt. Das war's so im Großen und Ganzen, also wenig anspruchsvoll, viel Papierkram. So und ich wollte auch nicht mehr auf 'ner normalen Station, ich wollte schon auf Intensivstation. Und daher hab ich mich hier auch gleich auf 'ner Intensivstation beworben und hab da auch gleich angefangen. [...]Ja, also das füllt mich schon aus, ich mach auch eine Fachweiterbildung, zwei Jahre geht die, als Anästhesie- und Intensivfachkrankenschwester. Und das ist schon ausfüllend. Sicherlich hat man das immer so mal, wo man sagt, man will was anderes machen, aber wenn nicht irgendwo in der Großstadt, denn da hat man immer irgendwelche Möglichkeiten.

Zudem sind beide Fortzüglerinnen ein Beispiel für eine gewisse Dynamik und den Vorbildcharakter von Pionierwanderern. In beiden Fällen waren bereits gute Freunde zum Zielort verzogen und hatte dort erfolgreich bestimmte Berufs- oder Ausbildungsziele umsetzen können. Ihr Vorbild trug nicht unwesentlich zur Migrationsentscheidung und auch zur Zielortbestimmung bei. Aus Danielas (25, Hamburg) Abschlussklasse sind über 50 % aus Sachsen-Anhalt fortgezogen, etliche davon nach Hamburg, darunter auch ihre beste Freundin. Berichte über eine erfolgreiche Migration waren wichtige Motivatoren, selbst die angestammte Heimat verlassen:

Aber es ist schon Gruppendynamik, wenn man weiß, hier hat man welche, die sind auch hergekommen und die haben hier Fuß gefasst.

Ähnliche Zusammenhänge werden auch bei Julia (20, München) deutlich, indem sie ihre Entscheidung, für ein Pharmaziestudium in München, durch ihre individuelle Wahrnehmung der besseren Karrieremöglichkeiten sowie der unterschiedlichen Zukunftschancen in Ost- und Westdeutschland, begründet. Die Überlegungen entstanden allerdings durch den Vorbildcharakter erfolgreich abgewanderter Freundinnen.

Also, dass ich direkt nach München gegangen bin, hat glaub ich vor allem damit zu tun, dass zwei Freundinnen von mir hier sind, die haben den Weg nach München schon eher gewählt als ich. Und da dachte ich, ok: wenn man hier schon Ansprechpartner hat, dann ist das natürlich ein bisschen einfacher den großen Schritt zu tun [...] Also ich kann hier Pharmazie studieren und diese Richtung ist hier vielmehr ausgeprägt, als das in Dessau ist. Jetzt hab ich hier mehr Chancen, meinen Beruf hier auszuwählen und da Erfolg zu haben. [...] Und ich glaube, das ist das was fehlt in Ostdeutschland, die Perspektive, das auch zu Hause zu machen, was man gern möchte fehlt, oder nicht die gleichen Chancen hat, wie man das in Westdeutschland hat. Und die sind meiner Meinung nach nicht gegeben, die Perspektiven.

Diese hier zum Ausdruck kommende Erwartungshaltung, für eine erfolgreiche berufliche Karriere einerseits in prosperierende Wirtschaftszentren zu gehen, andererseits aber auch explizit den Weg nach Westen einzuschlagen, eröffnet für eine Betrachtung hinsichtlich brain drain einen interessanten Ansatz. Es lässt sich zumindest vermuten, dass die Abwanderung aus Ostdeutschland vielfach eine Eigendynamik entwickelt hat, was dazu führt, dass Westwanderungen durch positive Erfahrungen der Pionierwanderer weitere Wanderungen nach sich ziehen. Folglich kann die alleinige Verbesserung des Arbeitsmarktes nicht zu einer schnellen Trendwende führen, vielmehr wird Abwanderung auch durch das Image einer Region bestimmt. Letztendlich handelt es sich bei dem soeben betrachteten Migrationstyp um die üblicherweise von der Öffentlichkeit wahrgenommenen Westmigranten. Dies mag dadurch zu erklären sein, dass es sich bei den hier betrachteten Ausbildungswanderern zwar generell um eine hochmobile Altersgruppe handelt, Aufmerksamkeit erhält der Diskurs allerdings erst dadurch, dass die Wanderungen mit sehr hoher Wahrscheinlichkeit in eine Richtung, nämlich nach Westen gehen. Zudem werden bestimmte Großräume von den Migranten bevorzugt, wobei die Zielortwahl eben nicht immer mit den objektiven, regionalen Arbeitsmarktchancen zu erklären ist. Welches quantitative Ausmaß letztlich hinter diesem „imagebezogenen Akzelerator" steht, kann nur annäherungsweise bestimmt werden.

Die soeben betrachteten Migrationstypen umfassen sehr junge Migranten, die (relativ) am Anfang ihrer Erwerbsbiographie stehen. Sie wurden von den Berufsmigranten des Typs A und B getrennt analysiert, da sich sichtlich andere Verhaltensmuster und Erwartungshaltungen an die Wanderung feststellen lassen. Während sich die Ausbildungsmigranten im Alter zwischen 18 und 25 Jahren befinden, sind die Berufsmigranten bereits über 30 Jahre alt. Sie stehen jeweils bereits mehrere Jahre in Beschäftigungsverhältnissen und können neben Berufserfahrung auch meist auf eine mehr oder weniger große Migrationbiographie und -erfahrung zurückblicken. Für eine Analyse unter Brain-Drain-Gesichtspunkten eignet sich dieser Typus ganz besonders, da es sich um ausgesprochen hoch qualifizierte Akademiker handelt. Die Interviewten zeichneten sich zudem in fast allen Fällen (drei von vier) durch eine hohe Mobilitätsbereitschaft aus. Im Unterschied zu der zuvor betrachteten Gruppe fällt auf, dass die Migrationsentscheidung hauptsächlich endogen fällt, d.h. Pionierwanderer keine Rolle mehr spielen. Generell kann auch festgestellt werden, dass die Wanderungsentscheidungen stärker karriereorientiert gefallen sind. Die Überzeugung, Mobilität gehöre zu einer beruflichen Karriere dazu ist grundsätzlich sehr stark ausgeprägt. Die Migrationsentscheidung stand demnach nicht (wie es noch bei den befragten Ausbildungswanderern der Fall war) in einem Spannungsfeld zwischen den Gegebenheiten des Arbeitsmarktes, dem Suchen einer Herausforderung und dem Finden geeigneter Unterstützer. Diese Migranten sind aufgrund ihrer Mobilitäts- und Lebenserfahrung viel unabhängiger, die Wanderungsbarrieren sind niedriger. Eltern, Familie oder Freunde sind in diesem Kontext von untergeordneter Bedeutung. Wenngleich Wolfgang (38, Köln) davon spricht, dass:

... es keine familiären Gründe nach Halle oder Köln zu gehen gab, oder was auch immer, die ganze Welt. Es gibt einen Aspekt, mein Vater lebt in Nordhessen und deswegen wäre es für mich schöner gewesen, wenn ich näher an Nordhessen wohnen würde, aber das tue ich nicht. Also ich bin vielleicht kilometermäßig näher an meinem Vater, aber zeitmäßig kaum. Also, ob ich jetzt von Halle nach [Wohnort des Vaters, A. Sc.] pendle oder von Köln nach [Wohnort des Vaters, A.Sc.] pendle, der Unterschied ist jetzt 100 km.

Auch partnerschaftliche Beziehungen, die in zwei der vier Fälle vorhanden sind, werden nicht übermäßig stark als entscheidungsbestimmend betont. Während Kerstin (37, Hamburg) zum Zeitpunkt des Fortzugs in einer Fernbeziehung lebte und diese auch nach dem Umzug noch für weitere 2,5 Jahre weiterführte, bevor ihr Partner ihr nach Hamburg folgte, konnte Peter (39, München) mit seiner Partnerin gemeinsam umziehen. Die Möglichkeit dieser gemeinsamen Wanderung war allerdings kein ausschlaggebendes Moment, sondern wird lediglich als glücklicher Umstand angesehen:

Das sehe ich einigermaßen unabhängig. Sie ist natürlich in der glücklichen Situation, mit ihrer Qualifikation sehr mobil zu sein. [...] Und das macht es leichter. Und es ist wegen dieser Mobilitätsfrage noch nicht zum Konflikt gekommen, aber das würde man auch erst dann austesten, wenn das Angebot da ist.

Distanzen und räumliche Mobilität sind in diesen Fällen von viel geringerer Bedeutung, als bei dem zuvor betrachteten Migrantentyp. Auch sind die Befragten nicht nur von ihren finanziellen Möglichkeiten her in der Lage, ihren angestammten Freundeskreis aufrechtzuerhalten. Soziale Bindungen, wie auch Kontaktpersonen am konkreten Zielort beeinflussen die Migrationsentscheidung deutlich weniger. So trifft sich Wolfgang (38, Köln) nach wie vor mit etlichen Freunden, die er in Halle kennengelernt hat. Die Tatsache, dass sein Freundeskreis vornehmlich aus Personen besteht, die ebenfalls sehr mobil sind und mittlerweile auch regional sehr gestreut sind, verdeutlicht, wie der Befragte Wanderungssentscheidungen unabhängig von sozialen Bindungen treffen kann:

... einige von denen sehe ich alle vier Wochen, war jetzt in Paris und komm dann nach Köln, ich fahr gelegentlich nach Paris.

Auch bei den anderen Befragten dieses Typs wurde die geringe Bedeutung von räumlicher Nähe zum Freundeskreis deutlich. Kerstin (37, Hamburg) hält dauerhaft ein Netzwerk zu mehreren Freunden aus ganz Deutschland aufrecht:

Also ich sag mal so, wir sind sowieso viel deutschlandweit unterwegs zu Freunden. Und von daher war das gar nicht unbedingt so, dass ich in Hamburg einen großen Freundeskreis irgendwie aufbauen musste oder so. Weil wir sowieso am Wochenende sehr viel unterwegs waren bzw. weil wir Besuch bekommen haben. Und das andere ist dann, dass ich mit den Kollegen eigentlich auch immer ein sehr gutes Verhältnis hatte, also dass wir dann auch mit den Kollegen sehr viel unternommen haben.

Regionale Präferenzen in der Wohnstandortwahl werden daher in erster Linie am Angebot eines attraktiven Arbeitsplatzes festgemacht. Peter (39, München):

Ich kann mir ganz Deutschland vorstellen. [...] Naja, Österreich und die Schweiz ja sowieso und ansonsten, es käme letzten Endes darauf an, aber das ist natürlich auch eine Frage dessen, was man wirklich bekommen kann.

Zudem ist die gebotene Lebensqualität bzw. die Verbundenheit mit einer Stadt oder Region von Bedeutung. Die regionalen Präferenzen fallen dabei ganz unterschiedlich aus, scheinen aber auch den stark dominierenden beruflichen Überlegungen untergeordnet zu sein und sind für die Befragten eher nur theoretische Überlegungen. Der angelegte Pragmatismus wird bei Wolfgang (38, Köln) deutlich, indem er auf die Frage nach der präferierten Lebens- und Arbeitsregion folgendermaßen antwortet:

Erst einmal gibt es eine außen liegende Präferenz, wenn man einfach den Tatbestand nimmt. Der Tatbestand sind Banken und Finanzsektor, hauptsächlich das Bankenviertel, das hat Frankfurt immer zu einem relativ wahrscheinlichen Platz gemacht, wo ich hingehen könnte. Dann das Ballungszentrum Nordrhein-Westfalen, weil dort einfach 'ne Million Menschen leben, so viele wie in ganz Ostdeutschland. Das ist auch eine hohe Wahrscheinlichkeit, dass man da landet und dann München, wegen der Versicherungen. Es gab so'n paar Stellen, wo eine gewisse Ballung war.

Für Kerstin (37, Hamburg) gab es hingegen schon bevorzugte und weniger bevorzugte Großregionen, die sie vor allem auf Mentalitätsunterschiede zurückführt:

Ja, also ich denke, es gibt bestimmte Regionen, wo ich eher ungern hin möchte und gewisse Regionen, wo ich schon eher 'ne Präferenz für habe. Und das ist dann eher so Ostdeutschland, Norddeutschland, wo ich mich eher vielleicht auch heimischer fühle, als im süddeutschen Raum. Also nach Süddeutschland würde ich ungern hinwollen.

Für den Fall, dass sich die berufliche Karriere nicht am präferierten Wohnort realisieren lässt, ist Pendeln bei den Befragten die typische Lösungsmöglichkeit. Während für Kerstin (37, Hamburg) das Pendeln ihres Lebenspartner über zehn Jahre hinweg zum Alltag gehörte, ist dieses Modell auch für Frank (37, Bielefeld) eine potentiell geeignete Variante, karriereorientierte Ziele umzusetzen:

Aber, was ich im Hintergrund habe, ist einfach, was viele Angestellte oder Beamte machen, die wohnen halt nach wie vor an dem Ort, den sie sich ausgesucht haben und pendeln. Das ist halt so eine Pendlerbiographie. Das kann man sich ja auch vorstellen.

Schließlich verdeutlicht diese viel stärkere singuläre Fokussierung auf einen lukrativen Arbeitsplatz, die geringe Bedeutung räumlicher Distanzen und die vergleichsweise geringe Bedeutung sozialer Bindungen auf die Wanderungsentscheidung, dass diese hoch qualifizierte Personengruppe über eine hohe Mobilitäts- und Migrationsbereitschaft verfügt. Für eine Beurteilung unter Humankapitalgesichtspunkten lassen sich daher folgende Schlüsse ziehen:

- hoch Qualifizierte treffen ihre Migrationsentscheidung unter ausgesprochen ökonomisch-rationalen Kalkülen;
- ihre Entscheidungsfindung ist zielorientierter und steht in einem geringeren Spannungsfeld als bei jungen Ausbildungswanderern, die sich am Beginn ihrer Erwerbskarriere befinden;

- regionale Präferenzen existieren, ihre Bedeutung ist aber eher gering;
- räumliche Distanzen haben eine geringe Bedeutung;
- Pendeln wird allgemein akzeptiert.

Auch wenn letztlich jede Migrationsentscheidung in einem mehr oder weniger multikausalen Zusammenhang steht, lassen sich doch etliche Indizien dafür finden, dass mit zunehmendem Qualifikationsniveau Migrationsentscheidungen weniger unter Sachzwängen stehen. Dies trifft sowohl auf ökonomische als auch auf familiäre, partnerschaftliche oder sonstige sozialbestimmte, beschränkende Einflüsse zu. Die Migrationsentscheidung entwickelt sich hauptsächlich endogen.

5.2.5 Ausmaß und Muster der Familiennachzüge und Kettenwanderungen

Auf den Aspekt der Familiennachzüge bzw. der Kettenwanderung mit seinen Mustern und in seiner quantitativen Ausprägung wird gesondert eingegangen, da in ihnen die Wurzeln für eine Dynamik des Prozessgeschehens liegen. Während der hohen Wanderungsintensität zu Beginn der 1990er Jahre entstanden viele Studien zu innerdeutschen Ost-West-Migration. Mehrfach kamen die Autoren dabei zu dem Schluss, dass die hohen Abwanderungsraten nur von temporärer Natur sein können (SCHWARZE und WAGNER 1992). Tatsächlich setzte bis zur Mitte der 1990er Jahre ein Bedeutungsrückgang des Wanderungsgeschehens ein, das allerdings seit Ende der 1990 in einer zweiten Welle erneut eine Intensität erlangte, die in der betrachteten Altersgruppe über der der ersten Abwanderungswelle lag. Es stellt sich daher die Frage, inwieweit Familiennachzüge sich in dieses zyklische Wanderungsgeschehen einfügen.

Als Familiennachzüge sollen diejenigen Fortzüge definiert werden, in denen ein Familienmitglied bereits vor der eignen Migration am Zielort lebte. Sicherlich ist diese Definition sehr weit gefasst, da sie auch Personen subsumiert, falls die am Zielort lebende Person und der Migrant nicht in einem gemeinsamen Haushalt leben. In diesen Fällen würde es sich – wie in den in Kap. 5.2.5 bereits beschriebenen Fallbeispielen – aus Sicht der Migranten weniger um Familiennachzüge hinsichtlich einer Familienzusammenführung handeln, vielmehr fungieren die bereits erfolgreich migrierten Familienmitglieder als Wanderungspioniere. Andererseits handelt es sich bei den bereits beschriebenen „familienorientierten Migrationen" nicht zwangsläufig um Familiennachzüge, und zwar immer dann nicht, wenn die Migration von der gesamten Familie zum selben Zeitpunkt durchgeführt wurde. Über den tatsächlichen quantitativen Anteil von klassischen Familiennachzügen können demnach nur Schätzungen unternommen werden.

In den Telefoninterviews antwortete jeder Dritte auf die Frage „wohnte oder pendelte ein Familienmitglied zu Ihrem heutigen Wohnort (bzw. Wohnregion)?" mit „ja" (Frage 29, vgl. Anlage A). Das lässt aufgrund der oben beschriebenen Einschränkungen allerdings nicht darauf schließen, dass es sich in einem Drittel aller Ost-West-Wanderungsfälle tatsächlich um „klassische" Familiennachzüge handelt. Anhand der offenen Frage zu den Wanderungsgründen (Frage 31, vgl. Anlage A) konnten nur 13 % der Befragten als Familiennachzügler klassifiziert werden. Es ist allerdings anzunehmen, dass der hierbei ermittelte Anteil zu gering ausfällt, und zwar bei solchen Fällen, bei denen neben dem

Motiv der Familienzusammenführung, weitere Gründe dominierten, die von den Probanden als relevanter beurteilt wurden. In Verbindung mit den Erkenntnissen aus Kap. 5.2.3[26] kann gefolgert werden, dass der tatsächliche Anteil von Familiennachzügen eher zwischen einem Viertel bis einem Drittel liegen dürfte.

Über die Struktur der Familiennachzüge gibt die Analyse der offenen Frage nach den Wanderungshauptgründen (Frage 31, vgl. Anlage A) Aufschluss. Wenngleich der gesamte Anteil der Familiennachzügler hierbei unterrepräsentiert ist, so können doch wertvolle Informationen zu den Wanderungspionieren gewonnen werden. In Tab. 16 wird deutlich, dass entgegen den Erkenntnissen der internationalen Migrationsliteratur (vgl. HAUG 2000, S. 206 f.) die klassische Konstellation, bei der der männliche Haushaltsvorstand zuerst, die (Ehe-)partnerin bzw. alle übrigen Familienfamilienmitglieder zu einem späteren Zeitpunkt folgen, quantitativ nicht den höchsten Anteil an den hier untersuchten Kettenwanderungen hat.

Tab. 16: Struktur der Familiennachzüge

Wem wird nachgezogen?	in %	in % aller Familiennachzüge
dem (Ehe-) mann	5	38
der (Ehe-) frau	2	14
den Eltern	5	40
den Kindern	0	1
anderen Verwandten	1	5
Sonstigem oder unbekannt	0	2
Summe der Familiennachzüge	13	100
kein Familiennachzug	87	
insgesamt, N: 1145	100	

Quelle: Eigene Erhebungen, (Frage 31, vgl. Anlage A)

Tatsächlich zogen bei 40 % der nach dieser Methode ermittelten Kettenwanderungen die Kinder ihren Eltern nach. Aufgrund der in der Untersuchung fokussierten Altersgruppe der 18 bis 35-Jährigen tritt diese Konstellation quantitativ besonders hervor, zumal die ermittelten Familiennachzügler mit dieser Konstellation' im Durchschnitt knapp unter 20 Jahre alt sind. Mehr als 90 % der „Elternwanderer" waren zum Zeitpunkt des Fortzugs jünger als 25 Jahre. Die Ausführungen der Probanden verdeutlichen, dass die Eltern oder ein Elternteil (in der Regel aus beruflichen Gründen) zuvor in die westlichen Bundesländer gezogen waren, was zu der Entscheidung führte, nach Beendigung der Schul- oder der Berufsausbildung ebenfalls zum Zielort der Eltern zu ziehen. Häufig wurde explizit die Suche nach einem Ausbildungs- oder Arbeitsplatz auf die Zielregion der bereits erfolgreich migrierten Eltern fixiert.

In den qualitativen Interviews trat auch der entgegen gesetzte Fall auf, indem die Mutter eines Migranten angesichts drohender Arbeitslosigkeit in Erwägung zieht, die Suche nach einem neuen Arbeitsplatz auf den neuen Wohn- und Arbeitsort des Sohnes zu fixieren. Michael (21, München) ist als erster aus der Familie von Weißenfels nach München

---

[26] Ca. 31 % der Befragten bejahten die Frage, ob „der Partner/die Partnerin am Zielort Arbeit gefunden hat" (Fragen 14 und 31, vgl. Anlage A).

gezogen, um dort eine Ausbildung anzunehmen. Seine Eltern leben getrennt, er lebte vor dem Umzug bei seiner Mutter und seiner Schwester, die zum Zeitpunkt der Befragung ihr Abitur machte. Die Wanderungsentscheidungsfindung seiner Familie in Weißenfels wird durch seine erfolgreiche Migration nach München beeinflusst. Zwar stehen wiederum vordergründig berufliche Aspekte im Vordergrund, die eine Migration möglicherweise in Kürze erforderlich machen, die räumliche Zielfindung orientiert sich hingegen an familiären Gegebenheiten. Michael schildert für seine Familie folgende Situation:

Meine Mutti arbeitet im sozialen Bereich bei der [Unternehmen X, A.Sc.] und da wird jetzt in Weißenfels gekürzt und es steht alles so im Wanken mit ihrem Arbeitsplatz und da orientiert sich meine Mutti auch völlig neu und möchte vielleicht jetzt auch aus Weißenfels raus und anderswo einen Arbeitsplatz finden. [...] Also meine Mutti hat sich hier [in München, A.S.] beworben im [Unternehmen X, A.Sc.] und da hat sie noch keine Zusage gekriegt; also mir wäre es doch schon recht. Da hab ich es nicht so weit zu meiner Mutti [lacht] und ich könnte sie vielleicht mal öfter sehen als jetzt. Und meine Schwester, das ist halt so die Frage, was meine Schwester werden will, also mich würde es persönlich nicht stören, wenn sie jetzt hierher kommen würden.

Der Ursprung für die Auseinandersetzung mit dem „Thema" Abwanderung liegt in der regionalen Arbeitsmarktlage begründet, die räumlichen Suchmuster für einen Arbeitsplatz folgen allerdings bevorzugt der Prämisse der Familienzusammenführung oder des Familienzusammenhaltes. Eine erfolgreich durchgeführte Migration kann demnach die Abwanderung der gesamten Familie zur Folge haben, da der Wanderungspionier durch seinen Vorbildcharakter, als lokaler Informationsbeschaffer und eben auch aus Gründen der Familienzusammenführung zur Wanderungsentscheidung positiv beiträgt.

Weiterhin sei erwähnt, dass neben den Familiennachzügen zu den Eltern auch die Nachzüge der (Ehe-)partnerin von quantitativer Bedeutung sind. In 38 % der Familiennachzüge ließ sich diese Konstellation nachweisen (vgl. Tab. 16). In weiteren 14 % folgt der (Ehe-)partner der im Vorfeld bereits an den Zielort verzogenen (Ehe-)partnerin. Alle weiteren ermittelten Konstellationen sind quantitativ von untergeordneter Bedeutung.

5.3 *Zwischenfazit zur Abwanderungsentscheidung*

Die Betrachtung der wanderungsauslösenden Faktoren hat in erster Linie ergeben, dass:

- Ost-West-Wanderungen der betrachteten Altersgruppe in erster Linie beruflich determiniert sind und ökonomisch-rationalen Kalkülen unterliegen;
- die Wanderung an das Erreichen bestimmter Stationen in der Bildungs- und Erwerbsbiographie, z.B. dem Schulabschluss oder dem Berufsabschluss, geknüpft ist;
- Frauen die Migrationsentscheidung häufig schneller als Männer treffen, insofern bei ihnen der zeitliche Zusammenhang zu den Bildungsabschlüssen stärker hervortritt;
- Ausbildungswanderer eher weiblich sind und Männer meist erst für den Berufseinstieg abwandern;
- verwandte, befreundete oder bekannte Personen am Zielort die Migrationsentscheidung positiv beeinflussen;
- Unterschiede im Entscheidungsverhalten hinsichtlich der Phase im Lebensverlauf und des Alters bestehen, insofern als für Migranten am Beginn der Erwerbskarriere

die emotionalen Barrieren und damit die Bedeutung von Kontaktpersonen am Zielort weitaus größer sind als für Personen mit Erwerbs- und Mobilitätserfahrung sowie sehr hohem Qualifizierungsniveau;
- altersspezifische Unterschiede innerhalb der Zielgruppe ausgeprägt sind, insofern als Migrationen im Rahmen des ersten Berufseinstiegs bzw. des Ausbildungsbeginns häufiger durch beruflich-ökonomische Problemsituationen gekennzeichnet sind, während familienorientierte Wanderungen (außer Familiennachzüge zu den Eltern) verstärkt bei der Gruppe der über 25-Jährigen auftreten;
- häufig die Migration auch unter dem Aspekt der besseren Karriereaussichten in der Zielregion stattfindet. Vermeintliche ökonomische „Zwänge" aufgrund eines regionalen Mangels an adäquaten Arbeitsplätzen sind eher auf ein in der Herkunftsregion nicht ausreichend zu befriedigendes Anspruchsniveau zurückzuführen.

Die auf individueller Ebene analysierten Entscheidungsprozesse geben Hinweise darauf, welche exogenen, regionalen Rahmenbedingungen die Entscheidungsfindung positiv oder negativ beeinflussen. Der hohe Anteil berufsbezogener Wanderungen verdeutlicht die besonders große Bedeutung der prekären Arbeitsmarktlage in den Herkunftsgebieten. Erfolgsbeispiele bereits fortgezogener Migranten führen zu einer Dynamik des Prozessgeschehens. Die sich daraus ergebene Erwartungshaltung, für eine erfolgreiche berufliche Karriere in westliche Zentren ziehen zu müssen, kann eine Akzeleratorwirkung haben und ist möglicherweise ein Grund für den zyklischen Verlauf des Wanderungsvolumens von Ost- nach Westdeutschland.

6 Analyse des in die Migration eingebundenen Humankapitals

6.1 Wanderungsziele und -distanzen

Bezug nehmend auf die theoretischen Ausführungen zum Humankapitalansatz wird untersucht, welchen Stellenwert der Wanderungsdistanz und den siedlungsstrukturellen Gegebenheiten der Zielregionen im Wanderungsgeschehen zukommen. Es wird überprüft, welchen Erklärungsgehalt diese Kriterien für die extrahierten Migrationstypen haben und wie sich die Teilgruppen hinsichtlich dieser Merkmale unterscheiden.

Für die Messung der Wanderungsdistanz stand eine Distanzmatrix für die deutschen Kreise und kreisfreien Städte des Bundesamtes für Bauwesen und Raumordnung zur Verfügung[27]. Anhand der errechneten Kreismittelpunkte sowie der Straßendistanz in Kilometern konnte die zurückgelegte Wanderungsdistanz der Akteure geschätzt werden.

Die Analyse zeigt, dass hinsichtlich der eingangs diskutierten Überlegungen in der Stichprobe vorwiegend mittlere bis weite Wanderungsdistanzen überschritten wurden. Lediglich in einem Fall lag die Wanderungsdistanz unter 50 Kilometer. Lagebedingt können bei innerdeutschen Ost-West-Migrationen aus dem Bundesland Sachsen-Anhalt maximale Straßendistanzen von ca. 770 Kilometern überschritten werden.

Die mittlere Entfernung zwischen Herkunfts- und Zielort der sachsen-anhaltischen Fortzügler beträgt 354 Kilometer. In 98 % der Fälle werden mehr als 100 Kilometer, in 70 % mehr als 300 Kilometer überschritten (vgl. Abb. 24). Am häufigsten, und zwar bei ca. einem Fünftel aller Wanderungen, lagen zwischen Herkunfts- und Zielort 400 bis 450 Kilometer. Diese Ergebnisse unterstreichen, dass es sich bei der Ost-West-Migration in der Regel um Fernwanderungen handelt. Kleinräumige Wanderungen, die durch die angrenzende geographische Lage Sachsen-Anhalts zu den westlichen Bundesländern möglich sind, sind von zu vernachlässigender Bedeutung.

In Verbindung mit siedlungsstrukturellen Merkmalen der Zielregion lassen sich signifikante Abhängigkeiten feststellen. So werden bei Wanderungen, die in Agglomerationsräumen münden höhere Distanzen überwunden, als bei Migrationen, deren Zielregionen verstädterte oder ländliche Räume sind. Generell kann festgestellt werden, dass die Fortzüge häufig in den Zentren Westdeutschlands münden. Fast 50 % der Befragten ziehen in die Kernstädte oder verdichteten Kreise der großen Agglomerationsräume (vgl. Tab. 17). Die Präferenz für westdeutsche Agglomerationsräume ist bereits an verschiedenen Stellen belegt (vgl. Kap. 4.2.3) und aufgrund der berufs- und ausbildungsorientierten Ausrichtung vieler Ost-West-Wanderungen zu erwarten gewesen.

Nur jede zehnte Ost-West-Wanderung mündet in ländlichen Räumen. Die Beobachtung, dass Fortzügler aus Sachsen-Anhalt vorwiegend in das benachbarte Bundesland Niedersachsen ziehen, lässt vermuten, dass es sich in vielen Fällen um sehr intensive Abwägungsprozesse handelt. Diese Beobachtung wirft die Frage auf, ob nicht vielleicht gerade

---

[27] Die Distanzmatrix gibt Auskunft über die Entfernungen aller deutschen Kreise in Straßenkilometern. Als Referenzpunkte dienen jeweils die Mittelpunkte der Landkreise oder kreisfreien Städte.

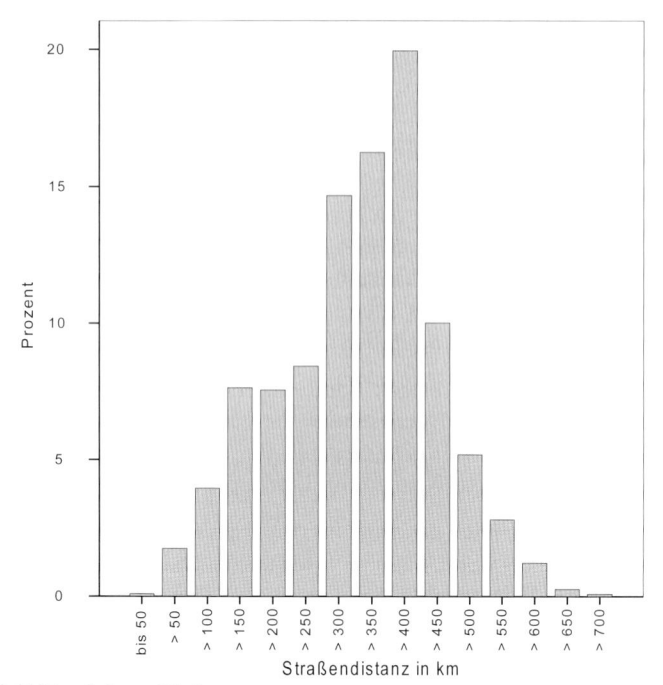

Quelle: BBR 2007 und eigene Erhebungen

Abb. 24: Distanzen der Migration

weniger progressive Fortzügler einen „Kompromiss" zwischen beruflicher Weiterentwicklung und möglichst räumlich naher Realisierung suchen. Dieser Zusammenhang trifft vor allem auf Migranten zu, die in Sachsen-Anhalt bzw. in den neuen Bundesländern geboren sind. Abwanderer, die in den westlichen Bundesländern oder im Ausland geboren sind (vornehmlich Spätaussiedler) überwinden in der Regel längere Distanzen.

Tab. 17: Zielregionen der Fortzügler aus Sachsen-Anhalt nach siedlungsstrukturellen Kreistypen der BBR 2004

Grundtyp	Kreistyp	in %	in %
Agglomerationsräume	Kernstädte im Grundtyp 1	19	50
	hoch verdichtete Kreise im Grundtyp 1	24	
	Verdichtete Kreise im Grundtyp 1	6	
	Ländliche Kreise im Grundtyp 1	2	
Verstädterte Räume	Kernstädte im Grundtyp 2	8	39
	Verdichtete Kreise im Grundtyp 2	21	
	Ländliche Kreise im Grundtyp 2	10	
Ländliche Räume	ländliche Kreise höherer Dichte im Grundtyp 3	7	11
	ländliche Kreise geringerer Dichte im Grundtyp 3	4	
	insgesamt, N: 1137	100	100

Quelle: BBR 2004 sowie eigene Erhebungen

Zudem lässt sich ein positiver Zusammenhang zwischen dem Fortzugsalter der Befragten und der Wanderungsdistanz feststellen, d.h. sehr junge Migranten (unter 20 Jahre) führen Wanderungen mit der durchschnittlich geringsten Distanz durch. Die besondere Präferenz zum Bundesland Niedersachsen mit einer eher ländlichen bis verstädterten Raumstruktur verdeutlicht in diesem Zusammenhang, dass bevorzugt junge Ausbildungsmigranten der mittleren Bildungsschichten, solche Ziele bevorzugen, die vergleichsweise „näher" zur Heimatregion liegen und die ähnliche Strukturmerkmale, wie die Herkunftsregion aufweisen.

Ein Zusammenhang zwischen dem Bildungsniveau und den Raummerkmalen der Zielregion verdeutlicht, dass mit steigendem formalem Bildungsniveau die Fortzügler eher auf die Zentren der westdeutschen Agglomerationsräume zielen. Ein ähnliches Ergebnis liefert eine Korrelation zwischen dem Status des aktuell ausgeübten Berufs (nach BLOSSFELD 1985) und dem Raumtyp (nach BBR 2004). Diese Zusammenhänge fügen sich in die Annahmen bzw. Erkenntnisse der Humankapitaltheorie ein, insofern als mit höherer Qualifikation und entsprechenden Erwerbs- und Einkommensmöglichkeiten eher längere Wanderungsdistanzen überschritten werden. Im Sinne der Humankapitaltheorie wird diese empirische Beobachtung durch die Betrachtung von Wanderungen als Investition für zukünftigen wirtschaftlichen Erfolg erklärt.

Während sich auf der aggregierten Ebene Anhaltspunkte für ökonomisch-rationale Erklärungsmodelle finden, fügt sich auch die Analyse der Merkmale Distanz und Siedlungsstruktur in dieses Bild. Hinsichtlich der in Kap. 5.1.2 gebildeten Migrationstypologie lässt sich feststellen, dass „risikofreudige und karrierefixierte Migranten" größere Wanderungsdistanzen überwinden (vgl. Tab. 18). Allerdings wandern auch „erfolgreiche Migranten mit (ökonomischer und sozialer) Verantwortung für Kind(er) und/ oder Partner" über weite Distanzen. Bei diesem Migrationstyp sind oftmals Kinder vorhanden, die scheinbar auf die Wanderungsdistanz keinen statistischen Einfluss haben. Jedoch bestehen bezüglich der Zielregion insofern signifikante Unterschiede, als kinderlose Fortzügler eher in die Kernstädte der Agglomerationsräume und in hoch verdichtete Regionen ziehen, wohingegen Personen mit Kindern die Peripherie der Großräume und auch ländliche Regionen bevorzugen.

Tab. 18: Migrationstyp und Wanderungsdistanz der Fortzügler aus Sachsen-Anhalt

Migrationstyp	mittlere Wanderungsdistanz (in km)
I) erfolgreiche Migranten mit (ökonomischer und sozialer) Verantwortung für Kind(er) und/oder Partner	356
II) unzufriedene, familien- und partnerschaftsfixierte Migranten	316
III) unabhängige, freizeitorientierte Migranten	348
IV) risikofreudige und karrierefixierte Migranten	362
Durchschnitt, N: 504	354

Quelle: Eigene Erhebungen und BBR 2006

6.2 Das formale Qualifikationsniveau

Bei Betrachtung des Wanderungsgeschehens unter Humankapitalgesichtspunkten werden üblicherweise das formale Schulbildungsniveau oder der formale Berufsabschluss als Indikatoren herangezogen. Wie in den einleitenden theoretischen Ausführungen (vgl. Kap. 2) dargelegt, verlaufen Wanderungen selektiv, wobei die Migrationswahrscheinlichkeit eines Individuums mit steigendem Qualifikationsniveau zunimmt. Dieser Zusammenhang trifft – wie bereits erwähnt – in erster Linie für überregionale Wanderungen zu.

So wird auch hinsichtlich der in der Fallstudie Sachsen-Anhalt untersuchten West-Migranten ein über dem regionalen Durchschnitt liegendes formales Schulbildungsniveau deutlich. Innerhalb der fokussierten Altersgruppe der 18 bis 35-Jährigen haben gut 40 % der Befragten das Abitur (auch Fachabitur) abgelegt, weiterhin hat ein ähnlich großer Anteil der Fortzügler die Realschule abgeschlossen bzw. einen vergleichbaren Abschluss erreicht (vgl. Abb. 25). Demgegenüber besitzen nur sehr wenige einen Hauptschulabschluss. Der Anteil an Migranten, die keinen oder noch keinen formalen Schulabschluss besitzen ist zu vernachlässigen, ebenso Abschlüsse, die dem hier gewählten Schema nicht zuordenbar sind. Im Vergleich zur Gesamtbevölkerung sind somit Abiturienten mehr als dreimal so häufig in den Wanderungsstrom involviert. Der Anteil von Realschulabschlüssen ist im Westwanderungsstrom um ca. 10 % höher als in der Gesamtbevölkerung Sachsen-Anhalts. Dieser Vergleich ist angesichts des in den letzten Jahrzehnten stetig angestiegenen formalen Bildungsniveaus der Bevölkerung ungenau.

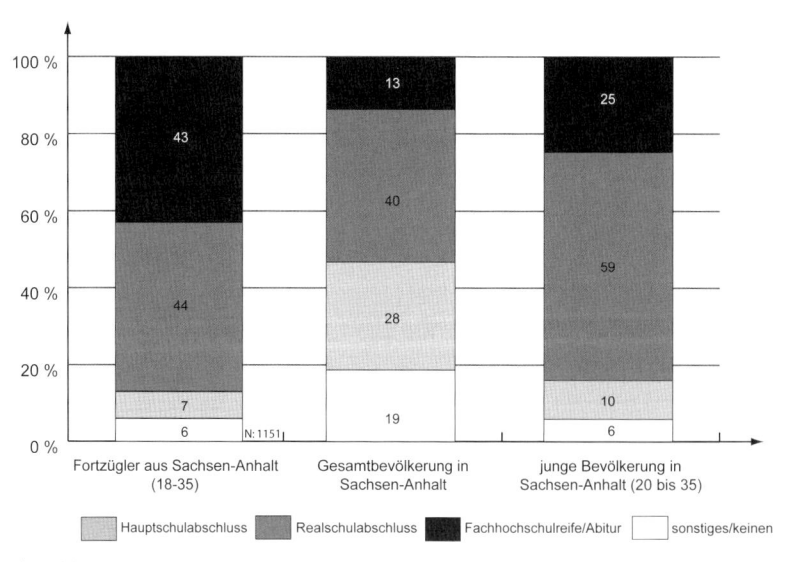

Realschulabschluss: auch 10. Klasse polytechnische Oberschule (DDR) oder andere im Ausland erworbene Schulabschlüsse auf vergleichbarem Niveau, Hauptschulabschluss: auch 8. Klasse (DDR) oder andere im Ausland erworbene Schulabschlüsse auf vergleichbarem Niveau

Quelle: Eigene Erhebungen und STALA 2004, Mikrozensus

Abb. 25: Formales Schulbildungsniveau der Fortzügler aus Sachsen-Anhalt im Vergleich

Jedoch zeigt auch ein Vergleich mit der entsprechenden Altersgruppe der Gesamtbevölkerung deutliche Unterschiede. Abiturienten sind im Vergleich zur entsprechenden Altersgruppe im Herkunftsgebiet überproportional vertreten. Der quantitativ hoch erscheinende Anteil an Fortzüglern mit Realschulabschluss relativiert sich, da knapp 60 % aller Personen zwischen 20 und 35 Jahren in Sachsen-Anhalt über diesen formalen Bildungsabschluss verfügen. Innerhalb der fokussierten Altersgruppe haben Abiturienten eine doppelt so hohe Wahrscheinlichkeit nach Westen zu wandern wie Personen mit Realschulabschluss.

Ein ähnliches Bild ergibt sich bezüglich der erreichten berufsqualifizierenden Bildungsabschlüsse. Die Fallstudie Sachsen-Anhalt hat gezeigt, dass jeder fünfte Fortzügler über einen Hochschulabschluss verfügt, weitere 10 % haben ein Fachhochschulstudium (oder Äquivalent) oder eine Berufsakademie abgeschlossen (vgl. Abb. 26). Der Akademikeranteil im Wanderungsstrom nach Westdeutschland beträgt knapp ein Drittel. Der Anteil von sich in Ausbildung befindlichen Migranten fällt in dieser Zusammenstellung mit ca. 6 % relativ gering aus. Dies ist zum einen dadurch zu erklären, dass zum Zeitpunkt der Befragung der Fortzug bereits zwischen einem und sechs Jahren zurücklag und somit viele Ausbildungswanderer ihre Qualifizierung zwischenzeitlich beendet haben. Tatsächlich dürfte der Anteil derjenigen, die zur Ausbildung abgewandert sind höher sein. Die bereits im Kap. 5.2.1 vorgestellten Ergebnisse hinsichtlich des Wanderungszeitpunktes unterstreichen die Bedeutung der Ausbildungsmigration. Berechnungen des SOEP zeigen, dass ca. 30 % der Westmigranten über keinen Berufsabschluss verfügen (SCHNEIDER 2005, S. 312) und somit der Anteil von Personen, deren berufliche Ausbildung zeitlich nach der Migration stattfindet, entsprechend höher eingeschätzt werden kann.

Angesichts der zyklischen Ausprägung des Wanderungsvolumens nach Westdeutschland (vgl. Kap. 4.2.1) stellt sich die Frage, inwieweit Unterschiede hinsichtlich des formalen Bildungsniveaus der Fortzügler bestehen. Zudem kann eine Gesamtbewertung nur unter

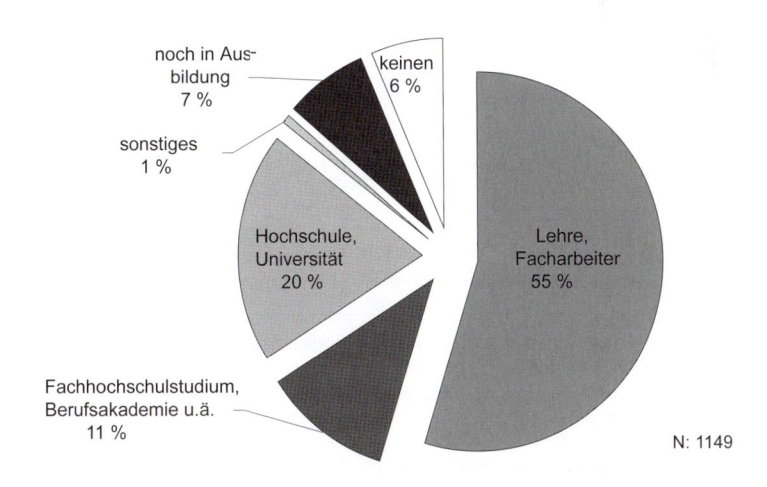

Quelle: Eigene Erhebungen, Frage 8 (vgl. Anlage A)

Abb. 26: Berufliche Bildungsabschlüsse der Fortzügler aus Sachsen-Anhalt

Betrachtung des Gegenstroms, also der West-Ost-Wanderung gegeben werden. Auswertungen auf der Grundlage des SOEP haben ergeben, dass im Zeitverlauf sichtbare Verschiebungen beim formalen Bildungsniveau der wandernden Bevölkerung zu beobachten sind (vgl. Tab. 19).

Tab. 19: Qualifikationsstruktur der Ost-West- und West-Ost-Migranten im Zeitverlauf

Zeitraum	Zielgruppe	Schulbildung* in %				Berufsbildung** in %			
		gering	mittel	hoch	insgesamt	keinen	mittel	hoch	insgesamt
1989 bis 1991 in %	Ost-West-Richtung	13,3	60,9	25,8	100,0	13,3	72,6	25,8	100,0
	West-Ost-Richtung	xx	xx	xx	xx	xx	xx	xx	xx
	Gesamtbevölkerung neue Bundesländer 1990	31,5	51,3	13,6	100,0	15,2	77,4	7,4	100,0
1992 bis 1997 in %	Ost-West-Richtung	23,0	53,3	23,7	100,0	20,3	68,3	11,4	100,0
	West-Ost-Richtung	19,2	45,4	35,4	100,0	16,8	63,7	19,5	100,0
	Gesamtbevölkerung neue Bundesländer 1992	29,8	52,8	17,4	100,0	13,6	75,3	11,1	100,0
1997 bis 1999 in %	Ost-West-Richtung	8,6	44,5	46,9	100,0	17,1	57,9	25,0	100,0
	West-Ost-Richtung	26,4	39,5	34,1	100,0	13,4	66,7	19,9	100,0
	Gesamtbevölkerung neue Bundesländer 1999	27,8	55,5	16,7	100,0	14,3	75,3	10,4	100,0
1999 bis 2003 in %	Ost-West-Richtung	19,4	48,6	32,0	100,0	31,7	54,6	13,7	100,0
	West-Ost-Richtung	19,7	46,6	33,7	100,0	24,4	59,9	15,7	100,0
	Durchschnittsbevölkerung neue Bundesländer 1999–2003	36,4	45,5	18,0	100,0	14,3	71,4	14,3	100,0

* Schulbildung: gering = Hauptschulabschluss, 8. Klasse, kein Abschluss; mittel: Realschulabschluss, 10. Klasse; hoch: Abitur, Fachhochschulreife; ** Berufsabschluss: keinen = (noch) keinen Berufsabschluss; mittel = Lehre, Berufsfachschule, sonstige Ausbildung mit mittlerer Qualifikationseinstufung; hoch = Fachschul-, Fachhochschul- und Hochschulabschluss

Quelle: KEMPE 2001, S. 209 und SCHNEIDER 2005, S. 310 ff.

Während der ersten Abwanderungswelle zwischen 1989 und 1992 war der Anteil von Personen mit hohem formalem Schulbildungsniveau eher gering (vgl. KEMPE 2001, S. 209 und SCHNEIDER 2005, S. 310 ff.). Im Gegenstrom, also bei den Zuzüglern nach Ostdeutschland war der Anteil dieser Qualifikationsgruppe deutlich höher. Dennoch fanden während dieser Periode per Saldo starke Verluste an formal hoch qualifizierten Personen statt, da den massenhaften Fortzügen aus Ostdeutschland nur ein äußerst geringer Wanderungszustrom aus Westen gegenüberstand. Allein zwischen 1989 und 1992 sind über 200.000 Personen mit Abitur aus den neuen Bundesländern abgewandert, wohingegen die gesamte Zuwanderung aus Westdeutschland im betrachteten Zeitraum gerade 121.000 Personen umfasste (KEMPE, 1999, S. 23). Aufgrund der in dieser Phase praktisch fehlenden Zuwanderung spricht KEMPE (1999, S. 19) von einem hohem Initialverlust an Humankapital für Ostdeutschland. Seit 1992 setzte sowohl hinsichtlich der Quantität als auch der Qualität des Wanderungsstroms eine Trendwende ein. Wie bereits in Kap. 4.2.1 beschrieben, nahmen die Zuzüge nach Ostdeutschland in der Phase des Aufbaus Ost sukzessive zu. Ebenfalls pegelten sich die anfänglichen massenhaften Abwanderungen nach Westen auf ein moderates Maß ein. Im Zeitraum 1992 bis 1997 verließen meist junge Erwachsene mit überdurchschnittlicher Bildung Ostdeutschland, jedoch war die Zuwanderung aus Westdeutschland ebenfalls vornehmlich durch Personen im jungen Erwerbsalter gekennzeichnet, die zudem sehr hoch qualifiziert waren. Der Wanderungssaldo der Ost-West-Wanderung war somit für Personen mit dem höchsten formalen Bildungsniveau positiv. Dieser Effekt konnte nach KEMPE (1999, S. 23) allerdings nicht die Verluste des Initialeffekts während der ersten Abwanderungswelle aus Ostdeutschland ausgleichen.

Seit 1999 ist abermals eine Trendumkehr hinsichtlich des Wanderungsvolumens zu beobachten. Der Anteil an Migranten mit hoch qualifizierten Berufsabschlüssen ist in der West-Ost-Wanderungsrichtung sogar höher als in der Ost-West-Richtung. Dennoch findet auch in diesem Qualifikationssegment ein quantitativer Verlust statt (SCHNEIDER 2005, S. 311). Gleichzeitig ist im Vergleich zur Vorperiode der Anteil von Ost-West-Migranten mit hoch qualifizierten Berufsabschlüssen nicht überproportional höher als in der Gesamtbevölkerung Ostdeutschlands. Auffallend ist der zunehmende Anteil von Personen ohne Berufsabschluss, d.h. der Anteil der Ausbildungswanderer ist über die verschiedenen Phasen des Wanderungsgeschehens deutlich angewachsen.

Die Unterschiede, die sich hinsichtlich der Verteilung der formalen Schulabschlüsse der Migranten im SOEP (vgl. Tab. 19, ab 1999) und den Befunde aus der Fallstudie Sachsen-Anhalt (vgl. Abb. 26) ergeben, kommen durch unterschiedliche Zuordnung der Bildungsabschlüsse sowie durch die altersgruppenspezifische (18 bis 35-Jährige) Betrachtung in der Fallstudie zu Stande. Zudem lag in der Fallstudie Sachsen-Anhalt der Fortzug zum Zeitpunkt der Befragung bereits zwischen einem und sechs Jahren zurück, sodass dadurch die Auszubildenden und Studenten zu gering in der Stichprobe vertreten sind. Weiterhin können durchaus regionalspezifische Unterschiede zum Tragen kommen, da sich die Auswertungen SCHNEIDERS (2005) auf den gesamten ostdeutschen Raum beziehen.

Bei Betrachtung des formalen Bildungsniveaus der Akteure des aktuellen Wanderungsgeschehens in Verbindung mit dem Alter ergeben sich differenzierte Ergebnisse. In der Fallstudie Sachsen-Anhalt wird deutlich, dass die Migration der sehr jungen Erwerbsbevölkerung (18 und 20 Jahre), vornehmlich von Personen mit mittleren Bildungsabschlüssen getragen wird, Abiturienten sind deutlich seltener vorhanden (vgl. Tab. 20). Ab der Altersgruppe „24 bis 27 Jahre" kehrt sich dieses Verhältnis allerdings zugunsten der höchsten formalen Bildungsabschlüsse um. In der Gruppe der 31- bis 35-Jährigen Migranten besitzen bereits über die Hälfte ein (Fach-) Abitur. Diese altersspezifische Ungleichverteilung mittlerer und höchster formaler Bildungsabschlüsse lässt schlussfolgern, dass die Ausbildungswanderung vor allem von Personen mit Realschulabschluss, die Berufseinstiegswanderung vornehmlich durch Abiturienten, resp. Akademiker, getragen wird. Es ist daher zu vermuten, dass einerseits die Situation der beruflichen Lehrausbildung sowie andererseits die Berufseinstiegschancen für Akademiker in Ostdeutschland als weniger attraktiv bewertet werden.

Tab. 20: Formales Schulbildungsniveau und Alter der Fortzügler aus Sachsen-Anhalt

Altersuntergruppe	ohne Abschluss	8. - 9. Klasse (Hauptschule)	Realschulabschluss, 10. Klasse	Fachhochschulreife/ Abitur	sonstiges	insgesamt
			Angaben in %			
bis einschließlich 20 Jahre	(3)	7	52	35	3	100
21 bis 23	(1)	9	48	39	3	100
24 bis 27	(0)	8	39	46	8	100
28 bis 30	(0)	5	43	46	6	100
31 und älter	(0)	5	39	52	5	100
insgesamt, N: 1106	(1)	7	44	44	5	100

Quelle: Eigene Erhebungen, Frage 6 (vgl. Anlage A)

Zudem fällt bei der Betrachtung des formalen Bildungsniveaus in Verbindung mit den Geburtsregionen der Westmigranten auf, dass die Gruppe der in Westdeutschland geborenen Migranten das vergleichsweise höchste formale Bildungsniveau aufweist. Wie in den o.a. Ausführungen deutlich geworden ist, ist ein nennenswerter Anteil an hoch qualifizierten Migranten Mitte der 1990er Jahre nach Ostdeutschland gekommen. Teilweise findet nun eine Rückkehr dieser Gruppe mit höchsten Bildungsabschlüssen statt.

6.3 Arbeitslosigkeit und Suche eines Arbeitsplatzes

Die Analyse der Wanderungsmotive hat ergeben, dass häufig die fehlenden Erwerbsmöglichkeiten im Herkunftsgebiet als wanderungsauslösende Faktoren angeführt werden. Ca. 40 % der befragten Migranten gaben Wanderungsgründe an, die auf individuelle prekär-ökonomische Situationen vor dem Fortzug schließen lassen. Die Erwerbssituation, insb. Arbeitslosigkeit, und die Suchmuster zum Finden eines Arbeitsplatzes werden daher im Folgenden betrachtet.

Bereits ein erster Blick auf das Antwortverhalten der befragten Westmigranten verdeutlicht die hohe Bedeutung des Faktors Arbeitslosigkeit. Schließlich gaben mehr als ein

Drittel der Befragten an, vor dem Fortzug nach Westen davon betroffen gewesen zu sein (vgl. Abb. 27). Weitere 15 % befürchteten den Verlust des Arbeitsplatzes.[28]

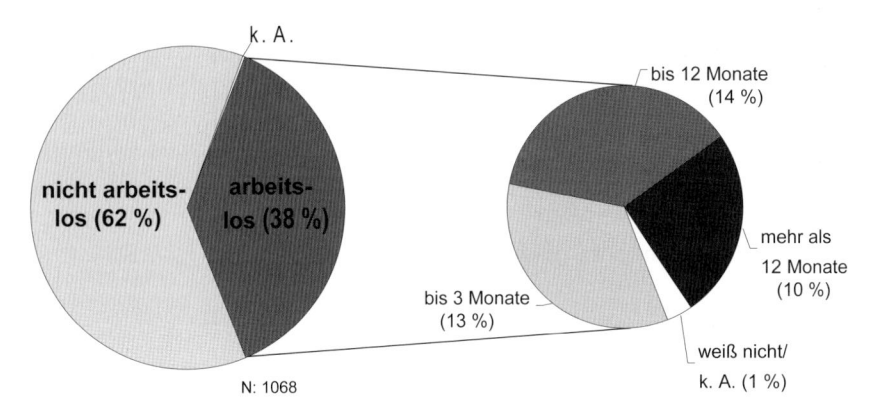

Quelle: Eigene Erhebungen, Fragen 19 und 20 (vgl. Anlage A)

Abb. 27: Arbeitslosigkeit und deren Dauer vor dem Fortzug aus Sachsen-Anhalt

Innerhalb der Gruppe der von Arbeitslosigkeit Betroffenen fällt der recht hohe Anteil an Langzeitarbeitslosen auf, d.h. Personen, die vor der Westwanderung länger als zwölf Monate arbeitslos waren. Schließlich war jeder zehnte Migrant vor der Abwanderung langzeitarbeitslos, was die Bedeutung ökonomisch-prekärer Situationen unterstreicht.

Die Arbeitsplatzsuche fand in der Mehrzahl der Fälle vorerst in der Heimatregion statt. Nur jeder vierte Befragte bewarb sich von Beginn an überregional. Mit zunehmender Dauer weiteten die Akteure sukzessive die Suche aus. Schließlich suchten nach Überschreiten einer 12-monatigen Arbeitslosigkeit fast drei Viertel der Befragten auch über die Landesgrenzen Sachsen-Anhalts hinaus nach einem Arbeitsplatz. Jeder siebte Arbeitslose versuchte länger als 18 Monate lang in der Herkunftsregion erfolglos einen Arbeitsplatz zu finden (vgl. Tab. 21).

Die ursprünglich regionale Konzentration der Arbeitsplatzsuche wird auch in Abb. 28 deutlich, da sich die Befragten innerhalb Ostdeutschlands deutlich intensiver um einen Arbeitsplatz bemühten. In der Verteilung der dargestellten Antwortkategorien für Ost- und Westdeutschland wird deutlich, dass sich sehr häufig um Arbeitsstellen in Ostdeutschland beworben wurde, dennoch waren diese Bemühungen nicht erfolgreich. Bewerbungen um Arbeitsstellen in Westdeutschland führten hingegen meist schon recht früh zum Erfolg.

---

[28] Die Bedeutung dieses Indikators gewinnt weiterhin an Bedeutung, da anzunehmen ist, dass die Befragten oftmals nicht offiziell den Status „arbeitslos" innehielten, wenngleich ihre individuellen Situationen teilweise vergleichbar gewesen sind. Dies ist vor allem bei einem Personenkreis zu vermuten, für den die Arbeitssuche in ein erstes Beschäftigungsverhältnis begann. In diesen Fällen bestand zum damaligen Zeitpunkt gesetzmäßig keine Möglichkeit, staatliche Unterstützungen vom Arbeitsamt zu beziehen, so dass ggf. die Zeit der Arbeits- oder Ausbildungssuche durch familiäre Unterstützung, die Aufnahme von niedrig qualifizierten Tätigkeiten oder Praktika überbrückt wurde (gem. Experteninterview mit einem Vertreter des Hochschulteams der Arbeitsagentur Halle, am 10.01.2006).

Tab. 21: Dauer der Beschränkung der Arbeitsplatzsuche auf die Herkunftsregion

Wie lange haben Sie sich ausschließlich in Sachsen-Anhalt beworben?	in %
bis 3 Monate	20
bis 6 Monate	14
bis 12 Monate	13
bis 18 Monate	4
länger als 18 Monate	14
von Anfang an, auch überregional gesucht	25
weiß nicht	3
keine Angabe	7
insgesamt, N: 403	100

Quelle: Eigene Erhebungen, Frage 21 (vgl. Anlage A)

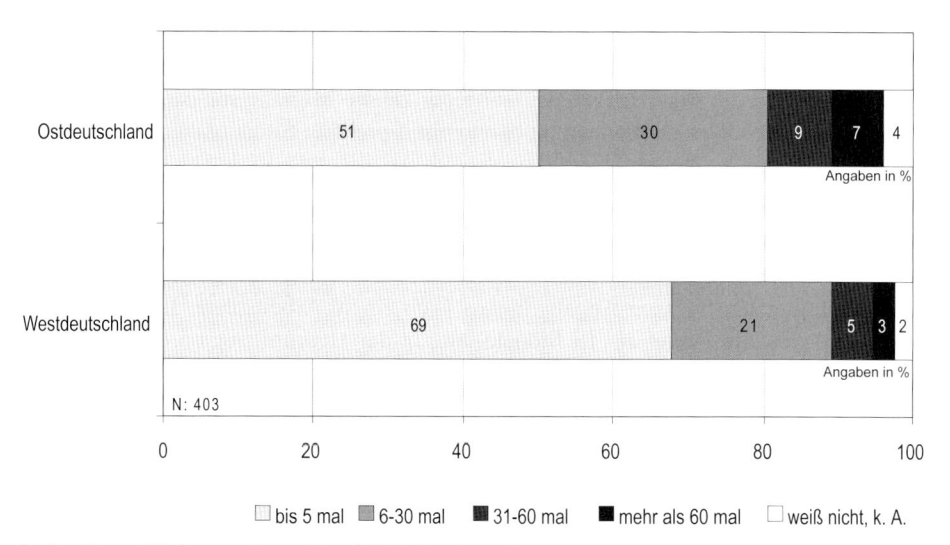

Ostdeutschland: 51 | 30 | 9 | 7 | 4
Westdeutschland: 69 | 21 | 5 | 3 | 2
N: 403
Angaben in %

☐ bis 5 mal ■ 6-30 mal ■ 31-60 mal ■ mehr als 60 mal ☐ weiß nicht, k. A.

Quelle: Eigene Erhebungen, Frage 22 und 23 (vgl. Anlage A)

Abb. 28: Anzahl der Bewerbungen in Ost- und Westdeutschland von arbeitslosen Fortzüglern aus Sachsen-Anhalt

Ein Vergleich der Dauer der ausschließlichen Suche in der Herkunftsregion mit der gesamten Dauer der Arbeitslosigkeit ergibt ein ähnliches Bild. In Tab. 22 fällt auf, dass die Dauer der Arbeitslosigkeit in vielen Fällen mit der Dauer der regionalen Suche nach einem Arbeitsplatz einhergeht. Dieses Ergebnis lässt den Schluss zu, dass die überregionale Ausdehnung der Suche nach einem Arbeitplatz in sehr vielen Fällen sehr schnell zum Erfolg führte. Die grau markierte Diagonale verdeutlicht diesen Zusammenhang (vgl. Tab. 22). Fortzügler, die bereits von Beginn an überregional nach einem Arbeitsplatz suchten, waren gleichfalls diejenigen, die die kürzeste Zeit in Arbeitslosigkeit verbrachten.

Tab. 22: Regionale Suche und Dauer der Arbeitslosigkeit der Fortzügler aus Sachsen-Anhalt[29]

Arbeitssuche ausschließlich in Sachsen-Anhalt	Dauer der Arbeitslosigkeit (Angaben in %)			
	bis 3 Monate	bis 6 Monate	bis 12 Monate	länger als 12 Monate
von Anfang an, auch außerhalb der Heimatregion gesucht	38	30	19	9
bis 3 Monate	39	17	9	7
bis 6 Monate	6	42	8	7
bis 12 Monate	6	6	51	6
bis 18 Monate	1		2	12
länger als 18 Monate	2	4	8	40
weiß nicht	4			6
keine Angabe	4	1	5	15
insgesamt, N: 403	100	100	100	100

Quelle: Eigene Erhebungen, Fragen 20 und 21 (vgl. Anlage A)

Auch in den geführten qualitativen Interviews wurde die mühsame Suche nach einem Ausbildungsplatz in der Herkunftsregion von Stefan (18, München) und Katrin (21, München) erläutert. Im Fall von Stefan führten die vergleichsweise geringen Bewerbungsanstrengungen in Westdeutschland sehr schnell zum Erfolg. Intensive Bemühungen in Ostdeutschland blieben hingeben erfolglos. Katrin dehnte sukzessive den „Radius" ihrer Stellensuche aus und erhielt schließlich in München eine Zusage (vgl. dazu die Zitate in Kap. 5.2.2).

Angesichts der unter Humankapitalaspekten geführten Argumentation stellt sich die Frage, inwieweit das Bildungsniveau und der Faktor Arbeitslosigkeit in einem Zusammenhang stehen. Die in Tab. 23 dargestellten Ergebnisse zeigen hinsichtlich der betrachteten Gruppen signifikante Abhängigkeiten. Mit steigendem Schulbildungsniveau sinkt der Anteil von Personen, die vor dem Fortzug ohne Arbeit waren. Der auffallend hohe Anteil an Arbeitslosen in der Kategorie „Sonstiges" ist darauf zurückzuführen, dass sich darin in erster Linie Personen mit Migrationshintergrund wiederfinden, die vor dem Fortzug in höchster Weise von Arbeitslosigkeit betroffen gewesen sind. Schließlich fällt die vergleichsweise geringe Bedeutung von Arbeitslosigkeit bei Migranten mit höchstem formalem Schulabschluss auf, obwohl auch in dieser Gruppe jeder Fünfte vor dem Verlassen der Herkunftsregion arbeitslos war.

---

[29] Mit hoher Wahrscheinlichkeit besteht eine Abhängigkeit zwischen den Variablen. Chi-Quadrat nach Pearson: Asymptotische Signifikanz (2-seitig) < 0,001

Tab. 23: Arbeitslosigkeit vor der Abwanderung und formales Bildungsniveau der Fortzügler aus Sachsen-Anhalt

	arbeitslos in %	nicht arbeitslos in %	gesamt in %
ohne Abschluss	43	57	100
8. - 9. Klasse (Hauptschule)	53	47	100
Realschulabschluss	45	55	100
Fachhochschulreife/ Abitur	21	79	100
sonstiges	80	20	100
Durchschnitt, N: 1062	38	62	100

Quelle: Eigene Erhebungen, Fragen 6 und 19 (vgl. Anlage A)

Letztlich kann in diesem Zusammenhang festgestellt werden, dass Migranten mit einer abgeschlossenen Lehrausbildung vor der Westwanderung ungefähr doppelt so häufig von Arbeitslosigkeit betroffen waren wie Migranten mit akademischem Abschluss. Durchschnittlich verblieben Akademiker 2,5 Monate kürzer in Arbeitslosigkeit, was auch auf eine zeitlich frühere Arbeitssuche außerhalb der Heimatregion zurückzuführen ist. Somit kommt den akademischen Migranten ihre höhere Mobilitätsbereitschaft bzw. höhere Flexibilität zu Gute.

Tab. 24 zeigt, über welche Wege die Fortzügler ihren derzeitigen Arbeitsplatz gefunden haben (unabhängig von einer eventuellen Arbeitslosigkeit). So spielt die Vermittlung über die Arbeitsämter in der Herkunfts- oder Zielregion eine sehr untergeordnete Rolle. Vielmehr sind die drei am häufigsten genannten Kategorien „Bewerbungen auf Ausschreibungen", „Initiativbewerbung" und „Vermittlung oder Empfehlung durch Bekannte/ Verwandte". Der große Stellenwert der beiden erst genannten Suchwege verdeutlicht die Bedeutung von selbstständiger Informationsgewinnung und eines engagierten Vorgehens. Diese drei Suchwege sind gerade für höher qualifizierte Positionen üblich. Die Vermittlung eines Arbeitsplatzes über informelle Kontakte bzw. über Kontaktpersonen am Zielort wurde bereits anhand der qualitativen Interviews in Kap. 5.2.5 beschrieben.

Diese Ergebnisse decken sich mit einer Erhebung zum gesamtwirtschaftlichen Stellenangebot von KETTNER und SPITZNAGEL (2005, S. 6). Die Wege der Stellenbesetzung der Westmigranten unterscheiden sich nicht maßgeblich von der allgemein gängigen Praxis,

Tab. 24: Suchmuster für den Arbeitsplatz

Wie sind Sie an Ihren derzeitigen Arbeitsplatz gekommen? (Mehrfachnennungen möglich, N: 820)	in %
Arbeitsamtvermittlung in Sachsen-Anhalt	4
Arbeitsamtvermittlung im Zielgebiet	5
Bewerbung auf Ausschreibungen (Inserate)	29
Initiativbewerbung	28
Vermittlung, Empfehlung durch Bekannte/ Verwandte	23
sonstiges	17

Quelle: Eigene Erhebungen, Frage 36 (vgl. Anlage A)

wenngleich Westmigranten etwas häufiger die Initiativbewerbung und die Bewerbung auf Ausschreibungen (Inserate) nutzen. Die Vermittlung über persönliche Kontakte findet hingegen etwas seltener statt.

6.4 Involvierte Berufsgruppen

In Anlehnung an die bisherigen Ausführungen stellt sich die Frage, welche Berufsgruppen in den Wanderungsstrom involviert sind. Zu diesem Zweck wurden die von den Befragten ausgeübten Berufe nach der revidierten Fassung der Klassifikation der Berufe nach BLOSSFELD (1992), wie sie vom Zentrum für Umfragen, Methoden und Analysen (Zuma, Mannheim) empfohlen wird (vgl. auch SCHIMPL-NEIMANNS 2003, S. 3 und 18ff.) gruppiert. Die nach diesem Schema gebildeten Berufsgruppen sind „hinsichtlich ihrer durchschnittlichen schulischen und beruflichen Vorbildung sowie bezüglich der beruflichen Aufgabengebiete möglichst homogen" (BLOSSFELD 1995, S. 69).

Im Vergleich zur Situation vor der Westwanderung hat sich der Erwerbsstatus für den Großteil der befragten Westwanderer verbessert. Nur noch 7,5 % der Befragten gaben an, derzeit von Arbeitslosigkeit betroffen zu sein (vgl. Tab. 25). Ihr Anteil hat somit maßgeblich abgenommen. Zwei Drittel gehen einer Vollzeitbeschäftigung nach, weitere 11 % arbeiten in Teilzeit. Der Anteil der Selbstständigen ist vergleichsweise gering. Fortzügler, die sich derzeit in Ausbildung befinden, sind in den nachfolgenden Ausführungen nicht berücksichtigt.

Tab. 25: Aktueller Erwerbsstatus der Fortzügler aus Sachsen-Anhalt

Erwerbsstatus	in %
erwerbstätig – Vollzeit	66
erwerbstätig – Teilzeit	11
gewollt nicht erwerbstätig, z.B. durch Erziehungszeiten	3
in Umschulung / Weiterbildung	3
arbeitslos / arbeitsuchend	8
selbständig	3
etwas anderes	6
keine Angabe	0
insgesamt, N: 1065	100

Quelle: Eigene Erhebungen, Frage 34 (vgl. Anlage A)

Die Berufsgruppen der erwerbstätigen Migranten sind in Tab. 26 dargestellt. Neben Berufgruppen mit mittlerem und hohem Qualifizierungsniveau sind auch Berufe mit geringen Qualifizierungsanforderungen in nennenswertem Ausmaß vertreten. Schließlich übt jeder fünfte Migrant *einfache* manuelle Berufe, *einfache* Dienste oder *einfache* kaufmännische Verwaltungsberufe aus. Für detailliertere Aussagen hinsichtlich des selektiven Charakters der Westwanderung bedarf es daher eines Vergleiches der jeweiligen Anteile der Berufsgruppe im Wanderungsstrom und in der gesamten Erwerbsbevölkerung in Ostdeutschland.

Tab. 26: Berufsgruppen der Fortzügler aus Sachsen-Anhalt[30]

	Berufsgruppe	in %	im Vergleich zur Erwerbsbevölkerung*	Beispiele
Produktion	Agrarberufe	1	0,5	Landwirte, Gärtner,
	Einfache manuelle Berufe	7	0,6	Bauhelfer, Kraftfahrer, Maler, Dreher, Dachdecker
	Qualifizierte manuelle Berufe	11	0,7	Schlosser, Mechaniker, Klempner, Tischler, Metzger, Bäcker
	Techniker	9	2,3	Vermessungstechniker, Elektroniker, Drucker
	Ingenieure	9	3,3	Architekten, Bauingenieure, Elektroingenieure, Chemiker, Informatiker
Dienstleistung	Einfache Dienste	8	0,6	Reinigungskräfte, Kellner, Hauswirtschafter, Hausmeister
	Qualifizierte Dienste	5	1,8	Berufs- und Zeitsoldaten, Polizisten, Fotografen, Friseure
	Semiprofessionen	14	1,2	Krankenschwestern, Physiotherapeuten, PTA, Altenpfleger
	Professionen	10	2,3	Ärzte, Lehrer, Wissenschaftler, Anwälte
Verwaltung	Einfache kaufmännische Verwaltungsberufe	5	0,6	Verkäufer- und Verkaufshilfen, Telefonisten (Call Center), einfache Sekretärinnen
	Qualifizierte kaufmännische Verwaltungsberufe	17	0,8	Bankkaufleute, Buchhalter, Assistenten, Sachbearbeiter, Rechtsanwalts- und Steuerfachgehilfen
	Manager	2	0,5	Geschäftsführer, Betriebsleiter, Manager
	nicht zuordenbar	2		
	insgesamt, N: 822	100		

*Angegeben ist der prozentuale Vergleich zur Verteilung der jeweiligen Berufsgruppe in der Erwerbsbevölkerung in Ostdeutschland. Bsp.: Wert = 1: die Berufsgruppe ist im Wanderungsstrom in der Größenordnung vertreten, die ihrer quantitativen Bedeutung in der Erwerbsbevölkerung Ostdeutschlands entspricht; Wert > 1: die Berufgruppe ist im Wanderungsstrom überrepräsentiert; Wert < 1: die Berufsgruppe ist im Wanderungsstrom unterrepräsentiert.

Quelle: Eigene Erhebungen, Frage 34 (vgl. Anlage A) und BUNDESAGENTUR FÜR ARBEIT, Nürnberg 2004

Wie in Tab. 26 ersichtlich, sind unter den Westmigranten überdurchschnittlich häufig Berufe aus den Klassifizierungsgruppen „Ingenieure", „Professionen" (akademische Dienstleistungsberufe wie Ärzte, Gymnasiallehrer, Wissenschaftler oder Anwälte), „Techniker", „qualifizierte Dienste" und „Semiprofessionen" (Dienstleistungsberufe wie Krankenschwestern, Physiotherapeuten, Sozialarbeiter) vertreten. Alle anderen Berufgruppen sind verglichen mit der Erwerbsbevölkerung der Heimatregion unterrepräsentiert. Erstaunlich ist vor allem das unterdurchschnittliche Vorhandensein qualifizierter Dienstleistungsberufe, wie bspw. Bankkaufleute, Sachbearbeiter oder Rechtsanwaltsge-

---

[30] Klassifikation nach BLOSSFELD 1992

hilfen. Obwohl diese Gruppe mit 17 % am stärksten im Wanderungsstrom vertreten ist, fällt der Vergleich zur erwerbstätigen Bevölkerung in Ostdeutschland unterdurchschnittlich aus. Ebenso sind Berufe mit Führungsanspruch und mit Entscheidungsbefugnis (sog. Manager) in der Erwerbsbevölkerung Ostdeutschlands ungefähr doppelt so stark vertreten wie unter den Fortzüglern.

Hinsichtlich einer Betrachtung unter Humankapitalaspekten muss festgestellt werden, dass Berufsgruppen mit hohen Bildungsansprüchen und hohem Qualifikationsniveau nur in bestimmten Berufsgruppen überdurchschnittlich vertreten sind (Ingenieure und Professionen). Andererseits fällt der hohe Anteil von ausgeübten Berufen im mittleren Qualifizierungssegment des Dienstleistungsbereichs auf. In erster Linie handelt es sich dabei um Berufe der Gesundheitsbrache, wie Krankenschwestern, Altenpfleger oder Pharmazeutisch-Technisch-Assistenten und der Sicherheitsbranche, z.B. Soldaten oder Bundespolizisten. Bei den letztgenannten Berufsgruppen wird allerdings eine hohe Mobilität von vornherein vorausgesetzt, sodass ihnen eine Sonderrolle zukommt. Einerseits sind diese Berufsgruppen generell verstärkt in Wanderungen eingebunden, andererseits ist das Wanderungsziel von Seiten des Dienstherrn bestimmt. Diese Migranten werden daher aus der weiteren Argumentation ausgeschlossen.

Des Weiteren wurden die von BLOSSFELD (1992) u.a. unter Qualifizierungskriterien gebildeten Berufsgruppen in ein Aggregat von drei Gruppen mit niedrigen, mittleren und hohen beruflichen Qualifikationsanforderungen (nachfolgend Berufsstatus genannt) zusammengefasst. Zu diesem Zweck wurden die Berufsgruppen *Einfache manuelle Berufe*, *Einfache Dienste*, *Einfache kaufmännische Verwaltungsberufe* sowie der größte Teil der *Agrarberufe* zur Gruppe „niedriger Berufsstatus" aggregiert. Zu Berufen mit „mittlerem" Status wurden die Berufsgruppen *Qualifizierte manuelle Berufe, Techniker, Qualifizierte Dienste, Semiprofessionen* sowie jene Berufe des *Qualifizierten kaufmännischen* Bereichs mit mittleren Qualifikationsanforderungen zusammengefasst. Schließlich können die Berufsgruppen *Ingenieure, Professionen, Manager* und ausgewählte *Qualifizierte kaufmännische Verwaltungsberufe* zur Gruppe „hoher Berufsstatus" gezählt werden.

Wie in Tab. 27 dargestellt, übt jeder zweite Westmigrant, und somit die Mehrzahl der Westwanderer, Tätigkeiten mit mittlerem Qualifizierungsanspruch aus. Nahezu jeder fünfte Westmigrant arbeitet in gering qualifizierten Berufen. Westmigranten, die in Berufen mit hohen Qualifizierungsanforderungen arbeiten, machen hingegen ca. 25 % aus, das heißt jeder vierte erwerbstätige Fortzügler arbeitet im hoch qualifizierten Bereich.

Ein Vergleich des Berufsstatus' mit dem formalen Schul- bzw. Berufsbildungsniveau fördert ein differenziertes Bild zu Tage. Während 40 % der Westmigranten über das Abitur verfügen und ein Drittel über einen akademischen Abschluss, beträgt der Anteil an Migranten in hoch qualifizierten Tätigkeiten nur noch knapp 25 % (vgl. Tab. 28). Es stellt sich daher die Frage, ob womöglich Fortzügler Tätigkeiten annehmen, die nicht ihrer eigentlichen Qualifikation entsprechen. Zwei Drittel der Fortzügler mit akademischem Berufsabschluss („hoher beruflicher Abschluss") üben Tätigkeiten mit hohem Berufsstatus aus. Jeder vierte Fortzügler dieser Qualifikationsgruppe arbeitet allerdings in Berufen mit mittleren und 5 % sogar in Berufen mit niedrigen Qualifizierungsansprüchen. Gleichfalls ist auch jeder vierte erwerbstätige Westmigrant mit mittlerem beruflichem Qualifizierungsniveau in Tätigkeiten des niedrigen Qualifizierungsbereichs beschäftigt.

Tab. 27: Berufsstatus der Fortzügler aus Sachsen-Anhalt[31]

Bereich	niedrig	mittel	hoch	Summe
	Angaben in %			
Produktion	8	20	9	36
Dienstleistung	9	18	11	37
Verwaltung	6	14	4	25
Summe	22	52	24	98
nicht zuordenbar				2
insgesamt, N: 822				100

Quelle: Eigene Erhebungen, Frage 34 (vgl. Anlage A)

Vornehmlich sind es die weiblichen Migranten, die nicht ihrem beruflichen Abschluss entsprechend in adäquaten Beschäftigungsverhältnissen arbeiten. Während 80 % der männlichen Migranten mit akademischem Abschluss in Berufen mit hohem Qualifizierungsanspruch beschäftigt sind, trifft dies bei den Frauen gerade auf 47 % zu (vgl. Tab. 28). Letztendlich kann anhand der vorliegenden Daten allerdings keine Aussage getroffen werden, inwieweit diese nichtadäquaten beruflichen Tätigkeiten von vorübergehender Natur sind bzw. aus einer ökonomischen Problemsituation heraus ausgeübt werden. Besonders häufig sind Westmigranten, die außerhalb Deutschlands geboren sind (vornehmlich Spätaussiedler) in Beschäftigungsverhältnissen, die nicht ihrer eigentlichen Qualifikation entsprechen. Da diese Gruppe vor der Migration hochgradig von Arbeitslosigkeit betroffen war, scheint in der Regel mit dem Fortzug doch eine Verbesserung der Lebenssituation stattgefunden zu haben. Die Nichtanerkennung von Qualifikations- und Bildungsabschlüssen von Personen mit Migrationshintergrund ist jedoch ein unabhängig von der Ost-West-Wanderung bestehendes Problem.

Tab. 28: Beruflicher Status und berufliches Qualifikationsniveau der Fortzügler aus Sachsen-Anhalt

beruflicher Abschluss	Berufsstatus			
	Angaben in %: insgesamt (männlich/weiblich)			
	niedrig	mittel	hoch	nicht zuordenbar
niedrig	72 (74 / 71)	17 (16 / 18)	0 (0 / 0)	11 (11 / 12)
mittel	28 (25 / 30)	69 (71 / 68)	2 (4 / 1)	1 (1 / 1)
hoch	5 (3 / 3)	27 (15 / 42)	66 (80 / 47)	2 (1 / 3)

Quelle: Eigene Erhebungen, Fragen 8 und 34 (vgl. Anlage A); N: 821

Es stellt sich die Frage, wie die hohe Anzahl von Westmigranten in nicht adäquaten Beschäftigungsverhältnissen mit der oftmals unter Karriereaspekten getroffenen Migrationsentscheidung zu vereinbaren ist (vgl. Kap. 5.2.2). Die Betrachtung der Wanderungsmotive hat schließlich ergeben, dass für fast 30 % der Befragten der Karriereaspekt eine Rolle bei der Wanderungsentscheidung gespielt hat. So wurde in der Typisierung der Migranten jeder fünfte Migrant zur Gruppe der „risikofreudigen und karrierefixierten

---

[31] In Anlehnung an die BLOSSFELD-Klassifikation

Migranten" gezählt. Da ihnen eine aufstrebende berufliche Karriere in ihrer zukünftigen Lebensplanung besonders wichtig ist und ihre Wanderungsintention ebenfalls von dieser Zielvorstellung geprägt war, sind sie deutlich häufiger in Berufen mit hohem Qualifizierungsanspruch tätig (45 %, vgl. Tab. 29).

Bei diesem Migrationstyp sind auch 80 % der Migranten mit hohem beruflichem Abschluss in adäquaten Berufen beschäftigt. Dem entgegen ist der Anteil nichtadäquat Beschäftigter bei „erfolgreichen Migranten mit (ökonomischer und sozialer) Verantwortung für Kind(er) und Partner" am größten. Schließlich üben hier nur gut die Hälfte der Personen mit akademischem Abschluss hoch qualifizierte Tätigkeiten aus. Es ist anzunehmen, dass auch die familiäre Situation und die Priorität, die der Familie bzw. der Partnerschaft eingeräumt wird, erklärende Faktoren sind.

Tab. 29: Migrationstyp und Berufsstatus der Fortzügler aus Sachsen-Anhalt[32]

Migrationstyp	Berufsstatus, Angaben in %				
	niedrig	mittel	hoch	nicht zuordenbar	Summe
1) erfolgreiche Migranten mit (ökonomischer und sozialer) Verantwortung für Kind(er) und Partner	21	59	18	1	100
2) unzufriedener, familien- und partnerschaftsfixierter Migrant	18	54	23	5	100
3) unabhängiger, freizeitorientierter Migrant	18	53	24	4	100
4) risikofreudiger und karrierefixierter Migrant	12	40	45	3	100
Durchschnitt, N: 409	18	54	25	3	100

Quelle: Eigene Erhebungen, Fragen 34, 39 und 50 (vgl. Anlage A)

6.5 Einkommen und Einkommensveränderung

Die Analyse der wanderungsauslösenden Faktoren hat ergeben, dass neben prekär-ökonomisch-begründeten, familienorientierten und karriereorientierten Wanderungsentscheidungen der Einkommensaspekt für eine nennenswerte Gruppe von Fortzüglern von zentraler Bedeutung ist. Es stellt sich daher die Frage, inwieweit sich das realisierte monatliche Nettoeinkommen der Abwanderer durch die Wanderung verändert hat. Abb. 29 ist zu entnehmen, dass die Monatsnettoeinkommen der Westmigranten vor dem Fortzug oftmals sehr gering waren.

Fast die Hälfte der Befragten gab an, vor dem Fortzug weniger als 500 € zur Verfügung gehabt zu haben. Einkommen im mittleren Bereich (1501 bis 3000 €) wurden nur selten realisiert, hohe Monatseinkommen (>3000 €) kamen vor der Westwanderung quasi nicht vor. Nach der Westwanderung änderten sich die Einkommensverhältnisse maßgeblich:

---

[32] Mit hoher Wahrscheinlichkeit besteht eine Abhängigkeit zwischen den Variablen. Chi-Quadrat nach Pearson: Asymptotische Signifikanz (2-seitig) < 0,001

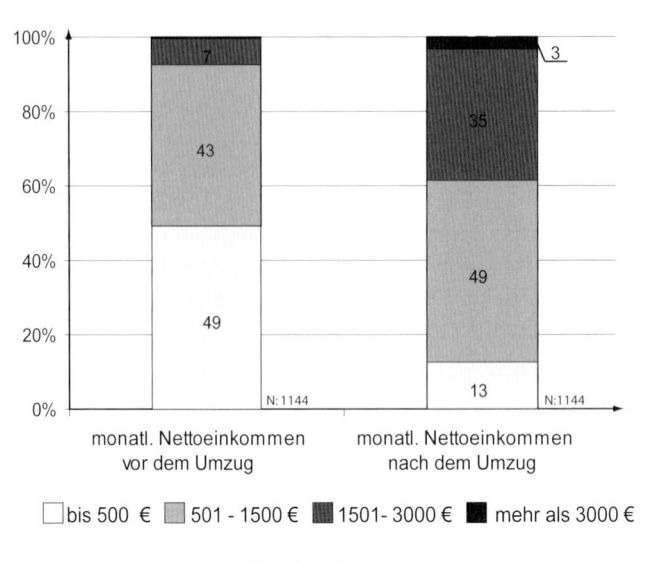

[Diagramm: Gestapelte Balken – monatl. Nettoeinkommen vor dem Umzug: 49 (bis 500 €), 43 (501–1500 €), 7 (1501–3000 €); nach dem Umzug: 13, 49, 35, 3; N: 1144]

Quelle: Eigene Erhebungen, Fragen 55 und 56 (vgl. Anlage A)

Abb. 29: Einkommen der Fortzügler aus Sachsen-Anhalt vor und nach der Abwanderung

Der Anteil an Fortzüglern mit geringem Einkommen hat zugunsten der mittleren und hohen Monatseinkommen deutlich abgenommen. Allerdings muss in diesem Zusammenhang darauf hingewiesen werden, dass – wie bereits mehrfach erwähnt – der Migrationsstrom durch einen hohen Anteil von Ausbildungs- und Berufseinstiegsmigranten geprägt ist. In diesen Fällen ist die Einkommenserhöhung folglich auf den erstmaligen Einstieg in das Erwerbsleben zurückzuführen. Da keine Informationen darüber vorliegen, welche Einkommen die Fortzügler bei Verbleib in Ostdeutschland zwischenzeitlich hätten realisieren können, kann keine Aussage darüber getroffen werden, ob der Einkommenseffekt auf die Westwanderung oder auf den Einstieg ins Erwerbsleben zurückzuführen ist. Jedoch ist anzunehmen, dass die Migrationsentscheidung wohl in vielen Fällen nicht getroffen worden wäre, wenn sich ähnliche Einkommen auch in der Herkunftsregion hätten realisieren lassen.

Darüber hinaus bestehen deutliche geschlechtsspezifische Unterschiede. Erwerbstätige weibliche Migranten erzielen ein um durchschnittlich 25 % geringeres Einkommen als die Männer. Es lassen sich demnach auch bezüglich der Einkommen ähnliche Ableitung wie beim Berufsstatus ziehen. Auch hierbei spiegelt sich das progressivere Wanderungsverhalten ostdeutscher junger Frauen nicht in ihrem ökonomischen Erfolg wider.

6.6 Wirtschafts- und Arbeitsmarktentwicklung sowie Fachkräftebedarf

Wie in Kap. 6.3 dargestellt, ist die prekäre Arbeitsmarktlage in Ostdeutschland ein wichtiger Erklärungsfaktor für die hohe Wanderungsintensität nach Westen. Auch wenn vor allem mittlere und niedrige Qualifikationsschichten vor der Wanderung von Arbeitslosigkeit betroffen waren, so befanden sich auch brain-drain-typische Berufe des akademischen Bereichs häufig in dieser Lebenssituation. Schließlich waren 33 % der Ingenieure vor der Westwanderung von Arbeitslosigkeit betroffen oder bedroht.

Der Fachkräftebedarf im Ost-West-Vergleich stellt sich meisten eindeutig dar. Während Ostdeutschland nach wie vor durch ein Überangebot an Arbeitskräften charakterisiert ist, stellt sich das Stellenangebot in Westdeutschland vergleichsweise positiv dar. Auskunft über die Fachkräftesituation und eventuellen Fachkräftemangel können Daten das IAB-Betriebspanel (Welle 5: Fachkräftebedarf, vgl. Kap. 3.3) geben. Das Jahr der Datenerhebung (2000) soll die Situation der zweiten Abwanderungswelle aus Ostdeutschland und den Zeitraum der in der quantitativen Fallstudie (Telefoninterviews) analysierten Wanderungsfälle abdecken.

Aus Sicht der Unternehmen bestanden im Untersuchungsjahr Unterschiede bezüglich eines nicht gedeckten Arbeitskräftebedarfs. Unternehmen in den westlichen Bundesländern gaben fast doppelt so häufig an, dass sie im Bezugszeitraum Stellen nicht besetzen konnten (vgl. Tab. 30), je nach Qualifikation und Branche ergibt sich jedoch ein differenziertes Bild.

Tab. 30: Neueinstellungen, Arbeitskräftebedarf und -mangel im ersten Halbjahr 2000

Unternehmen, die:	Westdeutschland in %	Ostdeutschland in %
Neueinstellungen vorgenommen haben	28	27
gern (weitere) Mitarbeiter eingestellt hätten	10	6
insgesamt	39	33
Stellen, die nicht besetzen konnten	19	10

Quelle: IAB-Betriebspanel (2000), Berechnungen der Schalterstelle des IAB-Betriebspanel

Ostdeutsche Unternehmen im Gastgewerbe sowie in den Brachen Forschung/Entwicklung und Erziehung/ Unterricht hatten häufiger Schwierigkeiten Stellen zu besetzten als westdeutsche. Von denjenigen Unternehmen, die im Untersuchungsjahr neue Mitarbeiter im akademischen Bereich eingestellt haben bzw. gern neue eingestellt hätten, konnten 10 % im Westen, aber 14 % im Osten Stellen nicht besetzten. Ein Hinweis auf einen Engpass in einzelnen Segmenten des akademischen Bereichs ist somit gegeben.

Die Gründe hierfür wurden sowohl in Ost als auch in West auf das generelle Fehlen von Bewerbern zurückgeführt (vgl. Tab. 31). Zu hohe Einkommenserwartungen der Bewerber wurden in Ostdeutschland häufiger als Hindernis zum Ausdruck gebracht als von westdeutschen Unternehmen, hingegen spielte eine fehlende adäquate Berufsausbildung der Bewerber in Ostdeutschland eine viel geringe Rolle.

Tab. 32 gibt Auskunft über die Anzahl der Stellen, die im Untersuchungszeitraum von den Unternehmen nicht besetzt werden konnten. Augenscheinlich ist das Ausmaß der nichtbesetzten Stellen in Westdeutschland bedeutend höher. Auch in Relation zur Bevölkerung im erwerbsfähigen Alter erreicht in Ostdeutschland der Anteil von nicht besetzten Stellen im Untersuchungszeitraum ungefähr nur die Hälfte des westdeutschen Niveaus.

Tab. 31: Gründe für die Nichtbesetzung offener Stellen im akademischen Bereich

Zustimmung zu den Gründen:	Gründe für nicht zu besetzende Stellen im akademischen Bereich:	
	Westdeutschland in %	Ostdeutschland in %
Es gab keine Bewerber	46	40
Bewerber/innen hatten nicht die erforderliche Berufsausbildung	28	17
Bewerber/innen hatten zu wenig Berufserfahrung	22	19
Bewerber/innen hatten zu wenig Branchenkenntnisse	16	27
Bewerber/innen hatten unvereinbare Arbeitszeitwünsche	7	5
Bewerber/innen hatten zu hohe Einkommenserwartungen	23	25
Bewerber/innen waren zu alt	5	4
Bewerber/innen entsprachen aus sonstigen Gründen nicht den Vorstellungen	29	26

Quelle: IAB-Betriebspanel (2000), Berechnungen der Schalterstelle des IAB-Betriebspanels

Tab. 32: Geschätzte nicht zu besetzende Stellen in Ost- und Westdeutschland im ersten Halbjahr 2000

Qualifizierungsanspruch der nichtbesetzten Stellen	Stellen, die im Betrachtungszeitraum nicht besetzt werden konnten	
	Westdeutschland N: 207.347	Ostdeutschland N: 33.672
Schätzung nicht besetzter Stellen, davon:	497.456	72.640
un- bzw. angelernte Arbeiter und Angestellte	98.683	10.648
Fachkräfte mit abgeschlossener Lehre oder vergleichbar	329.823	47.131
Meister/Techniker/Fachwirte	15.885	3.308
Arbeitskräfte mit Fachhochschul-/ Hochschulabschluss, davon:	53.361	10.226
Naturwissenschaftler	341	1.117
Ingenieure, Informatiker, Mathematiker	31.896	5.305
sonstige Fachhochschul-/ Hochschulabsolventen	21.075	3.805

Quelle: IAB-Betriebspanel (2000), Berechnungen der Schalterstelle des IAB-Betriebspanels

Deutlich wird, dass quantitative und relative Unterschiede vor allem bei Stellen mit niedrigen bis mittleren Qualifizierungsansprüchen bestehen, insofern in Ostdeutschland viel weniger unbesetzte Stellen vorhanden sind. Im akademischen Bereich gleicht sich die Fachkräftesituation deutlich mehr an westdeutsches Niveau an. In diesem Segment erreicht der Anteil nicht zu besetzender Stellen in Ostdeutschland bereits zwei Drittel des Westniveaus. Bei Naturwissenschaftlern konnten im Untersuchungshalbjahr sogar in Ostdeutschland mehr Stellen nicht besetzt werden als in Westdeutschland.

Allerdings stellt sich die Frage, inwieweit sich durch die selektive Abwanderung und den demographischen Wandel die Fachkräftesituation und der Fachkräftebedarf zukünftig ändern werden. Es gibt mittlerweile eine Vielzahl von Untersuchungen und Studien, die der Frage nach einem möglichen Fachkräftemangel in Ostdeutschland nachgehen. Schließlich löst die Tatsache, dass die erwerbsfähige Bevölkerung in den kommenden Jahren schrumpft, vielfach die Erwartung aus, dass es zu einer Umkehr auf dem Arbeitsmarkt kommen wird. So spricht auch die Kommission zum Abbau der Arbeitslosigkeit und zur Umstrukturierung der Bundesanstalt für Arbeit (HARTZ et al. 2002, S. 118) davon, dass „das Erwerbspersonenpotential (Erwerbstätige, registrierte Arbeitslose und Stille Reserve) […] deutlich sinken [wird]. Bis zum Jahr 2015 fehlen nach Schätzungen im ungünstigsten Fall rund 7 Millionen Erwerbspersonen, wenn man von einem Anstieg des Arbeitskräftebedarfs von knapp 3 Millionen ausgeht". Entsprechend widmet sich auch eine Reihe von Untersuchungen einer regions- und/oder sektorenspezifischen Betrachtung des Forschungsthemas (z.B. CONRADS (et al.) 2006; MINISTERIUM FÜR ARBEIT UND BAU (Hrsg.) 2002; HINZE, KÖHLER, KRAUSE und PAPIES 2002; SÄCHSISCHE INDUSTRIE- UND HANDELSKAMMER (Hrsg.) 2003; LANG und MÜLLER 2002). In Ostdeutschland erhielt die Schrumpfung der Bevölkerung im erwerbsfähigen Alter durch die Nettoabwanderung nach Westen besondere Dynamik, sodass die Auswirkungen des demographischen Wandels hier zuerst eintreten werden. So wurde in einer Studie festgestellt, dass sich durch das Schrumpfen und die Alterung der Bevölkerung sowohl das Arbeitsangebot als auch die Arbeitsnachfrage nach Arbeitskräften in Ostdeutschland reduzieren wird (INSTITUT FÜR WIRTSCHAFTSFORSCHUNG 2007, S. 192). Während das Forscherteam die Auswirkungen der Arbeitsangebotsseite aus der aktuellen Fassung der Bevölkerungsprognose berechnete, wurde für die Nachfrageseite bzw. für die Berechung des Arbeitsmarktgleichgewichtes ein theoriebasiertes Simulationsmodell entwickelt. Auf diese Weise wurde ermittelt, dass der ostdeutsche Arbeitsmarkt bis zum Untersuchungshorizont 2020 weiterhin durch einen Überschuss an Arbeitskräften bei den niedrig- und mittelqualifizierten Erwerbstätigen gekennzeichnet sein wird. Gleichzeitig wird ab dem Jahr 2016 mit einem Mangel an Arbeitskräften im hoch qualifizierten Bereich gerechnet, der je nach Lohnentwicklung auf bis zu 70.000 fehlende Akademiker im Jahr 2020 ansteigen könnte (ebenda).

Diese mögliche Knappheit im Arbeitskräfteangebot im hoch qualifizierten Segment könnte durch Rückwanderer abgemildert werden. Die vorliegende Arbeit hat gezeigt, dass bei entsprechenden Anreizen ein großer Anteil der hoch qualifizierten Westwanderer aufgrund ihrer allgemein hohen Mobilitätsneigung zurück gewonnen werden kann. Allerdings muss einschränkend angemerkt werden, dass die Einkommenserwartungen seit der Wanderung deutlich gestiegen ist (vgl. Kap. 7.2). Diese Erwartungshaltung der Abwanderer bzw. potentieller Zuwanderer wird auch von Seiten der Unternehmen befürchtet. So stellten LANG und MÜLLER (2001, S. 295) fest, dass ostdeutsche Unternehmen der New Economy ihre Personalanwerbung in höchstem Maße auf die eigene Region konzentrieren. Diese Strategie wird allerdings nur von jedem zweiten Unternehmen durch ein ausreichendes regionales Bewerberangebot begründet, vielmehr schrecken die Gehaltsforderungen westdeutscher Bewerber die Unternehmen vor einer überregionalen Personalrekrutierung ab. Weiterhin mangelt es aus Sicht der Unternehmen auch an der Bereitschaft westdeutscher Arbeitskräfte, nach Ostdeutschland zu migrieren (ebenda). Letztgenannte Einschränkung kann allerdings von der Autorin für die in der vorliegenden Arbeit betrachteten potentiellen Rückwanderer nicht bestätigt werden (vgl. Kap. 7).

Wie erwähnt geht die eingangs erwähnte Studie davon aus, dass sich die Arbeitmarktsituation im niedrig- und mittelqualifizierten Beschäftigungsbereich im betrachteten Zeitraum nicht wesentlich verbessern wird. Da diese Qualifikationsgruppen mit gegenwärtig 83 % die Mehrheit der ostdeutschen Erwerbspersonen darstellen, wird das Problem der hohen Arbeitslosigkeit in Ostdeutschland weder durch die Nettoabwanderung noch durch den demographischen Wandel behoben werden (INSTITUT FÜR WIRTSCHAFTSFORSCHUNG 2007, S. 192 f). Wie in der vorliegenden Arbeit nachgewiesen, sind diese Qualifikationsgruppen auch durch eine geringere Mobilität oder – bei geglückter Integration am westdeutschen Zielort – durch eine geringere Rückkehrbereitschaft charakterisiert. Anzeichen für ein zirkuläres Migrationsgeschehen sind in diesen beiden Segmenten nur bedingt zu erwarten und lassen sich häufig mit individuellen Problemen am Zielort begründen. Aufgrund des festgestellten Überangebots in diesem Bereich, das – laut Studie – mit hoher Wahrscheinlichkeit auch in den nächsten Jahren erhalten bleibt, ist somit in diesem Segment kein Fachkräftemangel durch die bisher stattgefundene Nettoabwanderung und den demographischen Wandel zu befürchten (ebenda).

6.7 Zusammenfassende Beurteilung im Sinne des Humankapitalansatzes

Die Betrachtung der individuellen Qualifikationsabschlüsse, in Verbindung mit den ausgeübten beruflichen Tätigkeiten, den erzielten Einkommen sowie Migrationszielen und –distanzen hat ein sehr differenziertes Bild der Ost-West-Migranten aufgezeigt. Es konnten statistisch signifikante Zusammenhänge aufgezeigt werden, die klassischen rational-ökonomische Erklärungskonzepte stützen. Beispielsweise gibt es einen statistischen Zusammenhang zwischen der Wanderungsdistanz und dem schulischen und beruflichen Qualifikationsniveau. Ebenfalls wandern hoch qualifizierte Migranten eher in die Kernstädte der Agglomerationsräume.

Personen mit hohem Schul- oder Berufsbildungsniveau sind überproportional im Wanderungsgeschehen eingebunden. Die Ost-West-Wanderung findet demnach bildungsselektiv statt, unterliegt jedoch zyklischen Veränderungen. Während in der ersten Abwanderungsphase ein hoher Initialverlust an Humankapital durch massenhafte Fortzüge nach Westen stattfand (KEMPE 1999, S. 19), kehrte sich diese Entwicklung bis Mitte der 1990er Jahre um. In dieser Phase zogen quantitativ gesehen sogar mehr Menschen mit hohen formalen Bildungsabschlüssen von West- nach Ostdeutschland. Schließlich fand während der zweiten Abwanderungswelle (ab 1997/1998) eine erneute Trendwende des Wanderungsgeschehens statt, indem in hohem Maße junge Ostdeutsche mit höchsten Bildungsabschlüssen in den Wanderungsstrom involviert sind. Zwar lag die Quantität der Abwanderung unter den Initialverlusten der unmittelbaren Nachwendezeit, allerdings war die bildungsselektive Wirkung bedeutend höher. In der jüngsten Phase des Wanderungsgeschehens, die abermals durch moderate Fortzugszahlen geprägt ist, nimmt auch die Selektionswirkung der Ost-West-Wanderung ab. Der prozentuale Anteil an hoch qualifizierten Bildungsschichten ist bei den Zuzüglern aus Westdeutschland sogar höher. Sein absolutes Ausmaß ist allerdings nach wie vor zu gering, um den Humankapitalabfluss auszugleichen.

Obwohl mehr Personen mit hoher formaler Schul- und Berufsbildung aus Ostdeutschland fort- als zuziehen, stellt sich doch die Frage, inwieweit bei „Nichtwanderung" das

Humankapital der Migranten in Ostdeutschland effizient genutzt würde. Schließlich ist der Anteil an Fortzüglern, die vor der Westwanderung von Arbeitslosigkeit betroffen waren, mit ca. 37 % bemerkenswert hoch. Selbst in der Gruppe der Akademiker war ca. jeder vierte vor der Westwanderung ohne Arbeit. Auch die Tatsache, dass in nennenswertem Umfang Berufe ausgeübt werden, die unter dem beruflichem Qualifizierungsniveau der Fortzügler liegen, spricht dafür, dass trotz Wanderung von einigen Akteuren berufliche Kompromissentscheidungen getroffen werden. Bei den ostdeutschen Frauen ist dies häufiger zu beobachten als bei männlichen Migranten. Trotz ihrer vergleichsweise hohen Mobiltitätsneigung sind sie häufiger als Männer in Berufen mit niedrigem und mittlerem Qualifizierungsanspruch tätig. Ihr erzieltes Einkommen liegt daher auch ein Viertel unter dem Niveau der Männer.

Aus Sicht der Herkunftsgebiete muss festgestellt werden, dass vor allem die Berufsgruppen der Ingenieure, Professionen und Techniker in die Ost-West-Wanderung involviert sind. Somit üben die Fortzügler vor allem Berufe aus, die auch im Herkunftsgebiet nachgefragt werden bzw. bei denen zukünftig am ehesten ein Fachkräftemangel erwartet wird.

Andererseits wird deutlich, dass entsprechend der Ergebnisse der Wanderungsmotive oftmals individuelle ökonomische Problemsituationen den Kontext der Migration bilden. Mit der Wanderungsentscheidung ist zwar generell eine deutliche Verbesserung der Einkommenssituation der Migranten verbunden, inwieweit sich diese auf Stationen im Erwerbsverlauf (Ausbildungsbeginn/ oder -ende, Einstieg in erstes Beschäftigungsverhältnis) zurückführen lässt, kann letztendlich aber nicht hinreichend beurteilt werden. Es überrascht, dass in nicht unbedeutendem Umfang auch Berufsgruppen im unteren und mittleren Dienstleistungs- und Produktionsbereich in die Westwanderung involviert sind, denen normalerweise eine geringe überregionale Mobilität zugeschrieben wird. Der Ost-West-Wanderungsstrom umfasst somit einerseits mobile Berufsgruppen, wie Akademiker, insb. Ingenieure und Wissenschaftler, andererseits auch Berufsgruppen mit mittleren und niedrigen Qualifizierungsansprüchen und üblicherweise geringerer Mobilitätsbereitschaft. Bei dieser Gruppe haben sich Fortzügler häufig aus ökonomisch-prekären Situationen heraus zur Wanderung entschlossen.

7 Rückwanderung und Netzwerke

7.1 Rückkehrbereitschaft und Selektionsmuster

Für eine Beurteilung des Wanderungsgeschehens hinsichtlich der Auswirkungen auf das Humankapital in Ostdeutschland stellt sich die Frage, ob mit der Westwanderung ein irreversibler Verlust an Humankapital für die Herkunftsgebiete verbunden ist. Hier wird die Position vertreten, dass aus Sicht der Herkunftsgebiete, eine *Abwanderung mit späterer potentieller Rückkehr hoch qualifizierter Migranten vorteilhafter ist, als deren Verbleib*. Aufgrund der prekären Arbeitsmarktlage wird derzeit das Humankapital der jungen, gut ausgebildeten Menschen nicht effizient genutzt (brain waste). Perspektivisch könnten die Herkunftsgebiete, falls sich ein zirkulierendes Migrationsgeschehen zwischen Ost- und Westdeutschland entwickeln würde, von den in der Zwischenzeit erworbenen Fähigkeiten und Qualifikationen der mobilen Bevölkerung profitieren.

Die Rückwanderung der ostdeutschen Bevölkerung macht bereits zum gegenwärtigen Zeitpunkt einen beträchtlichen Anteil an den Zuzügen nach Ostdeutschland aus. So geht BECK (2004, S. 106) davon aus, dass ca. jeder zweite Migrant des Gegenstroms ein Rückwanderer nach Ostdeutschland ist. KEMPE (2001, S. 210) hat die Rückwanderung ostdeutscher Ausbildungswanderer untersucht. Er kommt mithilfe des SOEP zu dem Ergebnis, dass von den zwischen 1990 und 1996 zur Ausbildung nach Westdeutschland fortgezognenen jungen Menschen bis 1999 fast ein Drittel mit einer abgeschlossenen Berufsausbildung oder einem Hochschulabschluss wieder nach Ostdeutschland zurückgekehrt ist.

Auch unter den Probanden der Fallstudie Sachsen-Anhalt besteht eine generelle Offenheit für eine Rückwanderung in das Herkunftsgebiet. Fast die Hälfte von ihnen bejahte die Frage, ob sie sich eine Rückkehr nach Sachsen-Anhalt vorstellen könnten (vgl. Abb. 30). Weitere 16 % ziehen diese Handlungsoption „möglicherweise" in Betracht. Etwa ein Drittel der Westmigranten schließt dies als zukünftige Handlungsentscheidung jedoch aus.

Bei der Positionierung zu einer möglichen Rückkehr ergibt sich eine signifikante Abhängigkeit vom Geburtsort der Westwanderer (vgl. Tab. 33). Erwartungsgemäß äußern Fortzügler, die in Sachsen-Anhalt geboren sind, eine überdurchschnittliche Bereitschaft zur Rückwanderung. Demgegenüber haben Migranten, die im Ausland geboren sind (vor allem Spätaussiedler) eine sehr geringe Neigung, ins Herkunftsgebiet zurückzukehren. Für sie war Sachsen-Anhalt lediglich eine Zwischenstation, in dem sie die ersten Jahre nach der Ankunft in Deutschland verbracht haben. Regionale Verbundenheit und Heimatgefühl sind kaum ausgeprägt. Negative Erfahrungen, wie die regionale Arbeitsmarktsituation im Herkunftsgebiet, die für diese Migrantengruppe besonders problematisch war, sowie gesellschaftliche Integrationsprobleme und Ausländerressentiments wurden mehrfach in der Befragung zum Ausdruck gebracht. Andererseits bringen Westmigranten, die in <u>West</u>deutschland geboren sind, eine besonders hohe Bereitschaft zur Rückwanderung zum Ausdruck. Diese Teilgruppe ist nach 1990 nach Ostdeutschland zugewandert und kehrte während des Analysezeitraums wieder zurück. So war der Anteil derjenigen, die die oben genannte Frage mit „Ja" beantworteten mit 56 % bei dieser Herkunftsgruppe am höchsten.

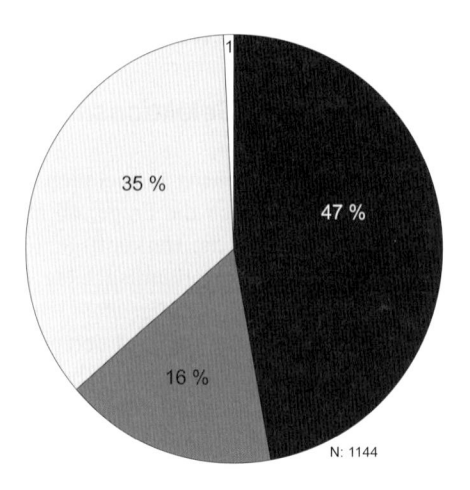

Könnten Sie sich vorstellen nach Sachsen-Anhalt zurückzukehren?

■ ja ■ möglicherweise □ nein □ weiß nicht, k. A.

Quelle: Eigene Erhebungen, Frage 45 (vgl. Anlage A)

Abb. 30: Positionierung der Fortzügler aus Sachsen-Anhalt zu einer möglichen Rückkehr

Nur jeder vierte Migrant westdeutscher Herkunft schloss eine Rückkehr nach Sachsen-Anhalt aus. Diese Beobachtung ist erstaunlich, zumal diese Akteursgruppe i.d.R. nur wenige Jahre im Land Sachsen-Anhalt bzw. in Ostdeutschland verbrachte. Die relativ starke Rückkehrintention kann somit nicht auf einer regionalen, langfristig gewachsenen Heimatverbundenheit beruhen, sondern begründet sich eher aus Erfahrungen während der relativ kurzen Verweildauer in Sachsen-Anhalt. Der hohe prozentuale Anteil an positiven Äußerungen hinsichtlich einer möglichen Rückwanderung sagt allerdings weder etwas über die Stärke des Rückkehrwunsches noch über begleitende und beeinflussende Faktoren aus, deren Betrachtung in Kap. 7.4 folgt.

Tab. 33: Rückkehrintention und Geburtsregionen der Fortzügler aus Sachsen-Anhalt[33]

Rückkehr nach Sachsen-Anhalt:	Geburtsregionen der Westmigranten (Angaben in %)				
	in Sachsen Anhalt	Ostdeutschland (ohne LSA)	Westdeutschland	außerhalb Deutschlands	Durchschnitt
ja	53	53	56	18	47
möglicherweise	16	14	16	21	16
nein	31	34	26	59	35
weiß nicht/ k.A.	1	0	1	2	1
insgesamt, N: 1146	100	100	100	100	100

Quelle: Eigene Erhebungen, Fragen 5 und 45 (vgl. Anlage A)

[33] Mit hoher Wahrscheinlichkeit besteht eine Abhängigkeit zwischen den Variablen. Chi-Quadrat nach Pearson: Asymptotische Signifikanz (2-seitig) < 0,001

Entgegen der Erwartungen bestehen keinerlei Hinweise darauf, dass die Rückkehrbereitschaft von der Verweildauer in den alten Bundesländern abhängt. Aufgrund des gewählten Stichprobenverfahrens lag die Wanderungsentscheidung der Fortzüglern zum Zeitpunkt der Befragung zwischen einem und acht Jahren zurück. So kann festgestellt werden, dass bei längerer Verweildauer am Zielort keine signifikante Abnahme der Rückkehrintention nachweisbar ist.

Es ergeben sich jedoch signifikante geschlechtsspezifische Unterschiede, insofern als dass männliche Abwanderer einer Rückkehr eher positiv gegenüberstehen als weibliche (vgl. Tab. 34). Sowohl bei Männern als auch bei Frauen nimmt die Rückkehrbereitschaft mit dem Vorhandensein von Kindern deutlich ab. Nur noch 38 % der Westmigranten, die bereits ein oder mehrere Kinder haben, stehen einer Rückkehr uneingeschränkt offen gegenüber. Demgegenüber äußern kinderlose Männer die höchste Bereitschaft, ins Herkunftsgebiet zurückzukommen.

Tab. 34: Rückkehrintention nach Geschlecht und Familiensituation der Migranten[34]

Rückkehr nach Sachsen-Anhalt:	männlich in %	weiblich in %	keine Kinder	Kind(er) vorhanden
ja	51	43	54	38
möglicherweise	17	16	17	16
nein	31	41	28	45
weiß nicht/ k.A.	1	1	1	1
insgesamt, N: 1144	100	100	100	100

Quelle: Eigene Erhebungen, Fragen 45 und 53 (vgl. Anlage A)

Insgesamt bleibt jedoch festzuhalten, dass es sich bei dem Indikator „Rückkehrbereitschaft" um eine theoretische Handlungsvariante handelt. Das Antwortverhalten auf diese Frage kann nur als prinzipielle Offenheit zur Thematik „Rückkehr" gewertet werden. Eine sehr hohe Wahrscheinlichkeit zur tatsächlichen Rückwanderung kann bei denjenigen Migranten unterstellt werden, die diese zum Zeitpunkt der Befragung bereits konkret planten. Dies trifft auf ca. 6 % der Befragten zu. Akteure mit kurzfristiger Rückwanderungsabsicht unterscheiden sich hinsichtlich bestimmter Merkmale signifikant von den übrigen Befragten. Sie gaben außerordentlich häufig an, unter Heimweh zu leiden und ihre Netzwerke in die Heimatregion sind sehr stark ausgeprägt. Viele Befragte mit bereits eingesetzter Rückkehrplanung pendeln wöchentlich in die Heimatregion und halten täglich telefonischen Kontakt.

7.2 Bedingungen an mögliche Rückwanderungen

Ebenso wie der Fortzug ist auch die Rückwanderungsentscheidung Resultat eines differenzierten Abwägungsprozesses und an bestimmte Rahmenbedingungen, Erfordernisse und Erwartungen gebunden. In der Fallstudie Sachsen-Anhalt wurde deutlich, dass es primär Erwartungen ökonomischer Natur sind, die an die Option „Rückkehr" gestellt werden.

---

[34] Mit hoher Wahrscheinlichkeit besteht eine Abhängigkeit zwischen den Variablen. Chi-Quadrat nach Pearson: Asymptotische Signifikanz (2-seitig) < 0,01

Neun von zehn Befragte, die eine Rückkehr nicht ausschließen, knüpfen daran an erster Stelle die Bedingung „einen adäquaten Arbeitsplatz (oder Ausbildungsplatz) ohne Lohn- und Gehaltseinbußen" im Herkunftsgebiet zu bekommen (vgl. Abb. 31). Nicht einmal die Hälfte der potentiellen Rückkehrer würde jedoch auch Einkommenseinbußen in Kauf nehmen.

Sie würden zurückkehren:

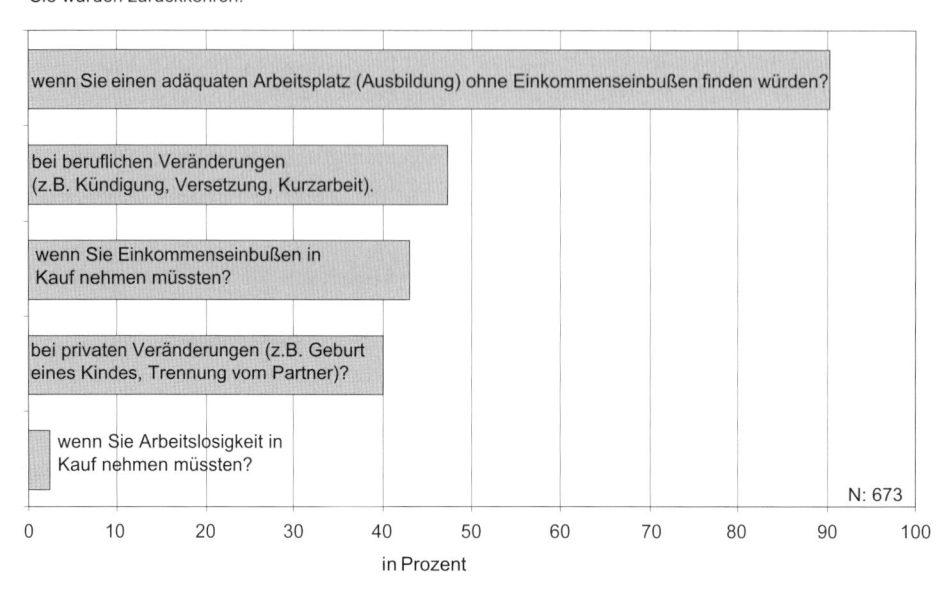

[Balkendiagramm mit folgenden Kategorien:
- wenn Sie einen adäquaten Arbeitsplatz (Ausbildung) ohne Einkommenseinbußen finden würden?
- bei beruflichen Veränderungen (z.B. Kündigung, Versetzung, Kurzarbeit).
- wenn Sie Einkommenseinbußen in Kauf nehmen müssten?
- bei privaten Veränderungen (z.B. Geburt eines Kindes, Trennung vom Partner)?
- wenn Sie Arbeitslosigkeit in Kauf nehmen müssten?
N: 673
x-Achse: 0 bis 100 in Prozent]

Quelle: Eigene Erhebungen, Frage 46 (vgl. Anlage A)

Abb. 31: Bedingungen an eine mögliche Rückwanderung

Darüber hinaus deckt die Auswertung aller „sonstigen" angeführten Antworten (vgl. Frage 46, Anlage A) ein interessantes Spektrum auf. So wurde von 64 Probanden, die eine Rückkehr nicht ausschließen, zum Ausdruck gebracht, dass gesundheitliche Probleme, Pflegebedürftigkeit oder Tod von daheimgebliebenen Familienangehörigen für sie ein Grund für die Rückkehr ins Herkunftsgebiet wären. Daneben können Erbschaften in Form von Wohneigentum oder Grundstücke für weitere 19 Befragte ein Rückkehrgrund sein. Von quantitativ zwar geringer Bedeutung, aber dennoch hinsichtlich der Art der Fragestellung erwähnenswert sind Faktoren wie eine Rückkehr im Rahmen einer Unternehmensgründung, auch im Rahmen einer Unternehmensübernahme von Familienangehörigen (6 Befragte) oder das eher langfristige und damit wage Vorhaben im Alter in die Heimat zurückzukehren (9 Befragte).

Insgesamt ist jedoch wiederum die rational-ökonomische Prägung der Rückwanderungsintention deutlich geworden. So stellt sich die Frage, unter welchen finanziellen Bedingungen die Gruppe, die einer Rückkehr offen gegenüber steht, ins Herkunftsgebiet zurückkommen würden. Die individuellen Einkommensansprüche, die zu einer positiven Rückwanderungsentscheidung führen können, orientieren sich an den derzeitigen Gehältern in Westdeutschland (vgl. Abb. 32) und übertreffen diese sogar. Während bei-

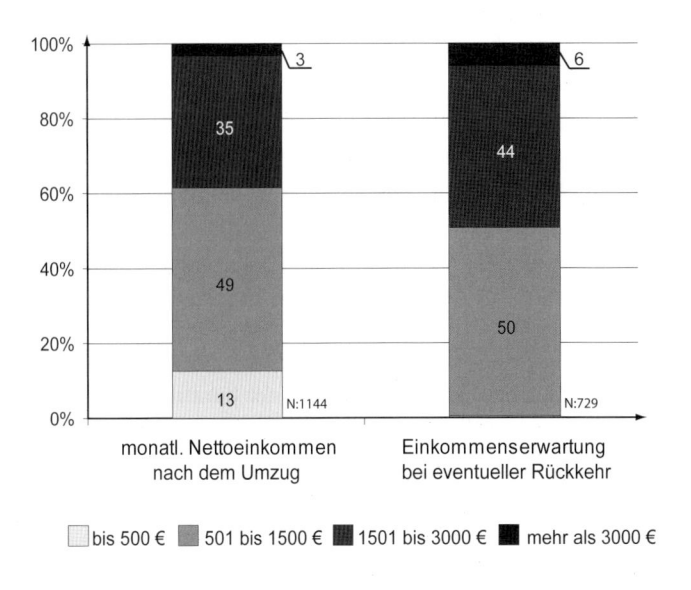

Quelle: Eigene Erhebungen, Fragen 55 und 56 (vgl. Anlage A)

Abb. 32: Einkommen und Einkommenserwartung bei möglicher Rückkehr

spielsweise derzeit nur 35 % der Migranten ein Nettoeinkommen von >1500 € erzielen, wird im Falle einer Rückwanderung dieses Mindesteinkommen von 44 % der Befragten vorausgesetzt. Der anfängliche Bonus, welcher der Heimatregion vor dem Fortzug in Form von intensiveren Bewerbungsbemühungen noch entgegengebracht wurde, ist verfallen (vgl. Kap. 6.3). Rückwanderungsbestrebungen sind somit bei einer Vielzahl von Personen an finanzielle Verbesserungen bzw. mindestens an die Realisierung eines vergleichbaren Einkommensniveaus gebunden.

Das beruflich-ökonomische Kalkül und die Differenziertheit der erforderlichen Rahmenbedingungen bzw. Erfordernisse wurden auch in der Analyse der qualitativen Interviews deutlich, wobei sich Unterschiede hinsichtlich der Stationen im Lebenszyklus und dem Qualifizierungsniveau ergeben. Wie in Tab. 3 dargestellt, wurden die Teilnehmer der qualitativen Interviews (Leitfadeninterviews) in die Typen Ausbildungswanderer (Typ A und B) sowie Berufsmigranten (Typ A und B) gruppiert. Ausbildungswanderer des Typs A sind gekennzeichnet durch eine Westwanderung, die im Rahmen einer betrieblichen Lehrausbildung aufgenommen wurde. Wie in Kap. 5.2.3 bereits ausgeführt, stellte für diese sehr jungen Westmigranten die Wanderung eine sehr große Herausforderung dar. In drei von vier Fällen fanden im Vorfeld intensive Bemühungen statt, in der Heimatregion einen Ausbildungsplatz zu finden. Trotzdem kann eine geringe Rückwanderungsbereitschaft festgestellt werden. Da in allen Fällen die Integration am Zielort erfolgreich war, ist auf Grundlage der geführten qualitativen Interviews eine Rückkehr als unwahrscheinlich anzunehmen. Schließlich werden die Möglichkeiten, die sich in der Zielregion im Vergleich zur Heimatregion für die Migranten bieten (bei geglückter Integration) geschätzt. So sagt Stefan (18, München):

Ich find es besser hier als im Osten. Hier ist viel mehr los, als im Osten. Also ich würde jetzt nicht mehr zurückgehen. Ich würde schon hier bleiben.

Vor allem die Attraktivität, die die gewählte Großstadt auf die jungen Migranten aufübt, wie die erlebte Weltoffenheit, ist für die Ausbildungsmigranten (Typ A) ein Bindungsfaktor. Beispielsweise schildert Daniela (25, Hamburg) das positive Lebensgefühl, das ihr eine Großstadt im Gegensatz zur Heimatregion bietet, folgendermaßen:

Ja, Hamburg hat irgendwie was Größeres, was Freieres oder so. Ich stell mir immer vor, wenn Bekannte und Freunde von mir zurück gehen, dann denk ich immer, die sitzen in ihrem Einfamilienhaus und füttern die Hühner. So stell ich mir zu Hause vor, weil so ist es ja, also übertrieben gesprochen. Dort ist halt eine ländliche Gegend und die fahren dann 30 km um Klamotten zu kaufen. Das möchte ich nicht noch mal haben.

Auch für Katrin (21, München) steht die Frage einer kurzfristigen Rückkehr nicht zur Debatte. Wenngleich sie sich selbst als sehr heimatverbunden sieht und emotional sehr an ihrer Familie hängt, halten sie die schwierige Wirtschafts- und Arbeitsmarktlage von einer Rückkehr ab. Schließlich fasst sie ihre Positionierung zu einer Rückwanderung folgendermaßen zusammen:

Ich meine, ich bin ja noch jung, ich hab noch was vor mir, aber mich hält nicht mehr viel zu Haus. Da bin ich ehrlich. Dadurch, dass auch viele meiner Freunde weggegangen sind, einige sind halt noch zu Haus, machen jetzt Abitur, wie gesagt. Das sind halt die, die mich noch zu Hause halten und auch noch meine Familie. [...] Wenn ich zu Haus bin, ist es schön für mich, aber wenn ich mich mit Leuten unterhalte, die sind sehr angespannt, sehr unzufrieden und dann sag ich mir, warum soll ich bleiben, wo Leute unzufrieden sind, wo die Situation sehr angespannt ist, wo alles grau in grau ist, wo du es eigentlich besser haben könntest. Da bin dann froh, wenn ich wieder nach München gehen kann. Und im Moment eigentlich hier mein Leben leben kann. [...] Ja, wenn dort Arbeitsbedingungen herrschen, wenn die Wirtschaft angekurbelt wird, wenn sich das Leben verändert zum Positiven hin, würde ich sofort wieder zurückgehen. Aber ich glaub, das wird ewig dauern, weil jedes Mal wenn ich runterkomme, ist das nächste Geschäft geschlossen.

Die Ausbildungswanderer (Typ A) sind somit geprägt durch eine eher geringere Mobilitätsbereitschaft. Die Wanderung haben sie aufgrund der ökonomischen Rahmenbedingungen als erforderlich erachtet. Sie trug aber nur bedingt dazu bei, auch zukünftig überregional uneingeschränkt mobil zu sein. Für den Fall, dass bei den Fortzüglern eine Zufriedenheit mit ihrer Ausbildung und ihrem Lebensumfeld herrscht bzw. sich günstige Möglichkeiten für eine spätere Übernahme bzw. Fortführung der Beschäftigung ergeben, ist sowohl eine weitere Migration als auch eine Rückkehr eher unwahrscheinlich. Letztlich wird sie eher nur dann ins Kalkül gezogen, wenn bestimmte Lebenssituationen dies erforderlich machen. So äußert sich Daniela (25, Hamburg) zu einer möglichen Rückwanderung:

Ja, allerhöchstens nur, wenn man sich dazu entschließt, Kinder zu kriegen und die behüteter aufwachsen zu lassen, wobei ich mir das schwer vorstellen kann, dann würde ich lieber hier in eine Vorstadt von Hamburg ziehen. Ich hab es mir einmal überlegt und das war vor eineinhalb Jahren, da wollte ich wieder zurückgehen, weil es meinen Eltern nicht gut ging. Na ja, ich war hier irgendwie 230 km weg und ich konnte nicht helfen und das war ein ganz schreckliches Gefühl für mich. Da hab ich wirklich abrupt überlegt, die Kündigung noch am nächsten Tag einzureichen und zurückzugehen, aber ich hab's nicht gemacht und was anderes würde es nicht geben.

Gleichzeitig wurde von den Ausbildungsmigranten (Typ A) berichtet, dass Rückwanderung im Freundes- und Bekanntenkreis lediglich dann stattfindet, wenn die Integration im Zielgebiet gescheitert ist, d.h. wenn sie sich mit ihrer Entscheidung und den Erfordernissen im Zielgebiet persönlich überfordert fühlen und daher wieder in das Herkunftsbiet und oftmals ins Elternhaus zurückkehren.

Eine höhere Bereitschaft zur Rückkehr lässt sich unter den Ausbildungswandern des Typs B (Studenten) und den Berufsmigranten des Typs A und B (Akademiker) beobachten. Hier wird die Rückkehr als eine mögliche Option angesehen, die von der Attraktivität hinsichtlich beruflicher Möglichkeiten abhängig gemacht wird. Lediglich eine Familiengründung, die allerdings in fünf von sechs Fällen nicht kurzfristig absehbar ist, kann zum Nachlassen der generellen Mobilitätsbereitschaft führen. So wurde in den mit Studenten (Ausbildungswanderer Typ B) geführten qualitativen Interviews deutlich, dass Mobilität und Weltoffenheit in die Lebensentwürfe der Migranten integriert sind, was unter gewissen Umständen auch in einer möglichen Rückwanderung münden kann. Diese Option ist allerdings eher eine theoretische Größe und kein festes Kalkül der Interviewpersonen. Weder bei Franziska (20, München) noch bei Julia (20, München) werden regionale Präferenzen für die spätere Lebens- und Arbeitsregion ersichtlich. Zwar wird davon ausgegangen, dass in den zukünftigen Lebensabschnitten weitere Migrationen stattfinden werden. Die Wanderungsentscheidung sowie die Zielfindung werden jedoch von den individuellen Karriereaussichten und nicht von regionalen Präferenzen abhängig gemacht. Franziska (20, München):

Ich könnt mir aber durchaus vorstellen, hier zu bleiben oder irgendwo hin zu gehen. Also ich denk jetzt nicht daran, sofort wieder nach Hause zu gehen. Also es gibt einige, die möchten halt sofort unbedingt ganz schnell wieder zurück, aber nee, ich glaube ich möchte erstmal noch was von der Welt sehen.

Auch Julia (20, München) steht weiteren Wohnortwechseln sehr offen gegenüber und entscheidet in erster Linie anhand karriereorientierter Kriterien:

Die Option, da in eine andere Stadt zu ziehen, der steh ich offen gegenüber, also wenn es heißt, später habe ich halt da oder dort eine berufliche Zukunft, dann geh ich dort hin.

Die Option einer Rückkehr wird daher erst interessant, wenn die berufliche Perspektive gegeben ist, obwohl die derzeitigen Mankos in der Wirtschafts- und Arbeitsmarktentwicklung eher gegen eine Rückkehr sprechen. Trotzdem schließt die generelle Mobilitätsbereitschaft eine Rückwanderung nicht aus, sondern ist Teil davon, wie z.B. Julia (20, München) betont:

Ich bin auch offen demgegenüber wieder zurückzukommen. Das ist glaube ich eine Situation, die sich auch für mich darstellt. Aber unter der Voraussetzung, dass es halt beruflich dort klappt. Weil ich glaube, das ist das Manko an der ganzen Geschichte, dass ich halt die berufliche Zukunft dort schlechter sehe. [...] wenn ich dort ein berufliches Ziel habe oder eine Richtung, die mir offen ist, dass ich sagen kann, es lohnt sich wieder zurückzukommen, dann würde ich das auch in Erwägung ziehen. [...] München ist so eine schöne Stadt, wie gesagt, ich fühl mich hier sehr wohl und ich bin auch offen aufgenommen worden, aber für mich ist es nicht das Ende, dass ich sage, ich möchte hier ein Leben lang bleiben, das ist nicht so.

In ganz ähnlicher Weise setzen sich dieses Entscheidungsverhalten und die mobilitätsaffinen Lebensentwürfe bei akademischen Berufsmigranten fort. Auch bei ihnen steht ein individuelles Karrierekalkül im Zentrum der Entscheidungsfindung. Die Option der Rückwanderung ist auch hier Bestandteil einer generellen Offenheit für Mobilität und dem Finden einer optimalen beruflichen und finanziell-gesicherten Zukunft. Die geführten qualitativen Interviews mit Akademikern haben zudem gezeigt, dass das rationale Karrierekalkül zu einer insgesamt schwächeren Heimatverbundenheit oder Verwurzelung mit der Geburts- und Herkunftsregion führt (vgl. Kap. 7.3). Die Migranten blicken in allen Fällen auf eine mehr oder weniger umfangreiche Mobilitätsbiographie zurück. Es haben bereits mindestens zwei überregionale Umzüge stattgefunden, auch Pendlererfahrungen liegen oftmals vor bzw. werden als Option ins Kalkül gezogen. Der hohen Mobilitätsbereitschaft sind nach Ausführungen der befragten Personen lediglich mit zunehmendem Alter und mit einer eventuellen Familiegründung Grenzen gesetzt (vgl. Kap. 7.4).

Insgesamt wird deutlich, dass Rückkehr oftmals nur eine reale Entscheidungsoption ist, wenn von den Migranten keine finanziellen Einbußen im Kauf genommen werden müssen bzw. wenn damit eine berufliche und/oder finanzielle Verbesserung zu erwarten ist. Zudem ist die Rückwanderung vor allem bei generell mobilen Akteuren wahrscheinlich, wobei hier eine tatsächliche Realisierung wohl eher von den ökonomischen Anreizen im ursprünglichen Herkunftsgebiet abhängig sein wird. Personen mit geringerer Mobilitätsbereitschaft stehen auch einer Rückkehr skeptischer gegenüber, in diesen Fällen würde eher ein äußerer Druck, wie eine gescheiterte Integration im Zielgebiet oder familiäre Problemlagen, eine Rückwanderung initiieren.

7.3 Verbundenheit mit dem Herkunftsgebiet und Rückwanderungsintention

Die Betrachtung dieses Aspektes fußt auf der Annahme, dass eine starke Verbundenheit mit dem Herkunftsgebiet sich positiv auf die Rückkehrbereitschaft bzw. den Rückkehrwunsch auswirken kann.

Die Erinnerungen und Assoziationen der fortgezogenen, ehemaligen Bewohner in der Fallstudie sind meist von positiver Natur und verdeutlichen mitunter eine emotionale Verbindung zur Herkunftsregion, indem sie Gefühle wie Heimweh und Wehmut zum Ausdruck bringen. Die in Tab. 35 gelisteten Äußerungen und Assoziationen zum Herkunftsland Sachsen-Anhalt zeigen, dass es in erster Linie die private Heimatbindung ist, die in Form von Erinnerungen und emotionaler Verbundenheit zur Familie, den Eltern, Freunden, Kindheits- und Jugenderinnerungen von fast drei Vierteln der Befragten dargelegt wurde. Weitere 18 % gaben Ausführungen, die die gute Lebensqualität im Herkunftsgebiet hervorheben. Vergleichsweise wenige Migranten (6 %) assoziieren mit dem Herkunftsgebiet schlechte Lebensbedingungen, wie eine schlechte und eintönige Bausubstanz (Plattenbauten), ein schlechtes soziales Umfeld und die allgemeine Depression der Bewohner in der Herkunftsregion. Zudem reflektieren 10 % der Befragten meist mit negativem Tenor über die politische und wirtschaftliche Situation im Herkunftsgebiet.

Diese negativen Assoziationen mit der Herkunftsregion werden jedoch vor allem von denjenigen Westmigranten zum Ausdruck gebracht, die nicht in Ostdeutschland geboren sind, d.h. von Akteuren, die keine seit der Kindheit geprägte Verbindung zum Herkunftsgebiet haben. Vor allem von gebürtigen Westdeutschen, aber auch von Personen mit

Tab. 35: Was verbinden die Fortzügler mit Sachen-Anhalt?

Art der Nennungen, Mehrfachantworten	Nennungen	in % der Befragten
private Heimatbindung Heimat, Familie, Freunde, pos. private Erinnerungen, Kindheitserinnerungen, ehem. Kollegen und Mitschüler	1253	74
Lebensqualität, Lebensumfeld im positiven Sinn Schöne Natur/ Landschaft, freundliche Mentalität, Kultur, gute Freizeitmöglichkeiten, gute soziale Bedingungen (z.B. Kinderbetreuung), gute Lebensbedingungen allgemein	255	18
Umfeld, Lebensbedingungen im negativen Sinn unfreundliche Menschen und/ oder Rassismus, schlechte Bausubstanz oder Architektur (z.B. Plattenbau), negative Stimmung, schlechtes soziales Umfeld, Dreck und Schmutz	75	6
Politik und Wirtschaft Arbeitslosigkeit, schlechte wirtschaftliche Bedingungen, keine Entwicklungsperspektive, alte Industrien, schlechte Politik, politischer und wirtschaftlicher Wandel/ Aufbau Ost	132	11
Sachsen-anhaltische Unikate best. Städte oder Regionen (z.B. Halle, Harz), Denkmäler/ Sehenswürdigkeiten/ schöne Architektur, regionale Spezialitäten (z. B. Pralinen, Joghurt), regionale Persönlichkeiten (z.B. Luther), regionale Einrichtungen (z.B. regionale Universitäten)	166	9
sonstiges sonst. negativ, sonst. positiv, ambivalente Gefühle, wenig/nichts	92	8
Nennungen, N: 1091	1973	126

Quelle: Eigene Erhebungen, Frage 49 (vgl. Anlage A)

Migrationshintergrund (vornehmlich Spätaussiedler) werden diese genannten Mankos besonders häufig als negativ empfunden und blieben nach dem Fortzug in den Köpfen erhalten.

Die Option einer Rückwanderung wird vor allem von denjenigen Fortzügler nicht ausgeschlossen, die dem Herkunftsgebiet eine gute Lebensqualität bescheinigen und die die dortigen Lebensbedingungen als positiv bewerten. Westmigranten, die nur die private Heimatbindung reflektieren, haben hingegen keine nachweisbar höhere Rückkehrintention. Die alleinige emotionale Bindung zum Elternhaus, zu Freunden und anderen Familienangehörigen sowie Kindheitserinnerungen tragen somit nicht zu einer erhöhten Rückwanderungsbereitschaft bei.

Eine durchaus differenzierte Bewertung der Herkunftsregion wurde auch in den geführten qualitativen Interviews deutlich. Wenngleich eine seit der Geburt bestehende Verwurzelung mit dem Herkunftsgebiet allein keinen nachweislich positiven Effekt auf eine mögliche Rückkehr hat und eine hohe Heimatverbundenheit den Rückkehrwunsch nicht eindeutig erhöht, so fällt doch die Bewertung der Herkunftsregion durchaus ambivalent aus. Während die Fortzügler, die seit der Geburt/ Kindheit in der Herkunftsregion lebten und mit ihr verbunden waren zwar auch kritische Aspekte anführen, indem sie die schlechte Wirtschafts- und Arbeitsmarktlage, die depressive Stimmung oder die ländliche und als hinterwäldlerisch empfundene Lebensweise kritisieren (vgl. Zitat Daniela und Katrin, Kap. 7.2), überwogen doch insgesamt gesehen die positiven Erinnerungen, die sich vornehmlich aus einer emotionalen Verbundenheit zu in der Region verbliebenen Familienmitgliedern, zum Elternhaus und zu Freunden erklärt (vgl. Zitat Katrin, Kap. 7.2). In den mit in Westdeutschland geborenen Akademikern geführten Interviews kommen viel stärker gewisse Distanzen zur Mentalität und politischen Entwicklung zum Tragen. Obwohl eine hohe Mobilität, Flexibilität und Ausgeschlossenheit, auch einer Rückkehr gegenüber zum Ausdruck gebracht wird, so wandelt sich die zuerst oberflächliche Würdigung des Herkunftsgebietes doch in eine mitunter starke Distanzhaltung. Wolfgang (38, Köln) schildert seine Empfindungen folgendermaßen:

Ich würde auch nach Leipzig oder nach Magdeburg gehen, ich wäre da auch glücklich gewesen, also das ist nicht der springende Punkt, außer, was ich schon gesagt hatte, diese Unzufriedenheit der Leute. Es mag ungerecht klingen, das will ich ja gar nicht bestreiten, aber was habe ich davon, wenn die unzufrieden sind und keinen Grund haben, unzufrieden zu sein [...] Für mich gibt es keinen guten Grund, 30 % extrem zu wählen und das hat mich schon sehr genervt. Als diese Wahl war, wo DVU und PDS zusammen 30 % hatten, da habe ich mir gedacht, jeden Dritten, der mir aufm Marktplatz begegnet, hat eine extreme Einstellung, die weit von dem entfernt ist, was ich akzeptieren kann und will. Ja und da bin ich dann schon ziemlich frustriert.

Im Kap. 7.2 wurde als vorläufiges Resümee festgehalten, dass Rückwanderung vor allem bei Personen mit generell hoher Mobilitätsbereitschaft und andererseits bei Westmigranten mit geringer Mobilitätsbereitschaft und gescheiterter Integration ins Zielgebiet zu erwarten ist. Bei der Akteursgruppe mit generell hoher Mobilitätsbereitschaft wurde deutlich, dass die Offenheit für zukünftige Migrationen und gleichfalls auch Rückwanderung vor allem aus einem forcierten Karrierekalkül erwächst. Der hier betrachtete Faktor Heimatverbundenheit erfährt bei hochmobilen Migranten einen Bedeutungsrückgang bzw. einen Bedeutungswandel. Bereits BARTELS (1984, S. 3) geht aufgrund der zunehmenden räumlichen Mobilität großer Bevölkerungsgruppen und des wachsenden Anteils sozioökonomischen Miteinanders über weite Distanzen hinweg davon aus, dass die tatsächlichen Lebens- und Aktionsräume und die subjektiven „Satisfaktionsräume", also die so genannte „Heimat", immer weiter voneinander abweichen. Bei hochmobilen Akteuren kann letztlich die komplette Loslösung von einem Traditionsraum, der als Heimat betrachtet wird, stattfinden. In der Mehrzahl der geführten qualitativen Interviews wurde von den Migranten der derzeitige Wohnort, also der Zielort bzw. der derzeitige Wohnort und Geburtsort gleichermaßen als Heimat definiert. Oftmals wurde bei der Beantwortung der Frage eine abgeschwächte, distanzierte oder unsichere Haltung eingenommen. Hinsichtlich der Auflösung einer raumbezogenen, territorialen Heimatdefinition nimmt Wolfgang (38, Köln) die am weitesten gefasste Position ein, indem er seine Empfindungen hinsichtlich einer heimatlichen Verankerung, die möglicherweise mobilitätshindernd wirken könnte, folgendermaßen schildert:

[Heimat ist, A.Sc.] da, wo meine Bücher stehen. Also ich hab eigentlich keine Heimat. Ich fühle mich schon wohl, wenn ich nach [Geburtsort, A.Sc.] fahre, weil da mein Vater wohnt und das ist der Grund, warum man möglicherweise sagen würde, das ist meine Heimat. Aber wenn mein Vater jetzt umziehen würde, wäre das nicht mehr so. Also eine richtige Heimat hab ich nicht. Ich würde auch nicht Halle als meine Heimat ansehen oder Köln als meine Heimat ansehen, soweit bin ich

noch gar nicht. Das ändert sich, glaube ich vielleicht, wenn man eine Familie gründet [...] aber eigentlich habe ich keine Heimat.

So muss schließlich festgehalten werden, dass positive Assoziationen, Erinnerungen und eine emotionale Verbindung mit der Herkunftsregion zwar eine Rückwanderungsentscheidung positiv beeinflussen können, maßgebliche Faktoren sind allerdings in ökonomisch-rationalen Rahmenbedingungen als Pull-Faktoren bzw. in einer missglückten Integration im Zielgebiet als Push-Faktoren zu sehen.

7.4 Netzwerke zur Herkunftsregion und Integration in die Zielregion

Es ist davon auszugehen, dass soziale Beziehungen und Netzwerke zur Heimat- oder Zielregion die Rückkehrwahrscheinlichkeit positiv beeinflussen. Schließlich konnte bereits bei der Analyse der wanderungsauslösenden Motive die hohe quantitative Bedeutung von Pionierwanderern und Familiennachzügen herausgestellt werden. So kann entsprechend angenommen werden, dass soziale Netzwerke zur Heimatregion, bei entsprechender Intensität, entweder bindende Kräfte bergen oder aber zu einem weiteren Abwanderungspotential führen. Wie in Abb. 33 dargestellt, ist die Häufigkeit von Sozialkontakten mit Personen in der Herkunftsregion von mittlerer Intensität. Besuchsfahrten in die Herkunftsregion finden bei fast 80 % der Befragten nur 5- bis 6-mal im Jahr oder seltener statt. Telefonische Kontakte werden hingegen weitaus häufiger gepflegt. Jeder sechste Westmigrant telefoniert täglich mit Personen in der Herkunftsregion, insgesamt findet bei fast zwei Dritteln der Befragten mindestens wöchentlich ein telefonischer Kontakt statt.

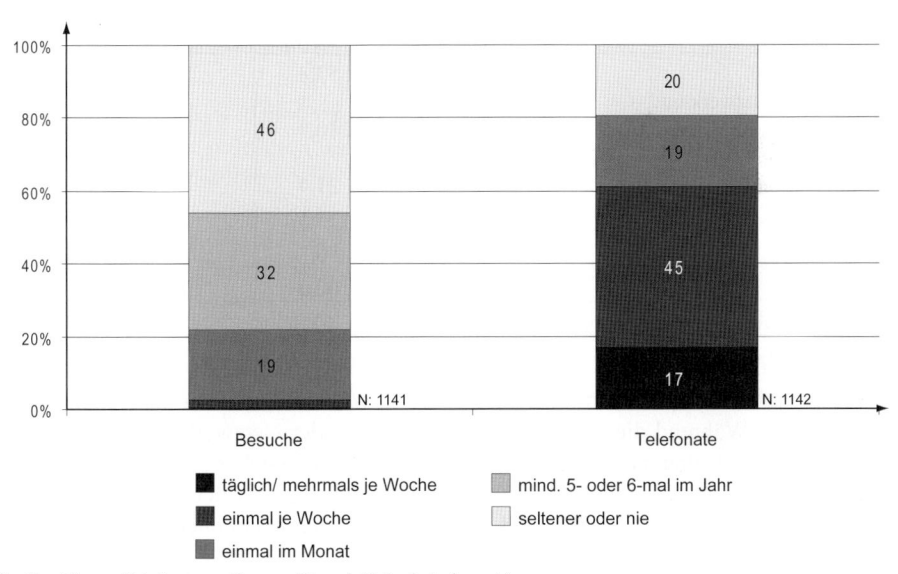

Quelle: Eigene Erhebungen, Fragen 42 und 43 (vgl. Anlage A)

Abb. 33: Persönliche und telefonische Kontakte der Fortzügler aus Sachsen-Anhalt mit Personen in der Herkunftsregion

Daran anschließend stellt sich die Frage, ob Personen mit besonders häufigen Sozialkontakten in die Herkunftsregion eine höhere Affinität zu einer Rückwanderung haben. Die bisherigen Ergebnisse zeigen, dass oftmals eine missglückte Integration im privaten oder beruflichen Bereich zu einer Rückwanderungsentscheidung führt. Zudem hängt die Intensität der Netzwerkbeziehungen zur Herkunftsregion mit der Bewertung der beruflichen und privaten Situation im Zielgebiet und der allgemeinen Lebenszufriedenheit ab. Auch bestehen signifikante Abhängigkeiten zwischen der geäußerten Rückwanderungsintention (Frage 45, vgl. Anlage A) und der Geburtsregion der Migranten. Daher erscheint es sinnvoll diese Indikatoren miteinander zu verknüpfen.

Die Ergebnisse dieser Analyse sind in Tab. 36 dargestellt. Fortzügler, die ebenfalls in Sachsen-Anhalt geboren sind (wobei in vielen Fällen ein ununterbrochener Aufenthalt bis zum Fortzug in der Herkunftsregion nachgewiesen ist), haben erwartungsgemäß die intensivsten Netzwerke zur Herkunftsregion, entsprechend ist ihre Rückkehrintention vergleichsweise hoch. Dennoch bringen Akteure westdeutscher Herkunft die höchste Offenheit gegenüber einer Rückkehr zum Ausdruck. Netzwerke nach Sachsen-Anhalt, die die Chancen einer tatsächlichen Rückkehr möglicherweise nachhaltig erhöhen, bestehen allerdings in sehr seltenen Fällen. Fortzügler mit Migrationshintergrund (vornehmlich Spätaussiedler) stehen einer Rückkehr offensichtlich am skeptischsten gegenüber, gleichzeitig haben sich nur in sehr wenigen Fällen Netzwerke zu Personen im Land Sachsen-Anhalt konserviert.

Tab. 36: Rückkehrintention und Herkunft der Fortzügler aus Sachsen-Anhalt

Können Sie sich vorstellen, nach Sachsen-Anhalt zurückzukehren?	alle Fortzügler darunter:	mit Geburtsort in:		
		Sachsen-Anhalt	Westdeutschland	Ausland
		Angaben in %		
ja, davon mit:	48,2	53,8	58,0	18,8
starkem Netzwerk und unzureichender Integration	7,2	10,7	1,3	0,5
starkem Netzwerk, aber geglückter Integration	15,7	21,9	3,8	3,1
möglicherweise	16,0	15,5	15,3	20,3
nein	35,8	30,7	26,8	60,9
insgesamt	100,0	100,0	100,0	100,0
Anzahl der Fälle	1 074	625	157	192

Quelle: Eigene Erhebungen, Fragen 5, 45 sowie 41 bis 43 (vgl. Anlage A)

Dieses unterschiedliche und mitunter konträre Antwortverhalten mag differenzierte Ursachen haben. Während die unterschiedliche Intensität der Netzwerke auf die zeitliche Verweildauer und eine familiäre und seit der Kindheit bestehende Verwurzelung im Herkunftsgebiet zurückzuführen ist, ist der Zusammenhang zur Rückkehrintention nicht eindeutig. Wie bereits festgestellt, sind die entscheidenden Komponenten im Rückwanderungsverhalten:

- eine hohe generelle Mobilität und Aufgeschlossenheit für weitere Umzüge, unter der Bedingung, dass sich in der Herkunftsregion attraktive Karrieremöglichkeiten bieten oder

- eine missglückte Integration und Unzufriedenheit in der Zielregion, Rückwanderung stellt somit einen Ausweg aus der derzeitigen Problemsituation dar.

Diesbezüglich muss beachtet werden, dass diese beiden ermittelten Motivatoren nicht losgelöst voneinander sind, sondern durchaus eine Schnittmenge besteht.

Eine Erklärung für die sehr unterschiedliche Positionierung zur Rückkehr von Westwanderern mit Migrationshintergrund und Akteuren westdeutscher Herkunft mag in der unterschiedlichen Erfahrung mit dem Herkunftsgebiet Sachsen-Anhalt liegen. Beiden Akteursgruppen ist eine meist hohe Mobilitätserfahrung gemein. Eine Offenheit für weitere Wanderungen wäre somit in beiden Gruppen zu vermuten. Zudem sind jeweils nur in seltenen Fällen intensive Netzwerke ins Land Sachsen-Anhalt aufrecht erhalten geblieben. Trotzdem unterscheiden sich beide Gruppen sehr deutlich voneinander. Fortzügler mit Migrationshintergrund waren vor der Wanderung sehr häufig von Arbeitslosigkeit betroffen. Ihre Erfahrungen und Assoziationen mit dem Herkunftsgebiet Sachsen-Anhalt sind oft negativ (vgl. Kap. 7.3). Migranten westdeutscher Herkunft haben hingegen positivere Erinnerungen konserviert, obwohl auch bei ihnen aufgrund der meist nur wenige Jahre dauernden Verweildauer selten intensive Netzwerke von Bestand sind. Da Westwanderer mit ausländischer Herkunft oder Geburtsregion sehr häufig familienorientierte Wanderungen unternommen haben (vgl. Kap. 5.2.5), kann bei dieser Gruppe eine starke Integration in der westdeutschen Zielregion vermutet werden.

Es bleibt festzuhalten, dass Netzwerke zur Heimatregion vernehmlich dann konserviert werden, wenn nahe Familienangehörige in der Region verbleiben, was in erster Linie bei Personen der Fall ist, deren Eltern oder Familienangehörigen im Herkunftsgebiet leben. Es ist anzunehmen, dass bei gescheiterter Integration vor allem diese Westmigranten zurückkehren. Gleichzeitig wurde in Kap. 7.2 deutlich, dass familiäre Gründe für eine Rückkehr von Bedeutung sind, insofern Familienangehörige erkranken oder pflegebedürftig werden, Wohneigentum geerbt wird oder ein Familienunternehmen übernommen werden kann. Die Rückkehrintentionen von Personen mit gering ausgeprägten Netzwerken, bei gleichzeitiger Zufriedenheit im Zielgebiet sowohl im beruflichen als auch im privaten Bereich, lässt sich vornehmlich mit einer generell hohen Mobilitätsbereitschaft erklären, zumal es sich bei dieser Gruppe oftmals um sehr hoch qualifizierte, karriereorientierte Migranten handelt. Aber auch bei dieser Migrantengruppe ist die Loslösung der Mobilitätsentscheidung von Netzwerken und sozialen Beziehungen nicht als endlos anzusehen, sondern lebenszyklusabhängig. Mit dem Eingehen von festen Partnerschaften, einer möglichen Familiengründung, aber auch generell mit zunehmendem Alter schwindet in der Regel die Mobilitätsbereitschaft. Dies wurde auch in den geführten qualitativen Interviews deutlich. So gibt Julia (20, München) zu bedenken, dass sie trotz ihrer aktuellen weltoffenen Haltung als Studentin davon ausgeht, dass eine Partnerschaft diesbezüglich ggf. zu Veränderung führen könnte:

Hab ich natürlich eine Person mehr in meinem Leben, sprich einen Lebenspartner, muss ich natürlich schon darauf achten, was er dazu sagen würde. Im Prinzip bin ich jetzt alleine und ich mach mein Ding so alleine. Was natürlich in fünf Jahren eine andere Situation sein kann, das muss man schon so ein bisschen mit berücksichtigen, das ist klar.

Andererseits gibt auch Frank (37, Bielefeld) als langjähriger Single zu bedenken, dass die Mobilitätsbereitschaft unabhängig von Partnerschaft und Familiengründung mit zunehmendem Erwachsenenalter sinkt:

Und dennoch würde ich sagen mit zunehmendem Alter wird's auch schwieriger, auch persönlich umzuziehen. Und das hängt – glaub ich – einmal damit zusammen, dass man so seine sozialen Bezugsgruppen hat, also entsprechende Freude und Bekannte hat und dann immer wieder neu anfangen muss, sich die an einem Ort zusammen zu suchen oder neu zu bauen. Und das wird sicherlich im Alter noch schwerer, würde ich denken.

Wenn die Akteure hinsichtlich ihrer Stellung im Lebenszyklus,' ihre hochmobile Phase beenden, schließt sich entsprechend auch das Zeitfenster für dieses zur Verfügung stehende Potential an mobilen und hoch qualifizierten Rückwanderern. Tatsächlich führen aktuelle soziale Bindungen eher zum Freisetzen weiterer Abwanderungspotentials, insofern Kettenwanderungsprozesse durch Partnerschaftsbeziehungen dann stattfinden, wenn die Mobilität zugunsten eines gemeinsamen Wohn- und Arbeitsortes bzw. auch einer Familiengründung aufgegeben wird. Hinsichtlich der derzeit meist deutlich besseren Arbeitsmarktsituation in der Zielregion ist die Wahrscheinlichkeit einer weiteren Abwanderung des noch verbliebenen Partners höher als eine Rückkehr des Westmigranten in die Herkunftsregion. Die Integration am Zielort hat damit stattgefunden. So erläutert Kerstin (37, Hamburg) den Nachzug ihres Ehemanns, nachdem beide über zehn Jahre hinweg eine Wochenendbeziehung geführt haben, folgendermaßen:

Es ist auch einfach so, dass es für uns beide ziemlich wichtig ist, dass wir beide einen Beruf haben, der uns beiden Spaß macht und uns das gefällt, was wir da machen. Und deshalb ist das natürlich da auch schwierig, mit dem am gleichen Ort was finden und von daher war uns klar, dass wir Abstriche machen müssen oder pendeln müssen, wenn wir das beide hinkriegen wollen. [...] Also wir planen schon, hier zu bleiben. Zum einen, weil ich jetzt hier diese unbefristete Stelle habe, zum anderen, weil er jetzt hier eine Stelle hat, mit der er sehr zufrieden ist, die ihm sehr viel Spaß macht. Und wo es auch im Moment so aussieht, dass das für längere Zeit so bleibt und von daher ist das schon so, dass wir uns hier einrichten, für eine längere Zeit zu bleiben.

7.5 Abschließende Überlegungen zur Rückkehrintention im Hinblick auf das Humankapital der Migranten

Die Analyse der Rückkehrintentionen sowie der Ansprüche an eine Rückkehr hat ein differenziertes Ergebnis geliefert. Rückwanderung ist kein Einzelphänomen, so dass sich zu bestimmten Kriterien bzw. Migrationstypen verallgemeinernde Aussagen zur Wahrscheinlichkeit einer Rückwanderung treffen lassen. Neben nicht zu prognostizierende Faktoren wie familiäre Einschnitte oder Erbschaften scheint eine Rückwanderungsbereitschaft vor allem bei Akteuren verstärkt vorhanden zu sein, bei denen:

- generell eine hohe Mobilität und Aufgeschlossenheit für weitere Umzüge besteht, wobei eine Rückwanderung an die Bedingung geknüpft ist, dass sich in der Herkunftsregion attraktive Karrieremöglichkeiten bieten oder
- eine missglückte Integration und Unzufriedenheit mit der Zielregion vorliegt, Rückwanderung stellt für sie somit einen Ausweg aus der derzeitigen Problemsituation dar.

Die prinzipielle Bereitschaft zu einer Rückkehr wird häufiger von Personen mit hohem formalem Schulbildungsniveau bzw. von Akademikern geäußert (vgl. Tab. 37 und Tab. 38). Migranten mit eher geringem Qualifizierungsniveau schließen hingegen häufiger eine Rückkehr aus.

Tab. 37: Rückkehrbereitschaft und formaler Schulabschluss der Fortzügler

formaler Schulabschluss	Rückkehr nach Sachsen-Anhalt: (Angaben in %)				
	ja	möglicherweise	nein	weiß nicht/ k.A.	gesamt
8. - 9. Klasse (Hauptschule)	37	9	53	1	100
Realschulabschluss	45	16	38	1	100
Fachhochschulreife/ Abitur	55	16	28	1	100
sonstiges/ keinen	16	30	53	1	100
Durchschnitt, N: 1143	47	16	35	1	100

Quelle: Eigene Erhebungen, Fragen 6 und 45 (vgl. Anlage A)

Sinnvoll erscheint eine Betrachtung auf der Basis der vier ausgewiesenen Migrationstypen (vgl. Tab. 12). Es ergeben sich Unterschiede hinsichtlich der prinzipiellen Rückkehrbereitschaft (vgl. Abb. 34). Unzufriedene, familien- und partnerschaftsfixierte Migranten äußern sehr häufig, sich eine Rückkehr vorstellen zu können. Dieser Migrationstyp ist mit der Westwanderung unzufrieden, was sich auch in einer geringen aktuellen Lebenszufriedenheit äußert. Diese Personen planen daher auch sehr häufig bereits konkret eine Rückkehr ins Herkunftsgebiet.

Tab. 38: Rückkehrintention und berufsqualifizierender Abschluss[35]

berufsqualifizierender Abschluss	Rückkehr nach Sachsen-Anhalt: (Angaben in %)				
	ja	möglicherweise	Nein	weiß nicht/ k.A.	gesamt
niedrig	37	21	42	1	100
mittel	46	17	37	1	100
hoch	55	14	30	1	100
Durchschnitt, N: 1142	47	16	35	1	100

Quelle: Eigene Erhebungen, Fragen 6 und 8 (vgl. Anlage A)

Aber auch risikofreudige und karrierefixierte Fortzügler stehen einer Rückkehr sehr offen gegenüber. Zugleich handelt es sich bei diesem Migrationstyp vornehmlich um ein hoch qualifiziertes Bevölkerungssegment mit dem höchsten Anteil an Akademikern. Allerdings können risikofreudige und karrierefixierte Migranten nur bei entsprechenden Rahmenbedingungen zurück gewonnen werden. Obwohl aus quantitativer Sicht im Cluster IV mehr Migranten vereint sind als im Cluster II (Größe des dargestellten Kreises, vgl. Abb. 34), ist die Rückwanderungswahrscheinlichkeit von unzufriedenen,

---

[35] Mit hoher Wahrscheinlichkeit besteht eine Abhängigkeit zwischen den Variablen. Chi-Quadrat nach Pearson: Asymptotische Signifikanz (2-seitig) < 0,01

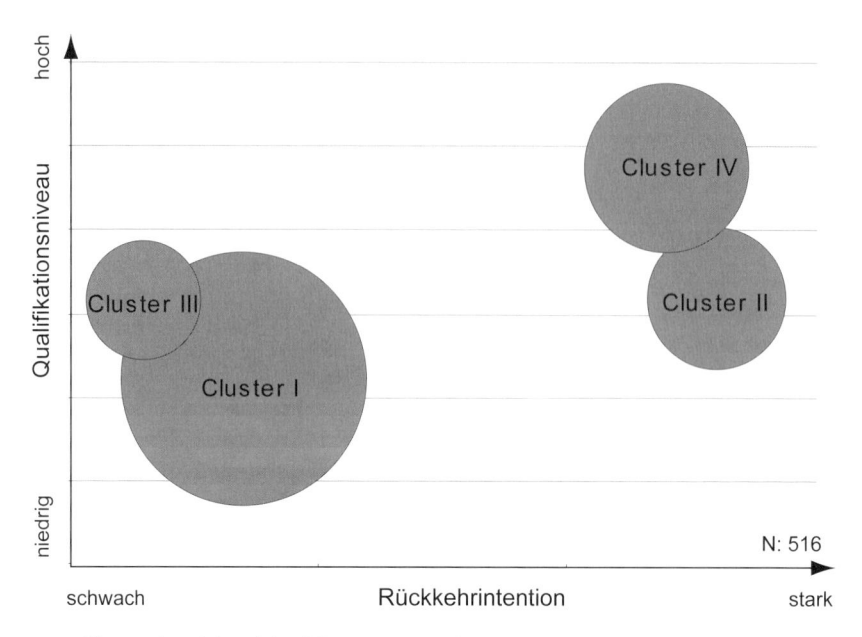

[Abbildung: Bubble-Diagramm mit Achsen "Qualifikationsniveau" (niedrig–hoch) und "Rückkehrintention" (schwach–stark); Cluster I (groß, mittig-links, niedriges Qualifikationsniveau), Cluster III (klein, links, mittleres Niveau), Cluster II (rechts, mittleres Niveau), Cluster IV (rechts oben, hohes Niveau). N: 516]

Cluster I: erfolgreiche Migranten mit (ökonomischer und sozialer) Verantwortung für Kind(er) und/ oder Partner
Cluster II: unzufriedene, familien- und partnerschaftsfixierte Migranten
Cluster III: unabhängige, freizeitorientierte Migranten
Cluster IV: risikofreudige und karrierefixierte Migranten

Quelle: Eigene Erhebungen, Fragen 6, 39 und 50 sowie 45 (vgl. Anlage A)

Abb. 34: Rückkehrintention und Qualifikationsniveau der extrahierten Migrationstypen

familien- und partnerschaftsfixierten Migranten etwas höher einzuschätzen. Auch sind die an eine Rückkehr gebundenen ökonomischen Forderungen bei risikofreudigen und karrierefixierten Migranten im Herkunftsgebiet derzeit in vielen Fällen nicht realisierbar, sodass eine kurzfristige Rückkehr eher nicht wahrscheinlich ist.

Zusammenfassend bleibt festzuhalten, dass sich ein beachtlicher Anteil der Fortzügler mit höchstem Qualifizierungsniveau und hoher Mobilitätsbereitschaft eine Rückkehr grundsätzlich vorstellen kann. Dies trifft ebenfalls für einen Großteil der in Westdeutschland geborenen Personen zu. Ihre aufgeschlossene Haltung zu einer erneuten Rückkehr nach Ostdeutschland verdeutlicht, dass die Hoch-Qualifizierten-Wanderung nach Ostdeutschland Mitte der 1990er Jahre durchaus positive langfristige Folgeeffekte gehabt hat. Wenngleich in den qualitativen Interviews deutlich wurde, dass durchaus ambivalente und kritische Erfahrung mit der „Durchgangsstation Sachsen-Anhalt" gemacht wurden, so bestehen dennoch keine größeren Hemmschwellen zu einer erneuten Wanderung nach Ostdeutschland, für den Fall, dass die Rückkehroption von den Akteuren als erfolgversprechend eingestuft wird.

8 Konsequenzen der Abwanderung, Handlungsempfehlungen und Zusammenfassung

Anhand der individuenbezogenen Analyse der Ost-West-Migranten konnte gezeigt werden, dass die Entscheidung zur Abwanderung zwar oftmals von rational-ökonomischen Motiven determiniert wird und meist in einem berufs- oder ausbildungsbezogenen Kontext steht, jedoch ist hinsichtlich verschiedener Merkmale und Merkmalsausprägungen eine große Differenziertheit deutlich geworden. Von entscheidender Bedeutung, gerade hinsichtlich einer Bewertung unter Brain-Drain-Gesichtspunkten, scheinen neben der allgemeinen Betrachtung der spezifischen Qualifikationen auch die Mobilität und Mobilitätsbereitschaft der Akteure. Letztlich stellt die Tatsache, dass Humankapital eine hochmobile Ressource ist, einen entscheidenden Faktor für die Bewertung des Wanderungsgeschehens dar.

8.1 Beurteilung der Migration aus der Brain-Drain-Perspektive

8.1.1 Quantifizierung und Bewertung des brain drain

Die in Kap. 6.2 diskutierten Ausführungen zum formalen Bildungsniveau der Fortzügler aus Ostdeutschland sowie die Saldierung mit dem Qualifikationsniveau der Zuzügler hat verdeutlicht, dass Ostdeutschland abgesehen von einer kurzen Episode Mitte der 1990er Jahre per Saldo Abiturienten und Akademiker verlor.

Bei der Bewertung bedarf es der Berücksichtigung der Wanderungsmuster und des -ausmaßes, der individuellen Kontexte vor der Wanderung und der kleinräumigen Betrachtung des Wanderungsgeschehens. Erstens muss der Umstand berücksichtigt werden, dass ca. ein Drittel der Westwanderer vor dem Fortzug von Arbeitslosigkeit betroffen war. Der hohe Anteil an Langzeitarbeitslosen, die intensiven Bewerbungsbemühungen der Fortzügler im Herkunftsgebiet oder die Beschäftigung in Arbeitsverhältnissen, die unter der individuellen Qualifikation liegen, verdeutlichen hierbei, dass das Humankapital der Migranten in vielen Fällen brachlag bzw. im Herkunftsgebiet nicht effizient genutzt wurde. Aus gesamtdeutscher Perspektive ist die Abwanderung in vielen Fällen als eine Reaktion auf die Erfordernisse und Gegebenheiten des Arbeitsmarktes und der wirtschaftlichen Situation des Herkunftsgebietes zu verstehen.

Zweitens ist zu beachten, dass fast ein Fünftel des Wanderungsstroms nach Westen einer differenzierten Betrachtung bedarf. So sind 19 % der Westmigranten im Ausland geboren, vornehmlich handelt es sich um Spätaussiedler. Da in der Befragung Personen, die aus Ausländerwohnheimen nach Westen migrierten aus der Stichprobe ausgeklammert wurden, ist der tatsächliche Anteil von Akteuren mit internationalem Migrationshintergrund um einiges höher zu schätzen. Diese Teilgruppe bedarf einer besonderen Bewertung, da es sich hierbei um Fortzügler handelt, die i.d.R. nur wenige Jahre im Herkunftsgebiet verweilt haben. Ohne Berücksichtigung von Spätaussiedlern verringert sich der Ost-West-Wanderungsstrom merklich. Das Ausmaß des Mobilitätsgeschehens verliert somit weiter an Bedeutung, zumal im Gegenstrom, also der West-Ost-Wanderung die Ausländerwanderung auch einen nennenswerten Anteil hat.

Drittens haben die Ausführungen verdeutlicht, dass die Abwanderung aus den neuen Bundesländern und Berlin nicht als massenhaftes Phänomen zu bewerten ist. Damit lässt sich die zugeschriebene Bedeutung des Wanderungsgeschehens nur aus der Perspektive der Herkunftsgebiete rechtfertigen, da zwar die Mobilität der ostdeutschen Bevölkerung vergleichsweise gering, die Wanderungseffektivität nach Westen jedoch hoch ist. Falls Wanderungen in Ostdeutschland stattfinden, gehen diese bevorzugt nach Westen. In diesem Sinne führt die Selektivität bei Wanderungen hinsichtlich Qualifizierungsniveau und Alter, die auch für die Ost-West-Wanderung festgestellt werden konnte, zu einem Abfluss an Humankapital in die alten Bundesländer.

Die stärksten Auswirkungen der Ost-West-Migration sind bezüglich des mittleren Qualifizierungssegmentes in peripheren, ländlichen Regionen zu beobachten. In diesem Segment ist eine Abwanderung, die typischerweise auf das nächstgelegene regionale Zentrum gerichtet ist, durch eine überregionale Wanderungsbewegung nach Westen ersetzt worden. Eine hohe überregionale Wanderungsintensität im hoch qualifizierten, insb. im akademischen Bereich ist auch für andere Wanderungsbewegungen zu beobachten. Von einem brain drain aus Ostdeutschland kann demnach nur eingeschränkt gesprochen werden. Lediglich auf der Grundlage der finanziellen Betrachtung der Ausbildungsleistung der Herkunftsgebiete findet ein Ressourcenabfluss aus Ostdeutschland statt. So erwächst die öffentliche Debatte um die Abwanderung aus Ostdeutschland vornehmlich aus den wirtschaftlichen Disparitäten und dem Gefälle bei der finanziellen Ausstattung der Länderhaushalte. Diese Überlegung basiert auf der föderalen Finanzierung des Bildungssystems und gibt über die Ausbildungskosten der wandernden Personen Auskunft. Anhand der Ausbildungskosten für die Schul- und Berufsausbildungsleistung der in die Westwanderung involvierten Bevölkerung kann der Ressourcenabfluss monetär bewertet und mit dem entsprechenden Gegenstrom saldiert werden (vgl. Abb. 35).

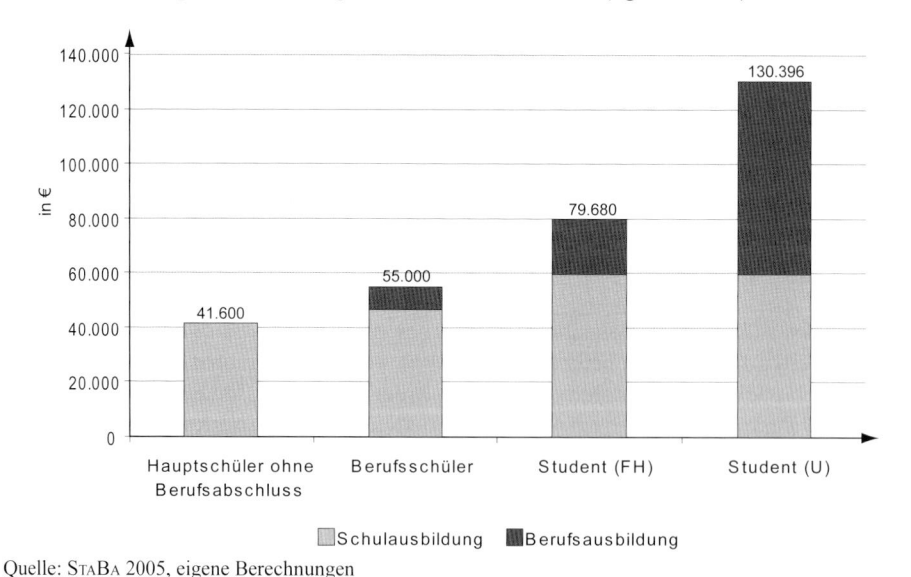

Quelle: STABA 2005, eigene Berechnungen

Abb. 35: Aggregierte Ausbildungskosten nach ausgewählten Abschlüssen im Land Sachsen-Anhalt 2004

Werden schließlich die in den Wanderungsstrom und den Gegenstrom involvierten Bildungsgruppen mit den dargestellten entsprechenden Ausbildungskosten bewertet, so ergibt sich die finanzielle „Bürde" des Herkunftslandes. Insgesamt verursachten die Bildungsabschlüsse der Fortgezogenen beim Beispiel Sachsen-Anhalts im Jahr 2004 einem monetären Aufwand von ca. 17 Mrd. Euro, während die äquivalente Ausbildungsleistung der zugezogenen Migranten im gleichen Zeitraum nur ca. zehn Mrd. Euro entsprach (vgl. Tab. 39). Dementsprechend verbleibt im Betrachtungsjahr ein Defizit von ca. sieben Mrd. Euro für Sachsen-Anhalt. Für die neuen Bundesländer akkumuliert sich auf der Grundlage der Berechnungen zum Qualifikationsniveau der Binnenmigranten von SCHNEIDER (2005) per Saldo ein Defizit von jährlich 22 Mrd. Euro.

Diese nach dem Kostenwertprinzip durchgeführte Bewertung besitzt allerdings nur Querschnittscharakter und beachtet weder, dass eventuell zukünftige Rückwanderung zu einer gewissen Relativierung betragen kann, noch dass fortgezogene Ausbildungswanderer bei einer künftigen Rückwanderung in der Zwischenzeit Bildungsressourcen im Zielland in Anspruch genommen haben können. Zudem gibt diese Bewertung keine Auskunft über die noch zu erwartenden Zukunftserträge der Migranten. Allerdings bringt auch eine Betrachtung mithilfe des Ertragswertprinzips die genannten Einschränkungen mit sich (vgl. Ausführungen in Kap. 2.5.2).

Sinnvoller als eine Bewertung nach monetären Größen erscheint daher die Betrachtung mit Blick auf die in den Migrationsstrom involvierten Berufsgruppen. In Kap. 6.4 konnte

Tab. 39: Monetäre Bewertung des Wanderungsgeschehens anhand der Kosten für formale Bildungsabschlüsse im Land Sachsen-Anhalt 2004

	Niveau	Fortzüge* in 1.000 €	Zuzüge** in 1.000 €	Differenz in 1.000 €
Schule	gering	1.533	2.087	554
	mittel	6.808	3.106	-3.702
	hoch	8.246	4.210	-4.036
	Summe	16.587	9.403	-7.184
Beruf	keinen	0	0	0
	mittel	150	116	-33
	hoch	704	196	-508
	Summe	854	313	-541

Schulbildung: gering = Hauptschulabschluss, 8. Klasse, kein Abschluss; mittel: Realschulabschluss, 10. Klasse; hoch: Abitur, Fachhochschulreife; Berufsabschluss: keinen = keinen Berufsabschluss; mittel = Lehre, Berufsfachschule, sonstige Ausbildung mit mittlerer Qualifikationseinstufung; hoch = Fachhochschul- und Hochschulabschluss

* Die Ergebnisse der Fallstudie Sachsen-Anhalts hinsichtlich des Bildungsprofils der Befragten wurden unter Beachtung der befragten Altersgruppen und nach Hochrechnung auf den gesamten Westwanderungsstrom im Bezugsjahr 2004 mit den im Land Sachsen-Anhalt durchschnittlich anfallenden Kosten je Schüler bzw. Student multipliziert.

** Grundlage der weitergehenden Analyse bilden die Berechnungen von BECK (2004) zum Bildungsprofil der West-Ost-Migranten mittels des Datensatzes SOEP. Die Bewertung der Ausbildungskosten fand auf Basis der theoretisch im Herkunftsland angefallenen Kosten statt.

Quelle: Eigene Erhebungen sowie Berechnungen auf der Grundlage von BECK (2004) sowie STABA 2004

festgestellt werden, dass die hoch qualifizierten Akteure im Wanderungsstrom ganz bestimmten Berufsgruppen angehören, vornehmlich aus den hohen und mittleren Qualifikationsschichten. Im akademischen Bereich sind vor allem die Berufsgruppen der Ingenieure und Professionen (z.B. Wissenschaftler, Ärzte, Juristen, Gymnasiallehrer) verstärkt in die Abwanderung nach Westen eingebunden (vgl. Tab. 40). Ebenfalls sind in vorwiegend nicht-akademischen Berufen die Gruppe der Techniker, der qualifizierten Dienste (z.B. Polizisten, Soldaten, Fotografen und Friseure) und der Semiprofessionen (z. B. Krankenschwestern, Sozialarbeiter, Altenpfleger) stark vertreten. Da die Gruppe der qualifizierten Dienste in nennenswertem Umfang Soldaten und Bundespolizisten umfasst, bei denen die Wanderung in Form von Versetzungen häufig nicht auf der eigenen Entscheidungsfreiheit beruht, soll von dieser Berufsgruppe bei der Interpretation Abstand genommen werden. Die in den verbleibenden Gruppen involvierten Berufe der Ingenieure, Wissenschaftler, Ärzte, Lehrkräfte, technischen Fachkräfte, Krankenschwestern u. ä. stellen auch in Studien zur internationalen Fachkräftewanderung die maßgeblichen Migrationsgruppen dar (vgl. beispielsweise GALINSKI 1986, S. 34; KORCELLI 1992, S. 295). Die Frage, bei welcher Größenordnung abwandernder Fachkräfte von einem brain drain gesprochen werden kann, beantwortet BÖHNING (1981) auf der Grundlage empirischer Beobachtung in der internationalen Fachkräftemigration. Er geht davon aus, dass ab einem Emigranten- bzw. Immigrantenanteil von 2 % am Bestand aller hoch qualifizierten Arbeitskräfte im Herkunfts- bzw. im Zielland ein brain drain stattfindet. Diese Faustregel ist zwar nicht in dieser Größenordnung

Tab. 40: Berufsgruppen der Westwanderer und deren Anteil an allen sozialversicherungspflichtig Beschäftigten im Herkunfts- und Zielgebiet 2004

Berufsgruppe	Hochrechnung auf alle West-Migranten (25 bis 65 Jahre) 2004	in % der sozialvers.-pflichtig Beschäftigten in Westdeutschland	in % der sozialvers.-pflichtig Beschäftigten in Ostdeutschland
Agrarberufe	924	0,4	0,7
Einfache manuelle Berufe	5.542	0,2	1,0
Qualifizierte manuelle Berufe	8.220	0,3	1,1
Techniker	6.558	0,6	3,4
Ingenieure	6.650	1,0	5,0
Einfache Dienste	5.819	0,2	0,9
Qualifizierte Dienste	4.064	1,0	2,8
Semiprofessionen	10.807	0,5	1,8
Professionen	7.666	1,4	3,5
Einfache kaufmännische Verwaltungsberufe	3.972	0,2	0,9
Qualifizierte kaufmännische Verwaltungsberufe	13.023	0,3	1,3
Manager	1.201	0,2	0,7
nicht zuordenbar	1.478	---	---
insgesamt	75.924	0,4	1,5

Quelle: BUNDESAGENTUR FÜR ARBEIT 2004 a, b; Eigene Erhebungen, Frage 34 (vgl. Anlage A), Eigene Berechnungen

auf Binnenwanderungen zu übertragen, da hier die Austauschbeziehungen generell höher sind. Dennoch soll ein Blick auf den quantitativen Anteil der Berufsgruppen in der Herkunfts- und Zielregion die Relevanz dieser Betrachtung verdeutlichen. Zu diesem Zweck wurde die ermittelte Verteilung der Berufsgruppen auf die Gesamtheit der Westmigranten im Alter von 25 bis 65 Jahren im Jahr 2004 hochgerechnet[36]. Dieser Wert gibt im Gegensatz zu dem von BÖHNING (1981) vorgeschlagenen Richtwert nicht den gesamten Anteil von Migranten in der jeweiligen Berufsgruppe an, sondern ist eine Stromgröße bezogen auf das Betrachtungsjahr 2004. Dieser Indikator gibt somit Auskunft über den Anteil der im Bezugsjahr migrierten Berufsgruppen an allen sozialversicherungspflichtig Beschäftigten in der Herkunfts- und Zielregion. Bei brain-drain-typischen Berufsgruppen im akademischen Bereich, also Professionen und Ingenieuren, erreichten die Westwanderer ein quantitatives Ausmaß, das im Bezugszeitraum ca. 1,4 bzw. 1,0 % aller sozialversicherungspflichtig Beschäftigten in Westdeutschland entsprach (vgl. Tab. 40). Bei Technikern und Semiprofessionen wurden etwas geringere prozentuale Anteile erreicht. Bezogen auf das Herkunftsgebiet ergibt sich jedoch ein anderes Bild. Schließlich erreicht im Untersuchungsjahr das Ausmaß der nach Westen wandernden Ingenieure 5,0 % aller in Ostdeutschland Beschäftigten dieser Berufsgruppe. Bei den Professionen sind es 3,5 %, bei Technikern 3,4 % und bei Berufen der Semiprofessionen 1,8 %. Diese Ergebnisse unterstreichen die quantitative Bedeutung des Ressourcenabflusses bei den betrachteten Berufsgruppen für das Herkunftsgebiet. Die Hochrechnung verdeutlicht, dass jährlich mehr als 6.600 Ingenieure und fast 7.700 Migranten mit Berufen aus der Gruppe der Professionen abwandern.

Insgesamt lässt sich jedoch feststellen, dass aus gesamtdeutscher Sicht die Austauschbeziehungen ein eher geringes Ausmaß erreichen. Quantitative Relevanz besitzt die Abwanderung im hoch qualifizierten Segment „nur" aus Sicht der östlichen Bundesländer. Dem Bild des mobilen und flexiblen Akademikers entsprechen die quantitativen Austauschbezüge zwischen den beiden deutschen Großregionen jedoch nicht. Auch die Relation der migrierenden Arbeitskräfte zur Gesamtheit aller sozialversicherungspflichtig Beschäftigten in Ostdeutschland muss differenziert bewertet werden. Zwar entspricht beispielsweise die Zahl der abgewanderten Ingenieure im Betrachtungszeitraum 5,0 % der sozialversicherungspflichtig Beschäftigten dieser Berufsgruppe in Ostdeutschland, dies lässt aber nicht den Schluss zu, dass sich der Bestand an Ingenieuren in Ostdeutschland jährlich um 5 % dezimiert, schließlich war auch bei dieser Berufsgruppe ein hoher Anteil an Westmigranten vor dem Fortzug arbeitslos oder befürchtete den Verlust des Arbeitsplatzes. Wie in Tab. 41 dargestellt, befanden sich 33 % der nach Westen fortgezogenen Ingenieure, 34 % der Professionen, sogar 50 % der Techniker und 33 % der Semiprofessionen in dieser Lebenssituation.

Zusammenfassend fällt daher die Bewertung des Wanderungsstroms unter Brain-Drain-Gesichtspunkten differenziert aus. So kann auf Grundlage dieser Ergebnisse zwar aus finanzieller Sicht uneingeschränkt von einem Ressourcenabfluss gesprochen werden, dem entgegen steht aber der hohe Anteil von Arbeitslosen bzw. von Arbeitslosigkeit be-

---

[36] Hierzu wurden die Ergebnisse der Fallstudie Sachsen-Anhalt auf das gesamte ostdeutsche Analysegebiet übertragen. Für die Hochrechnung zu Grunde gelegt wurde die Gesamtheit aller Westmigranten zwischen 25 und 65 Jahren abzüglich des in der Fallstudie ermittelten Anteils an Personen ohne sozialversicherungspflichtige Beschäftigung. Bei der Altersgruppe der über 25-Jährigen ist davon auszugehen, dass der Großteil der Fortzügler die berufliche Erstausbildung beendet hat.

Tab. 41: Bedeutung von Arbeitslosigkeit in brain-drain-relevanten Berufsgruppen

Berufsgruppe	Arbeitslos vor dem Fortzug in % (N: 250)	Arbeitsplatzverlust befürchtet in % (N: 342)	insgesamt in %
Ingenieure	24	10	34
Professionen	19	15	34
Techniker	37	13	50
Semiprofessionen	28	5	33

Quelle: Eigene Erhebungen, Fragen 19, 24 und 34 (vgl. Anlage A)

drohten Akteuren. Da in diesen Fällen im Herkunftsgebiet keine oder keine effiziente Nutzung des Humankapitals der Migranten stattfindet, kann nur bedingt von einem brain drain gesprochen werden.

Andererseits sollte auch berücksichtigt werden, dass hoch qualifizierte Migranten, und zwar in besonderem Maße Akademiker der brain drain typischen Berufsgruppen wie Ingenieure und Professionen, gleichzeitig eine hohe Mobilitätsbereitschaft aufweisen. Dies zeigt sich auch daran, dass diese Berufsgruppen vornehmlich der Gruppe des „risikofreudigen und karriereorientierter Migranten" zuzuordnen sind. Eine Rückgewinnung scheint bei entsprechenden Anreizen somit sehr aussichtsreich. Anders verhält sich die Situation im nicht-akademischen Bereich bei mittleren Qualifizierungsschichten: hier tritt möglicherweise eher ein irreversibler Verlust ein. Obwohl der Abfluss in diesem Qualifizierungssegment klassischerweise nicht als brain drain beschrieben wird, ergibt sich hierin aus regionalökonomischer und regionalpolitischer Sicht eine Problemsituation. Gerade die ländlichen und peripheren Räume sowie altindustrielle Mittelstädte sind davon betroffen. Da die regionalen Zentren ihre Funktion als Ausbildungs- und Beschäftigungsstätte in diesem Segment nur unzureichend übernehmen, findet ein überregionaler Ressourcenabfluss statt.

8.1.2 Erweiterung um den Aspekt der Rückwanderung

Die Frage nach einer möglichen Rückkehr der Westwanderer ist von zentraler Bedeutung für die weitere Abschätzung der langfristigen Konsequenzen für die Herkunftsgebiete.

Verschiedene Studien zeigen, dass die Rückwanderung nach Ostdeutschland ein quantitativ bedeutsames Ausmaß annimmt. BECK (2004) geht davon aus, dass an den Zuzügen nach Ostdeutschland mindestens zur Hälfte Rückwanderer beteiligt sind (BECK 2004, S. 106). Anhand des SOEP-Datensatzes konnte KEMPE (2001, S. 23) ermitteln, dass von den zwischen 1990 und 1996 nach Westen migrierten Ausbildungswanderern bis 1999 schätzungsweise ca. ein Drittel mit einer abgeschlossenen Berufsausbildung oder einem absolvierten Hochschulstudium wieder zurückgekehrt sind. Daher kann die Ausbildungswanderung weder eindeutig als Humankapitalverlust noch als -gewinn beschrieben werden. Akteure der Gegenstrombewegung, also Zuzügler nach Ostdeutschland, sind ebenfalls überdurchschnittlich hoch qualifiziert (vgl. Kap. 6.2). Auch wenn es in den Betrachtungsphasen hierbei zu Verschiebungen kam, so ist das formale Bildungsniveau der Zuzügler und Fortzügler annähernd äquivalent. Während in die Ost-West-Wanderung Frauen überdurchschnittlich involviert sind, ist im Gegenstrom die Geschlechterproportion in Richtung der Männer verschoben. Die Zuzüge münden vornehmlich in der Hauptstadt Berlin und in anderen ostdeutschen Oberzentren. BECK (2004, S. 107 ff.) unterscheidet die West-Ost-Migranten in die Gruppe der primären Zuzügler, also Migranten, die erstmalig nach Ostdeutschland wandern und in Rückkehrer. Anhand dieser Einteilung konnte BECK signifikante Unterschiede zwischen den beiden Gruppen hinsichtlich bestimmter Merkmale feststellen. Die Rückkehrer sind jünger als die primären Migranten, wenngleich sie häufiger mit Kindern migrieren. Trotzdem ist der Anteil der allein wandernden Migranten im Gegenstrom sehr hoch, wobei BECK dies vornehmlich auf allein wandernde primäre Migranten zurückführt. Der festgestellte hohe Männeranteil im West-Ost-Wanderungsstrom ist bei ostdeutschen Rückkehrern mit 45,4 % etwas weniger ausgeprägt als bei neu zuziehenden Westdeutschen (41,9 %). Hinsichtlich des formalen Bildungsniveaus konnte BECK (2004, S. 109 f.) feststellen, dass sich Rückkehrer und primäre Zuzügler nach Ostdeutschland kaum unterscheiden.

Darüber hinaus – so hat die Fallstudie Sachsen-Anhalt gezeigt – ist auch ein nennenswerter Teil der Ost-West-Wanderung durch Rückwanderer nach Westdeutschland determiniert. Noch stärker als die Rückwanderung nach Ostdeutschland ist die nach Westdeutschland durch ausgesprochen hoch qualifizierte Bildungs- und Berufsgruppen gekennzeichnet. Diese Beobachtungen lassen darauf schließen, dass sich zwischen den beiden Teilräumen ein zirkulierendes Wanderungsgeschehen im hoch qualifizierten Bereich etabliert. Ebenso deutlich ausgeprägt ist die individuelle Bereitschaft zu einer Rückwanderung nach Ostdeutschland bei Akteuren in den brain drain typischen Berufsgruppen des akademischen Bereichs (vgl. Tab. 42). Auch die fokussierten Berufsgruppen des vorwiegend nicht-akademischen Bereichs stehen einer Rückwanderungsentscheidung häufig

Tab. 42: Rückkehrintention nach Berufsgruppen bei Fortzüglern aus Sachsen-Anhalt

Rückkehr nach Sachsen-Anhalt (in %):	ja	möglicherweise	nein	weiß nicht/ k.A.
Agrarberufe*	---	---	---	---
Einfache manuelle Berufe	31	18	49	2
Qualifizierte manuelle Berufe	42	25	33	1
Techniker	53	9	37	1
Ingenieure	60	15	24	1
Einfache Dienste	36	18	46	0
Qualifizierte Dienste	52	18	27	2
Semiprofessionen	54	16	30	0
Professionen	54	16	29	1
Einfache kaufmännische Verwaltungsberufe	32	13	55	0
Qualifizierte kaufmännische Verwaltungsberufe	54	16	28	1
Manager*	---	---	---	---
nicht zuordenbar*	---	---	---	---
alle Gruppen, N: 820	49	17	34	1

Quelle: Eigene Berechnungen (* zu geringe Fallzahlen), Fragen 34 und 45 (vgl. Anlage A)

offen gegenüber, obwohl der hohe Frauenanteil der Semiprofessionen und der höhere Anteil partnerschaftlicher und familiärer Bindungen am Zielort die Wahrscheinlichkeit einer Rückwanderung in diesem Bereich weniger wahrscheinlich machen.

Bei der regionalen Betrachtung von Rückwanderungswahrscheinlichkeiten wird deutlich, dass hiervon im hoch qualifizierten Segment in erster Linie die Zentren in Ostdeutschland profitieren. Wie in Kap. 4.3 dargestellt, bestehen auf Betrachtungsebene der Landkreise und kreisfreien Städte deutliche Unterschiede hinsichtlich Migration und Bevölkerungsentwicklung. Die derzeit von Abwanderung und Schrumpfung besonders betroffenen peripheren und ländlichen Regionen sowie altindustriellen Mittelstädte haben auch die geringsten Zuzüge zu verzeichnen. Hier besteht aufgrund fehlender attraktiver Beschäftigungsmöglichkeiten nur eine geringe Wahrscheinlichkeit, dass es zu nennenswerten Rückwanderungsbestrebungen kommt. Rückwanderung in die von Schrumpfung und demographischer Alterung explizit betroffenen Gebiete beschränkt sich überwiegend auf persönliche Motivation wie Erbschaften, Pflegebedürftigkeit der Eltern, Altersruhesitzwanderungen oder missglückten Westwanderungen, wobei deren quantitatives Ausmaß – im Vergleich zu den Fortzügen – als gering einzuschätzen ist.

Zusammenfassen widersprechen diese Ergebnisse der geäußerten Sorge um einen drohenden künftigen Fachkräftemangel durch die Abwanderung im hoch qualifizierten Bereich. Anders stellt sich die Situation im mittleren Qualifizierungssegment dar, sodass für Schrumpfungsregionen abseits der Zentren Ostdeutschlands die gravierendsten Konsequenzen zu erwarten sind.

Migration generell zu fördern, also Zu- und Abwanderung, kann im hoch qualifizierten Segment auch für Abwanderungsgebiete vorteilhaft sein. Als Positivbeispiel soll daher ein Zitat eines Migranten herangeführt werden, der während seiner 12-Jährigen Zeit in Sachsen-Anhalt ein Unternehmen mit Studenten gegründet hat, das auch nach seinem Fortzug weiter besteht und in dem er auch weiterhin seine Rolle als Gesellschafter wahrnimmt. Die Entscheidung, das Unternehmen auch nach dem Fortzug in Sachsen-Anhalt lokalisiert zu lassen, begründet Wolfgang, 38, Köln folgendermaßen:

[...] die ersten Fördermittel, die wir bekommen haben, waren daran gebunden, dass wir in Sachsen-Anhalt gründen. Also das geht nicht, die [Studenten, A.Sc,] hätten also nicht nach Köln kommen können. Also ich bin kein altruistisches Vorbild oder wie man das nennt. Also ich gründe die Firma nicht, weil es Ostdeutschland gut gehen soll oder weil man hier irgendwann mal was machen sollte. Aber ich gründe die Firma mit den Studenten zusammen, weil das meine Freunde sind und weil man damit Geld verdienen kann. [...] ich gründe die Firma hauptsächlich aus meinem Nutzen heraus und ich möchte, dass andere davon profitieren, dass Halle davon profitiert und die Jungs hier profitieren, weil sie eine Arbeitsmöglichkeit und auch eine spannende Zeit haben. Wenn die Firma erfolgreich ist, dann werden sie auch reich damit, wenn sie nicht erfolgreich ist, haben sie auf jeden Fall eine gute Lebenserfahrung.

8.2   *Kernpunkte für regionalpolitisches Handeln*

Angesichts der etwas unterdurchschnittlichen Mobilitätsbeteiligung der ostdeutschen Erwerbspersonen stellt sich auf Grundlage der vorgelegten Befunde die Frage, ob es überhaupt angemessen ist, die Fortzüge aus den neuen Bundesländern und Berlin zu steuern.

Maßnahmen zur Verringerung der Abwanderung und somit auch von Mobilität schränken nicht nur die individuellen beruflichen Qualifizierungschancen ein, sondern mindern auch die Möglichkeit der Akteure, ihre kognitiven und nicht-kognitiven Fähigkeiten zu erweitern. Zudem findet angesichts einer sich entwickelnden wissensbasierten Ökonomie ein optimaler Einsatz von Humanressourcen durch Allokation (also Mobilität) statt.

Ausbildungsfunktion regionaler Zentren im mittleren Qualifikationsbereich

Ein Ansatzpunkt regionalpolitischen Handelns ist daher, die Attraktivität regionaler Zentren zu stärken, damit diese im mittleren Qualifizierungsbereich ihre Funktion als Ausbildungsstätten und regionale Arbeitsmarktzentren wahrnehmen können. Im mittleren Qualifizierungssegment ist eine Ausbildungs- und Berufswanderung der jungen Bevölkerung, die typischerweise in das nächstgelegene regionale Zentrum gerichtet ist durch eine überregionale Wanderungsbewegung nach Westen ersetzt worden. Die Beobachtung, dass oftmals intensive Anstrengungen unternommen wurden, im Herkunftsgebiet einen Arbeitsplatz bzw. eine Ausbildungsmöglichkeit zu finden, verdeutlicht, dass ostdeutsche Zentren nicht im erforderlichen Ausmaß ihre Funktion als Ausbildungs- und Erwerbsstätte übernehmen.

Die Rolle der Hochschulen für ein zirkulierendes Wanderungsgeschehen

Weiterhin hat die vorliegende Arbeit deutlich gemacht, dass vor allem Akteure, die als „risikofreudige und karrierefixierte Migranten", beschrieben werden können, eine hohe Mobiltäts- und zugleich Rückkehrbereitschaft aufweisen. Sehr häufig handelt es sich bei diesen Fortzüglern um Akademiker oder Studenten, sowie um einen nennenswerten Anteil von in Westdeutschland geborenen Migranten. Diese Tatsache verdeutlicht, dass Abwanderung im hoch qualifizierten Bereich gleichzeitig einen Pool an potentiellen Zuwanderern schafft die „Erfahrungen" mit der Region haben. Gerade die hohe Rückkehrbereitschaft mobilitätsbereiter und -erfahrener Westmigranten, die wenige Jahre zuvor von West- nach Ostdeutschland zugezogen waren und nun nach Westen zurückkehren, unterstreicht die Bedeutung der Hochschulen und Universitäten. Gelingt es, ostdeutsche Universitäten auch für Studenten und wissenschaftliches Personal außerhalb der Hochschulregion, d. h. aus ganz Deutschland und dem Ausland, attraktiv zu machen, werden damit junge Menschen in einer Lebensphase, die durch eine hohe Mobilitätsbereitschaft gekennzeichnet ist, in die Region gezogen. Während dieser – wenn auch häufig begrenzten Zeit – sammeln sie Erfahrungen und Eindrücke, die die Bereitschaft, in einer späteren Lebensphase wieder zurückzukehren, positiv beeinflussen. Wie die Untersuchung gezeigt hat, sind Zuwanderer aus Westdeutschland, die nach einer zeitlich begrenzten Phase, wieder nach Westdeutschland ziehen, in hohem Maße bereit, erneut nach Ostdeutschland zu ziehen. Die in anderen Studien festgestellte reservierte Haltung von Seiten der Unternehmen gegenüber westdeutschen Bewerbern, die mit einem geringen Umzugswillen nach Ostdeutschland erklärt wird (vgl. Lang und Müller 2001, S. 295) kann somit aus Sicht der „Ostdeutschland-Erfahrenen" westdeutschen Arbeitskräfte nicht bestätigt werden. Die Fallstudie Sachsen-Anhalt zeigt, dass die Erfahrungen, die im Rahmen eines Studiums, der wissenschaftlichen Weiterqualifizierung oder allgemein der temporären Arbeit in der Untersuchungsregion gemacht wurden, die Bereitschaft für eine erneute Migration nach Ostdeutschland erhöhen. Anzeichen für ein zirkulierendes Wanderungsgeschehen im hoch qualifizierten Bereich sind gegeben.

Institutionelle Förderung von Rückwanderung

Einige Bundesländer haben als Konsequenz auf die Nettoabwanderung und zur Förderung der Rückwanderung bereits mit der Einrichtung so genannter „Rückholagenturen" reagiert[37]. Sie richten sich an Fortgezogene mit Rückkehrbestrebungen oder allgemein an potentielle Zuwanderer. Wenn auch die Organisation und die spezifischen Aufgaben dieser Einrichtungen fallweise unterschiedlich aussehen, so lässt sich doch verallgemeinernd sagen, dass ihr Auftrag im „Kontakt halten" mit den Migranten und der Informationsbereitstellung über landesspezifische Entwicklungen, Großereignisse und vor allem auch in der Vermittlung von vakanten Stellen für Fachkräfte liegt. Finanziert werden diese Einrichtungen meist durch öffentliche Mittel und bestehen in Form einer Landesagentur. Zudem gibt es aber auch Beispiele öffentlich-privatwirtschaftlicher Kooperationen. Diese Bestrebungen sind generell als sinnvoller Ansatzpunkt zu betrachten, wobei die Legitimation dieser Institutionen häufig auf Grundlage eines befürchteten Fachkräftemangels oder eines Ressourcenabflusses an kreativen und innovativen „Köpfen" gesehen wird. Daher sollten sich diese rückwanderungsfördernde Institutionen auch auf Angebote konzentrieren, die den Rückwanderungsentscheidungsprozess beeinflussen können. Die vorliegende Untersuchung hat gezeigt, dass Rückwanderung sehr häufig von rational-ökonomischen Rahmenbedingungen abhängig gemacht wird. Daher sollte sich das Informationsangebot auch darauf konzentrieren, prinzipiell rückkehrbereite Migranten mit Informationen zur Entwicklung des Arbeitsmarktes zu bedienen. Falls in einigen Segmenten des hoch qualifizierten Arbeitsmarktes ein Fachkräftemangel entsteht, könnte damit ein Pool an „regionserfahrenden" und mobilitätsbereiten Arbeitskräften aktiviert werden. Die Hürden und Vorbehalte von Unternehmen, Fachkräfte außerhalb der Region zu rekrutieren, können somit gesenkt werden (vgl. Kap. 7.1). Gleichfalls sollten Informationen zu öffentlichen Förderprogrammen für Unternehmensgründer auch überregional transportiert werden. Dazu zählt auch die Kontaktvermittlung zu allen relevanten Anlaufstellen, Institutionen oder zu Unternehmensnetzwerken. Gerade die Gruppe der hoch qualifizierten Migranten mit Rückkehrbereitschaft kann sich als eine wertvolle Zielgruppe für Gründungsaktivitäten erweisen. Auch hier kommt den Universitäten und Gründerzentren eine zentrale Rolle zu. Beispielsweise können für diese Informationsvermittlung auch bestehende Alumniverzeichnisse genutzt werden, sodass rückkehrfördernde Maßnahmen im Sinne eines effizienten Einsatzes öffentlicher Mittel über bereits bestehende Netzwerke umgesetzt werden können. Ein gezieltes, persönliches Ansprechen der Zielgruppen hat eine höhere Erfolgsaussicht als wenn Eigeninitiative und Eigenrecherche bei der Registrierung in den entsprechenden Datenbanken der Agenturen vorausgesetzt wird. In diesen Fällen wird man erfolgreiche, hoch qualifizierte Fach- und Führungskräfte eher unterrepräsentiert erreichen. An dieser Stelle soll die zunehmende Bedeutung von Netzwerken unterstrichen werden. Die Handlungsstrategie, in Form von datenbankgestützten Verzeichnissen von Absolventen und Fachkräften einer

---

[37] vgl. Mecklenburg-Vorpommern: Agentur mv4you - www.mv4you.de / Sachsen: ihk Dresden mit dem Projekt „Sachse komm zurück" - www.sachsekommzurueck.de / Sachsen-Anhalt: Initiative der mitteldeutschen Energiewirtschaft (Bildungszentrum Energie GmbH) gefördert durch die Europäische Union (ESF) - www.jukam.de / Ostdeutschland allgemein: Magdeburger Pilotprojekt unter Verantwortung der Universität Leipzig, Prof. Dr. RÜDIGER STEINMETZ - www.kontakt-ostdeutschland.de (in den Niederlanden, Region Twente – www.brain-drain.org)

Region, den Arbeitsmarkt für regionale Unternehmen räumlich auszuweiten und somit zu einer Qualitätssteigerung in der Personalrekrutierung beizutragen, ist als sinnvoll und somit empfehlenswert zu beurteilen.

In einer Reihe von Studien werden zur Reduzierung der Nettoabwanderung regionalpolitische Maßnahmen vorgeschlagen (z.B. bei DIENEL et al. 2004 und DIENEL et al. 2006 a/b). Unter dem Blickwinkel der Förderung eines zirkulären Wanderungsgeschehens und einer Attraktivitätssteigerung für potentielle Rück- und Zuwanderer kann das Ziel allerdings nicht sein, unkoordiniert eine große Anzahl an allen möglichen Maßnahmen vorzuschlagen, was häufig ein Problem dieser Studien ist. Eine Fokussierung auf ausgewählte Aspekte muss daher erfolgen.

Verkehrsinfrastruktur und Förderung von Pendelwanderung

Wie in der vorliegenden Arbeit gezeigt, sind Pendeln und Abwandern keine Substitute (vgl. Kap. 4.3). So haben die Pendlerregionen am Grenzsaum zu Westdeutschland keine geringeren Nettoabwanderungsraten zu verzeichnen, wohl aber eine deutlich geringe Arbeitslosenrate. Dementsprechend ist Pendelwanderung auch nur bedingt als Vorstufe von Migration zu sehen. Eine gute Erreichbarkeit ostdeutscher Regionen wirkt sich daher eher zuwanderungs- und rückwanderungsfördernd als fortzugsverstärkend aus. Weiterhin kann eine Verbesserung der Erreichbarkeit den Pendlereinzugsbereich der prosperierenden Zentren erweitern, was zu einer Reduzierung der Arbeitslosigkeit betragen kann.

Lebensbedingungen, Kinderbetreuungsangebote und Wohneigentumsbildung

Attraktive und flexible Kinderbetreuungsangebote sowie günstige Möglichkeiten zum Erwerb von Wohneigentum können für Akteure, die sich am Ende ihrer mobilen Phase befinden, Haltefaktoren darstellen. Wie die vorliegende Arbeit gezeigt hat, sehen die hoch qualifizierten Akteure mit zunehmendem Alter und/ oder mit der Gründung einer Familie, auch in Verbindung mit Wohneigentumsbildung ihre Mobilität eingeschränkt. Eine Arbeitsregion, die zuvor als Durchgangsstation betrachtet wurde, kann schließlich zur *Heimat* werden (vgl. Kap 7.4). Attraktive Lebensbedingungen, die sich auch in familienfreundlichen Infrastrukturangeboten äußern, sind als flankierende Standortvorteile bei der Gewinnung von hoch qualifizierten Rückwanderern und bei potentiellen Zuwanderern von Bedeutung.

Imageverbesserung

Ebenso wichtig wie die Schaffung attraktiver Lebensbedingung scheint deren Vermittlung und öffentliche Wahrnehmung. Assoziationen wie Arbeitslosigkeit, Ausländerressentiments, Wohnungsleerstand und Überalterung, die die öffentliche und mediale Darstellung Ostdeutschlands prägen, wirken sich negativ auf potentielle Zuwanderer aus Westdeutschland und dem Ausland aus. Daher ist auf gesellschaftlicher Ebene ein Sinneswandel erforderlich, indem regionale Stärken herausgestellt werden und sich auf die bisher erbrachten Leistungen berufen wird, vor allem im Wettbewerb um hoch qualifizierte Arbeitskräfte aber auch für erfolgreiche Bestrebungen bei Unternehmensansiedlungen. Mit der Hilfe von rückkehrwilligen Akteuren, deren regionale Erfahrung zu einer Offenheit mit der Region beigetragen hat, kann dieses Attraktivitätsproblem jedoch zwischenzeitlich überbrückt werden und es steht ein größeres Potential an hoch qualifizierten Fachkräften (in Form von Rückkehrern) zur Verfügung.

8.3 Zusammenfassung der Analyseergebnisse und Fazit der Arbeit

Durch eine abschließende Betrachtung der Analyseergebnisse lassen sich hinsichtlich der Ausgangsfragestellungen sowie der theoretischen Vorüberlegungen Ableitungen treffen.

Ausmaß und Muster des Wanderungsstroms

Von der ostdeutschen Bevölkerung wird die innerdeutsche Ost-West-Migration als dilemmabehaftet wahrgenommen und entsprechend in einer Negativperspektive diskutiert. In breiten Schichten der Öffentlichkeit verbleibt eine von Verlusterfahrung geprägte Wahrnehmung, die die Abwanderung im Fokus eines äußeren Drucks zum Verlassen der *Heimat* stellt. Tatsächlich ist die ostdeutsche Gesellschaft nach GRUNDMANN (1995, S. 51) traditionell als immobil zu beschreiben, vor 1989 fanden Migrationen generell in sehr geringem Umfang statt. Möglicherweise kann diese fehlende Erfahrung mit migrationeller Mobilität eine Ursache dafür sein, dass die Abwanderung der ostdeutschen Bevölkerung derart kontrovers diskutiert wird.

Mit dem Fall der Mauer näherte sich die Wanderungsbeteiligung nach einer ersten Hochphase in der Zeit des Umbruchs nahezu dem westdeutschen Niveau an. Bei der Betrachtung und Auswertung der Wanderungsmuster wird deutlich, dass die Wanderungen vornehmlich auf die prosperierenden Zentren in West- und Südwestdeutschland gerichtet sind. Zudem zeigt sich auch eine regionale Präferenz in der Zielgebietssuche, indem vor allem möglichst nahegelegene westliche Zentren angesteuert werden. So wandern Personen aus Mecklenburg-Vorpommern besonders häufig nach Hamburg; Sachsen und Thüringer jedoch nach Stuttgart, München und in das Rhein-Main-Gebiet. Fortzügler aus Sachsen-Anhalt bevorzugen das Bundesland Niedersachsen, insb. die Stadt Hannover. Regionale Nähe ist daher neben der arbeitsmarktorientierten Zielsuche ein weiterer bestimmender Faktor.

Wanderungsauslösende Faktoren und Migrationsnetzwerke

Die quantitativ-rekonstruktive Analyse der wanderungsauslösenden Faktoren auf Individualebene am Fallbeispiel Sachsen-Anhalt hat vor allem zum Ausdruck gebracht, dass die Migrationsentscheidungen ausgesprochen häufig im Kontext von Arbeitslosigkeit, drohender Arbeitslosigkeit oder problematischer Lehrstellensuche stehen (40 %). Eine zweite große Gruppe an Migranten kann als Familiennachzügler bezeichnet werden (28 %), wobei Überschneidungen zwischen den beiden Migrationstypen häufig gegeben sind. Als karriereorientierte Wanderung, häufig bestimmt durch Personen mit hoher formaler Schul- und ggf. Berufsbildung, ist ungefähr jede fünfte Ost-West-Wanderung zu bezeichnen.

Diese drei umrissenen „Hauptmerkmale" der Wanderungsintention lassen sich durch die Betrachtung der Wanderungszeitpunkte weiter untermauern. Allein der signifikante Zusammenhang zwischen Wanderungszeitpunkt und dem Erreichen von Bildungsabschlüssen, unterstreicht erneut die Ausbildungs- und Berufsorientierung der Fortzügler.

Wanderungen im zeitlichen Zusammenhang zum Ausbildungsbeginn werden vornehmlich von Frauen unternommen. Generell kann festgestellt werden, dass der zeitliche Zusammenhang zu Bildungs- und Ausbildungsabschlüssen bei Frauen deutlich stärker ist. Bei Männern kann dieser Zusammenhang nur für Berufseinstiegswanderungen festgestellt werden. Dies mag u. a. auch darin begründet sein, dass Arbeitspendeln bei Männern bedeutend stärker ausgeprägt ist als bei Frauen. Schließlich pendelten drei Viertel der Befragten Männer vor dem Fortzug zum Zielort, aber nur ein Viertel der Frauen.

Die Abwanderung aus Ostdeutschland steht zwar häufig unter einer rational-ökonomischen Handlungsbestimmung, sodass in diesen Fällen das Herkunftsgebiet eher unfreiwillig verlassen wird. Jedoch zeigt der große Anteil an Kettenwanderungen die Eigendynamik des Wanderungsgeschehens. Bereits in der quantitativen Fallstudie (Telefoninterviews) deutete sich die Bedeutung von Migrationsnetzwerken an. Vor allem sehr junge Ausbildungsmigranten schildern häufig die Bedeutung von bereits migrierten Freunden, ehemaligen Mitschülern oder Geschwistern deren positive Erfahrungen die Wanderungsentscheidung beeinflusst haben (vgl. Kap. 5.2.4). In den qualitativen Interviews fand dieser erste Hinweis detaillierte Bestätigung. Während Wanderungspioniere sowohl den ersten Impuls für einen Wanderungsentscheidungsprozess geben können, helfen sie auch nach dem Entschluss zur Migration dabei, Ängste und Schwierigkeiten der Akteure in der Anfangsphase am neuen Zielort zu mildern. Zudem zeigte sich in den Telefoninterviews ein eigendynamischer Prozesses. Bei den betrachteten Kettenwanderungen handelt es sich in einem nennenswerten Umfang um die Kindergeneration, die der Elterngeneration nach Westdeutschland folgt. Während die Elterngeneration bereits einige Jahre zuvor nach Westdeutschland gezogen war, folgen nun deren Kinder nach Beendigung der Schul- oder Ausbildungszeit. Diese Beobachtung erstaunt, da für die untersuchte Altersgruppe „eigentlich" eine Trennung und Abnabelung vom Elternhaus charakteristisch ist. Es kann daher von einer sog. zweiten Generation an Westmigranten gesprochen werden.

Kontaktpersonen am Zielort sind selbst bei *progressiven* Migranten von großer Bedeutung, wobei im hoch qualifizierten Bereich ein Bedeutungsverlust mit zunehmendem Alter sowie beruflicher und migrationeller Erfahrung festzustellen ist. So genannte highpotentials, die bereits über Berufs-, Wanderungs- und Lebenserfahrung verfügen, treffen Migrationsentscheidungen meist unabhängig und sind nicht mehr auf die „Hilfsleistungen" aus sozialen Beziehungen angewiesen.

Neben den erfragten handlungsbestimmenden rationalen Wanderungsmotiven (wie beispielsweise Arbeitsaufnahme, Lehrstellensuche) ist als entscheidender Faktor für die Abwanderung nach Westdeutschland eine generelle überregionale Mobilitätsbereitschaft und Streben nach Unabhängigkeit und persönlicher Entwicklung zu sehen. Trotz der altersgruppenspezifischen Betrachtung (18 bis 35 Jahre) bestehen innerhalb dieser Gruppe deutliche Unterschiede. Die qualitativen Interviews haben verdeutlicht, dass bei Ausbildungswanderern (typischerweise jünger als 20 Jahre) der Einfluss der Eltern auf die Migrationsentscheidung häufig sehr groß ist. Die Wahrnehmung und die Beurteilung der Eltern zu optimalen Lebenswegen ihrer Kinder sind von nicht zu unterschätzender Bedeutung. Insofern kann der Faktor der individuellen Mobilitätsneigung durch die Erwartungen und Erfahrungen der Eltern entsprechend erweitert werden. Der in der Arbeit festgestellte Zusammenhang zwischen Qualifikationsniveau und Zielgebietssuche verdeutlicht, dass Personen, die „eigentlich" nicht überregional mobil sind und deshalb ungern fortziehen, eher kurze Wanderungsdistanzen überwinden. Dies zeigt sich in Sachsen-Anhalt an der bevorzugten Zielsuche ins benachbarten Bundesland Niedersachsen mit gleichzeitig häufiger Zielfindung in Klein- und Mittelstädten. Demgegenüber wurde in den qualitativen Interviews deutlich, dass Erfahrungen mit bereits gemeisterten Migration(en) die Offenheit für weitere Mobilität erhöhen. Generell brachten die Migranten zum Ausdruck, dass sie auch ein Stück „weltoffener" geworden seien. Dies wurde sowohl bei jungen Ausbildungsmigranten mit bisher geringer Mobilitätserfahrung deutlich, aber auch von berufs- und mobilitätserfahrenden Akademikern in der Retrospektive bestätigt.

Verzahnung ökonomisch-rationaler Erklärungsmuster mit netzwerkbestimmter Zielgebietssuche

Im vorliegenden Fallbeispiel konnten Elemente eruiert werden, die den ökonomischen Migrationstheorien einen hohen Erklärungswert zukommen lassen. Insbesondere bei high-potentials wurde ein sehr rationales Entscheidungsverhalten festgestellt. In diesem Sinne kann eine stärkere gegenseitige Beachtung von Migrationsökonomik sowie handlungstheoretischer Erklärungskonzepte befürwortet werden. Die in neuen Ansätzen negierte Bedeutung von Lohndifferenzen und vor allem von Absolutdistanzen (vgl. PRIES 2001, S. 34) hat sich in der vorliegenden Fallstudie nicht bestätigt. Zudem wird in den neueren Ansätzen die Dynamik und sozial-gesellschaftlichen Entwicklungen von Migration betont. Auch im vorliegenden Fallbeispiel konnten Mechanismen wie Migrationsnetzwerke, multikausale Migrationsentscheidungen, kumulative Verursachung und nicht auf Dauer angelegte Wanderungsformen (Rückwanderer, Etappenwanderer) herausgefiltert werden und einen nennenswerten Erklärungswert für die aufgeworfenen Forschungsfragen liefern. Letztlich ließ sich mithilfe der qualitativen Interviews belegen, dass im akademischen Bereich eher rationale, stringente und beinahe monokausale Entscheidungswege beschritten werden, die sich viel eher in das Raster klassischer ökonomischer Theorien zur Arbeitskräftemigration einfügen. Gleichzeitig wird bei diesem hochmobilen, berufs- und karrierefixierten Typus die Migration häufig nicht auf Dauer angelegt, vielmehr findet permanent ein rationalen Kalkülen folgender Abwägungsprozess statt. Dieser Migrantentyp fällt Migrationsentscheidungen eher endogen und von sozialen Beziehungen unabhängig. Die lokale Bindung zum Herkunfts- als auch zum Zielort ist eher gering.

Die Dynamik des Wanderungsprozesses, die sich durch Migrationsnetzwerke entwickelt und somit auf sozialen Interaktionsbeziehungen beruht, impliziert eine andere Sichtweise auf Migrationen. Diese Netzwerke sind eher bei der Gruppe junger Ausbildungswanderer oder Migranten im mittleren bis geringeren Qualifikationssegment bzw. für Migranten festzustellen, für die die Wanderung eine große persönliche Herausforderung darstellt.

Auch das Modell der „escalator regions" nach FIELDING (1992) konnte anhand der erhobenen Daten in Ansätzen auf seinen Erklärungsgehalt überprüft werden. Migranten mit hohen Karriereansprüchen migrieren in prosperierende Großräume, die für sie als „escalator region" fungieren. Die Betrachtung des Einkommens vor und nach dem Fortzug bestätigt einen sozial-ökonomischen Aufstieg der Akteure. Gerade die hoch qualifizierten Migranten stehen einer Rückwanderung sehr offen gegenüber. Im Modell von FIELDING sollten diese Migranten durch spätere Rückkehr einen hohen sozialen und ökonomischen Erfolg erreichen. Eine Verifizierung des Modells erfordert jedoch weiterführende Analysen des Rückwanderungsgeschehens (vgl. Kap. 8.4).

Insgesamt kann daher für eine stärkere gegenseitige Berücksichtigung klassischer ökonomischer Konzepte und moderner geographischer migrationstheoretischer Ansätze plädiert werden.

Neuausrichtung räumlicher Begriffstypisierung und Bewertung der Migrationsdistanz

Die Analyse der Wanderungsziele und -distanzen hat verdeutlicht, dass Migranten mit mittlerem Qualifikationsniveau, deren Migrationsentscheidung sehr stark prekär-ökonomischen Kontexten unterliegt, eher ins benachbarte Niedersachsen ziehen. Die Ziele von hoch qualifizierten Migranten sind stärker auf Metropolräume ausgerichtet, jedoch weniger an regionale Präferenzen gebunden. Der Faktor der räumlichen Nähe zur Heimatregion ist von geringerer Bedeutung.

Insofern unterstreichen diese Befunde die Bezüge der innerdeutschen Ost-West-Wanderung zur internationalen Arbeitskräftemigration. Unter diesen Gesichtspunkten kann daher eine Abkehr von der typischen an administrativen Gebietsgrenzen ausgerichteten Begriffsdefinition von *Binnenwanderung* vs. *internationaler Wanderung* empfohlen werden. Es erscheint sinnvoll, die Begriffsdefinition auf eine regionale Perspektive hin auszurichten. In Maßstäben der europäischen Union verlieren „Barrieren" in Form von gesetzlichen Bestimmungen und Reglementierungen, die durch Ländergrenzen determiniert sind, an Bedeutung. Letztlich löst sich für hoch qualifizierte und weltoffene Migranten die Bedeutung von sprachlichen und kulturellen Barrieren oftmals auf, sodass mindestens im europäischen Kontext ohnehin eher von *interregionalen Wanderungen,* unabhängig vom Überschreiten von Staatsgrenzen gesprochen werden sollte.

Einschätzung nach humankapitalorientierten Maßstäben

Ausgangspunkt für weiterführende Analysen zum in den Wanderungsstrom eingebundenen Humankapital war die Beobachtung, dass vornehmlich Migranten mit überdurchschnittlich hoher formaler Schulbildung und überproportional viele Personen mit akademischem Abschluss in das Wanderungsgeschehen involviert sind. Dieses in verschiedenen Untersuchungen (vgl. KEMPE 1999, KEMPE 2001, SCHNEIDER 2005, BECK 2004, DIENEL 2004, STALA 2002 sowie HARD, KEMPE und SCHNEIDER 2001) immer wieder bestätigte Ergebnis führte sehr schnell zur Identifizierung eines sog. brain drain aus Ostdeutschland. Sicherlich führt ein permanenter über (bis dato) 15 Jahre dauernder Wanderungsverlust, der durch überdurchschnittliche Beteiligung hoher Bildungsschichten gekennzeichnet ist, zu einem Ressourcenverlust im Herkunftsgebiet.

In diesem Zusammenhang ist allerdings auch zu berücksichtigen, dass die Zuwanderung von West- nach Ostdeutschland gleichermaßen durch eine Selektivität hinsichtlich hoher formaler Bildungsabschlüsse geprägt ist. Das quantitative Ausmaß der Zuwanderung ist jedoch zu gering, um zu einer – aus Sicht Ostdeutschlands – ausgewogenen Entwicklung zu gelangen. Zudem wurde in der vorliegenden Arbeit auch deutlich, dass diese singuläre Betrachtung von Zu- und Abfluss nicht zielführend ist, da sie im Kontext von brachliegenden und nicht adäquat genutzten Humanressourcen in Ostdeutschland allein nicht haltbar ist. Die quantitative Fallstudie (Telefoninterviews) hat deutlich gemacht, dass

- auch im hoch qualifizierten Bereich (Akademiker) jeder fünfte Migrant vor der Westwanderung von Arbeitslosigkeit betroffen war;
- ein weiterer nennenswerter Teil den Verlust des Arbeitsplatzes befürchtete bzw. diese Situation zu erwarten war;
- in die Westwanderung nicht generell eher Akademiker als Nichtakademiker eingebunden sind, sondern der Wanderungsstrom durch bestimmte Berufsgruppen dominiert wird;
- diese Berufsgruppen (im akademischen Bereich: Hochqualifizierte Dienstleistungsberufe [Professionen] und Ingenieure, im nichtakademischen Bereich: Techniker und qualifizierte Dienstleistungsberufe [Semiprofessionen]) auch typischerweise in internationalen Studien zum brain drain als typische Akteursgruppen ausgewiesen werden.

Zudem müssen die Differenziertheit der Wanderungsintentionen und die Zielgruppen- bzw. Migrationstypus-spezifischen Besonderheiten und Unterschiede berücksichtigt werden. Hoch qualifizierte Fortzügler zeichnen sich generell durch eine höhere Mobilitätsbereitschaft aus, die sich vor allem darin äußert, dass sich die Akteure vor dem Fortzug deutlich seltener in einer ökonomischen Problemsituation befanden und die Zielgebietswahl stärker zentrenorientiert ist. Weltoffene, migrationsaffine und hoch qualifizierte Personen wandern eher zentrenorientiert und häufiger losgelöst von der Wanderungsdistanz. Demgegenüber steuern eher standortverbundene Migranten, die die Wanderung als von ökonomischen „Zwängen" diktiert empfinden häufiger auch Ziele abseits der prosperierenden Metropolräume an.

Eine Betrachtung unter Humankapitalgesichtspunkten erfordert aber auch den Bezug zu eventuellen langfristigen Entwicklungen, die durch Rückwanderung oder zirkuläre Wanderung determiniert werden. Generell konnte in der vorliegenden Arbeit festgestellt werden, dass Rückwanderung vor allem in folgenden Fällen erwartet werden kann:

- bei „misslungener" Integration am Zielort des Migranten, privaten und/oder beruflichen Schwierigkeiten;

  Die Herausforderung „Migration" konnte nicht gemeistert werden. Die tatsächliche Rückkehrquote ist schwer abschätzbar, der wahrscheinliche Anteil am Rückkehrvolumen ist mittel bis hoch.

- bei familiären „Katastrophen" wie Pflegebedürftigkeit oder Tod eines Elternteils, Erbschaften, Firmenübernahme von den Eltern;

  Der wahrscheinliche Anteil am Rückkehrvolumen ist eher gering bis sehr gering.

- bei ökonomischen Anreizen wie mindestens äquivalente Einkommens- und Beschäftigungsmöglichkeiten.

  Vor allem im hoch qualifizierten Bereich ist hier die Rückkehrbereitschaft hoch. Das tatsächliche Rückkehrgeschehen hängt allerdings primär von den Gegebenheiten und Entwicklungen auf dem Arbeitsmarkt ab. Der wahrscheinliche Anteil am Rückwanderungsvolumen ist vermutlich mittel bis gering.

Neuausrichtung der brain drain-Definition

Angesichts dieser Befunde stellt sich die Frage, inwieweit die Ost-West-Wanderung, zu einer Neuausrichtung bzw. Spezifizierung einer Definition von brain drain beitragen kann. Während die klassische Sichtweise häufig auf Akademiker, Wissenschaftler und Ingenieure fokussiert, wird in der jüngeren Literatur die Begrifflichkeit um brain exchange oder brain waste erweitert. Dies ist auch ausgesprochen sinnvoll, um die Bandbreite möglicher „Wirkungen" zu bezeichnen. Die innerdeutsche Ost-West-Wanderung führt aus Sicht der Herkunftsgebiete – wie in Kap. 6 und 7 beschrieben – gleichermaßen zu Prozessen, die sowohl als brain drain als auch als brain exchange oder brain re-gain (bei Rück- und Zuwanderung sowie zirkulierender Wanderung), bezeichnet werden können. Durch die hohe Arbeitslosigkeit vor der Abwanderung und die Beschäftigung in nicht adäquaten Arbeitsverhältnissen kann die ostdeutsche Ausgangssituation ebenfalls als brain waste beschrieben werden. Aus Sicht der Zielländer lassen sich Prozesse erkennen, die als brain gain, brain exchange, brain drain (z. B. bei Rückwanderung nach Ostdeutschland nach abgeschlossener Ausbildung) und ebenfalls brain waste (bei Annahme unterqualifizierter Beschäftigungsverhältnisse, insb. bei Frauen und Zuzüglern mit Migrationshintergrund) bezeichnet werden können. Es existieren in einer mobilen Gesellschaft gleichzeitig eine Vielzahl von Prozessen nebeneinander, die unterschiedlicher Bezeichnung bedürfen.

Ungerechtfertigter Weise verblieb der Begrifflichkeit des brain drain bis heute ein Negativimage und zwar sowohl im politischen als auch im wissenschaftlichen Sprachgebrauch. Die historische monokausale Betrachtungsweise der Hoch-Qualifizierten-Wanderung, die die Herkunftsländer als Humankapitalverlierer und die Zielländer als Humankapitalgewinner vom Grunde her deklariert, wird in aktuellen Arbeiten kritisch hinterfragt. Diese Grundproblematik der Brain-Drain-Definition konnte schließlich auch durch die vielfältigen Erweiterungen mit sprachlich verwandten Begrifflichkeiten (brain exchange, brain re-gain, brain waste) nicht behoben werden, wenngleich sie als eine Reaktion auf diese definitorischen Schwierigkeiten und die fehlende Exaktheit des Brain-Drain-Begriffs zu verstehen ist. Zumindest verdeutlicht die Fülle an Begrifflichkeiten, die in diesem Zusammenhang in der Literatur verwendet werden, das vielfältige Beziehungsgeflecht zwischen möglichen Humankapitalflüssen. Abb. 36 veranschaulicht ein Konstrukt von möglichen Abläufen und Wechselbeziehung.

Das Definitionsproblem des brain drain beginnt bereits bei der Frage, für welche Akteursgruppen ein brain drain postuliert werden kann. Führt bereits die Zugehörigkeit zu einer bestimmten Berufs-, Qualifikations- oder Altersgruppe zur Aufnahme in die „Zielgruppe"?

In der klassischen Abgrenzung bzw. in den frühen Arbeiten zum brain drain aus Entwicklungsländern (in den 1970er und 1980er Jahren) wurden vor allem Akademiker und insbesondere Wissenschaftler als Akteure eines Brain-Drain-Prozesses deklariert. Diese Definitionsweise impliziert jedoch, dass gerade und ausschließlich der Abfluss dieses Segments nachhaltig negative Folgen auf die wirtschaftliche Entwicklung eines Landes oder einer Region hätte. Unerlässlich ist eine Erweiterung und gleichzeitig Einschränkung (Spezifizierung) einer Definition. Aus Sicht der Autorin kann erst dann von einem

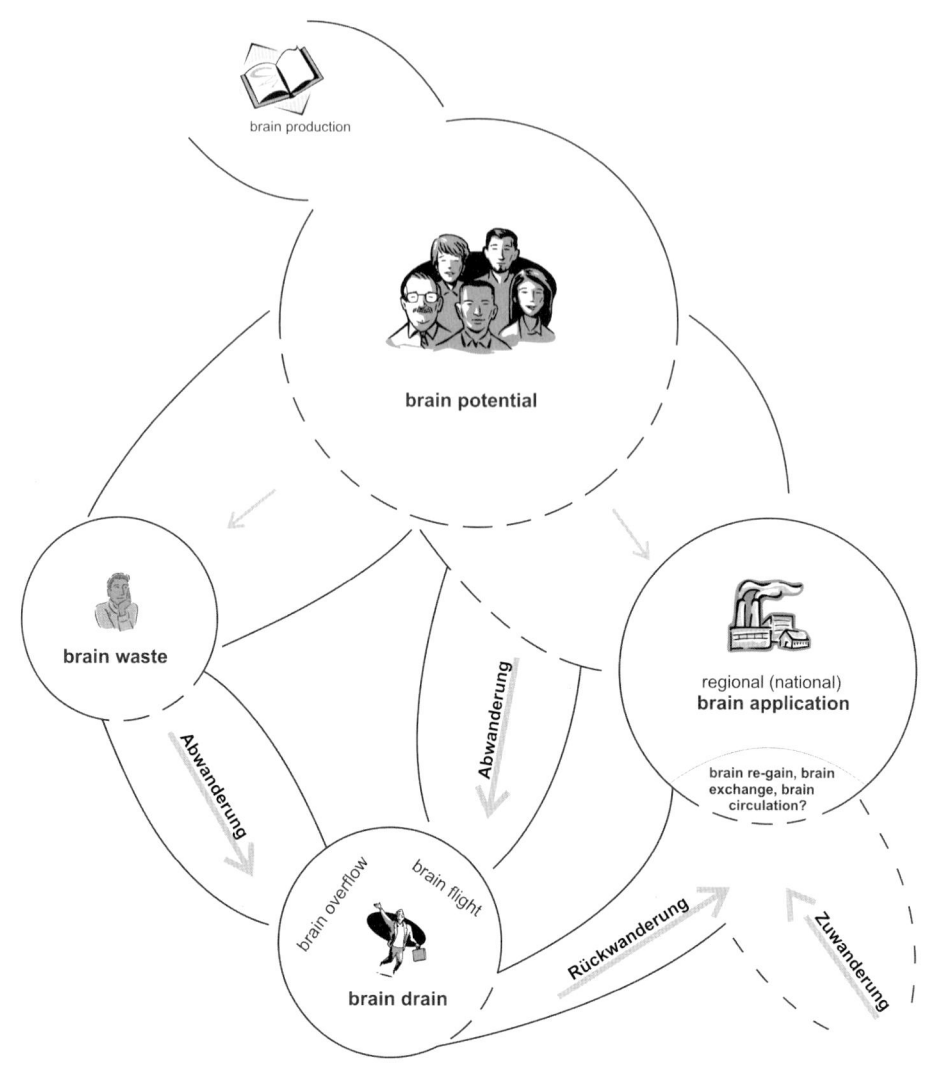

Quelle: Eigener Entwurf

Abb. 36: Wechselwirkungen und Beziehungen in der Brain-Drain-Perspektive – Flussschema

brain drain gesprochen werden, wenn einer Region Fachkräfte abfließen, deren Qualifikationen im Herkunftsgebiet adäquat genutzt und nachgefragt werden, das Ausmaß der regionalen Arbeitsnachfrage nach Fachkräften durch den permanenten Abfluss nicht mehr gedeckt wird und das entstandene Defizit nicht durch Anwerbung von überregionalen Fachkräften (Zuwanderung) abgefangen werden kann. Im Extremfall mündet ein Fachkräftedefizit in politischen Reaktionen, die die Anwerbung internationaler (überregionaler) Zuwanderer nachhaltig befördert (beispielsweise in Form von Greencards für IT-Spezialisten in Deutschland zwischen 2002 und 2004).

Es soll ein weiterer Aspekt diskutiert werden. Die innerdeutsche Ost-West-Migration unterscheidet sich insofern von internationalen Wanderungsströmen als das Freizügigkeit des Wohnens und Arbeitens, als gleichwertig anerkannte Bildungsabschlüsse sowie die sprachliche und kulturelle Einheit eine Sondersituation zu den klassischen Analysegebieten auf internationaler Ebene darstellen. Anhand des untersuchten Fallbeispiels konnte gezeigt werden, dass in einem solchen – von wenig reglementierenden Faktoren gekennzeichneten – Prozess sehr kurzfristige zyklische Veränderungen auftreten. Allein in der betrachteten Zeitspanne (1991 bis 2003/2004) konnten vier verschiedene Phasen im Wanderungsgeschehen und in den eruierten Humankapitalflüssen festgestellt werden (vgl. Kap. 6.2). So unterliegen das Ausmaß der Humankapitalströme sowie die determinierenden und begleitenden Prozesse (brain drain, brain waste etc.) einer hohen zeitlichen Variabilität, sodass für zukünftige Entwicklungen in Ostdeutschland keine dezidierte Aussage möglich ist.

Generell muss festgestellt werden, dass die Begrifflichkeit des brain drain und seiner Erweiterungen im wissenschaftlichen Sprachgebrauch keiner tiefgründigen Bewertung standhält, da davon ausgegangen werden kann, dass in einer Region (wie auch im betrachteten Fallbeispiel Ostdeutschland) in der Regel meist sich überlagernde und/oder konträre Prozesse stattfinden. Ebenfalls sind die zeitliche Variabilität und die Dynamik von Humankapitalströmen im Wandel konkurrierender Regionen zu berücksichtigen. Ein temporär konstatierter brain drain kann daher gleichzeitig die Grundlage eines zukünftigen brain-re-grain sein. Problematisch scheint daher vor allen Dingen der negative bzw. positive Tenor der mit einer <u>aktuellen</u> Gewinn- bzw. Verlustsituation verbunden wird. Im Fall von Ostdeutschland muss bedacht werden, dass die Abwanderung, die derzeit einen Humankapitalabfluss und somit einen brain drain verursacht, keinen Nachteil zu einem Brachliegen von Humanressourcen (also einem brain waste) bei akzeptierter Arbeitslosigkeit oder Beschäftigung in nichtadäquaten Arbeitsverhältnissen darstellt. Dies spricht bei der Verwendung von Begrifflichkeiten für eine Distanzierung von damit verbundenen Bewertungen im positiven oder negativen Sinn. Ein Prozess, der von einer Brain-Drain-Situation determiniert wird, sollte daher stets Anlass dazu geben, zu hinterfragen, mit welchen Instrumenten auch für die Herkunftsregion eine optimale Entwicklung erreicht werden kann. Im Zeitalter wissensbasierter Ökonomien wird der regionale Abfluss, Austausch und Rückfluss von Fachkräften und somit Humanressourcen zunehmen. Die Relevanz dieser Fragestellung wird daher weiter steigen.

8.4 Forschungsbezogener Ausblick

Die Vielschichtigkeit sowie die komplexen Wechselwirkungen des bearbeiteten Forschungsthemas eröffnen eine Reihe von weiteren anknüpfenden Forschungsfragen.

In der vorliegenden Arbeit wurden auf der Grundlage der quantitativen Wanderungsströme sowie der individuellen Entscheidungskontexte in erster Linie die Auswirkungen auf Humankapitalumverteilungen erfasst. Die Thematik eröffnet jedoch eine Reihe von weiteren Wirkungszusammenhängen unter denen die demographische Entwicklung Ostdeutschlands von besonderer Bedeutung ist.

Der demographische Wandel, der durch die Nettoabwanderung beschleunigt wird, geht in Ostdeutschland nicht nur mit einer alternden, sondern u.a. auch einer schrumpfenden Bevölkerung einher. Der Prozess hat Auswirkungen auf die Bereitstellung öffentlicher und nichtöffentlicher Infrastrukturen, den Wohnungsmarkt und die institutionelle Organisation der öffentlichen Verwaltung und führt zu differenzierten Anpassungsprozessen des öffentlichen Lebens. Diese sowie weitere Facetten des demographischen Wandels werden in der aktuellen wissenschaftlichen Diskussion interdisziplinär bearbeitet. Die Bedeutung des Wanderungsgeschehens mit seiner Selektivität hinsichtlich des Alters und der Qualifikation sollte dabei stärker berücksichtigt werden.

Gleichfalls wird in der Öffentlichkeit die Geschlechtsspezifik der Ost-West-Wanderung diskutiert, indem ein Diskurs über die höhere Wanderungsbeteiligung ostdeutscher Frauen besteht. Eklatante geschlechtsspezifische Unterschiede in der Altersgruppe der 18 – 25-Jährigen konzentrieren sich jedoch auf die peripheren und altindustriellen Regionen. Hier findet allerdings eine generelle Abwanderungstendenz junger Frauen statt, unabhängig von der bevorzugten Wanderungsrichtung nach Westen. Gerade unter dem Aspekt der undifferenzierten Betrachtung demographischer Prozesse in Ostdeutschland, die vielfach die Diskussionsgrundlage politischer Entscheidungen sind, eröffnet sich hierin ein aktueller Forschungsbedarf, indem ein differenziertes, regionalspezifisches und nicht allein negativ gefärbtes Bild der demographischen Situation ins Bewusstsein der Öffentlichkeit gerückt werden muss.

Ungeachtet dessen, dass in der vorliegenden Arbeit Ostdeutschland als relative Einheit betrachtet wird, konnte auch gezeigt werden, dass auf kleinräumiger Ebene deutliche Unterschiede hinsichtlich der Wirtschaft- und Arbeitsmarktentwicklung und analog auch im Ab- und Zuwanderungsgeschehen bestehen. So kann für regionale Wachstumszentren eine weitaus günstigere Wanderungsbilanz festgestellt werden, wohingegen sich die Problemlagen in den Hauptquellgebieten der Westwanderung, also den strukturschwachen, peripheren Regionen und altindustriellen Mittelstädten, verstärken. In der vorliegenden Arbeit ließen sich Ansätze finden, die für ein sich etablierendes zirkuläres Wanderungsgeschehen im hoch qualifizierten Bereich zwischen den Zentren Ost- und Westdeutschlands sprechen. Eventuelle positive Folgen in Form von zukünftiger Rückwanderung bzw. Zirkulation werden somit auf die Wachstumsinseln konzentriert sein. Für strukturschwache und periphere Regionen, die vornehmlich unter der Abwanderung junger Menschen mit mittlerem Qualifikationsniveau zu leiden haben, konnten derartige Indizien nicht gefunden werden. Diese regionale Differenziertheit gilt es stärker zu berücksichtigen. Zudem ergibt sich weiterer Forschungsbedarf bei der Analyse der realisierten Rückwanderungen und ihrer Akteure. Deren persönliche Merkmale und Karrierepfade können letztlich auch zu einer Überprüfung des Modells der escalator-region von FIELDING (1992) (vgl. Kap. 2.1) beitragen.

Auf der Grundlage der Analyseergebnisse erfolgt ein Plädoyer für eine Abkehr von der strikten Abgrenzung zwischen Ost- und Westdeutschland. Sicherlich bestehen generelle regionale Disparitäten zwischen Ost- und Westdeutschland. Aktuelle Untersuchungen (vgl. z.B. Zukunftsatlas 2007, www.prognos.de) zu den Zukunftschancen deutscher Städte und Landkreise verdeutlichen einerseits die flächenhafte Problematik Ostdeutschlands, andererseits treten durch den Aufstieg und Anschluss regionaler Wachstumszentren Erfolge im ostdeutschen Transformationsprozess zu Tage. Weiterhin verdeutlicht die zeitliche Dynamik und Zyklizität des Prozessgeschehens den kontinuierlichen Wandel und die relative Unbestimmtheit zukünftiger Entwicklungen. Zusammenfassend ergibt sich daher die Notwendigkeit differenzierender Bewertungen auf der Grundlage neu zu erarbeitenden Analysen des Prozessgeschehens, da sie die Grundlage von politischen und regionalpolitischen Handlungskonzepten darstellen.

9 Literaturverzeichnis

ARBEITSKREIS VGR DER LÄNDER (2006): Volkswirtschaftliche Gesamtrechnung der Länder. –Stuttgart

AXTNER, M.; BIRMANN, A. & WIEGNER, A. (2006): Mobil leben – Professoren als Wochenendpendler. – In: LEIBNIZ-INSTITUT FÜR LÄNDERKUNDE (Hrsg.): Nationalatlas Bundesrepublik Deutschland. Band 12: Leben in Deutschland. München, S. 76–77

BACKHAUS, B.; NINKE, L. & OVER, A. (2002): Brain Drain – Brain Gain. Eine Untersuchung über internationale Berufskarrieren. – Essen

BACKHAUS, K.; ERICHSON, B.; PLINKE, W. & WEIBER, R. (2003): Multivariate Analysemethoden. Eine anwendungsorientierte Einführung. – 10., neu bearb. und erweit. Aufl. Berlin

BADE, K. J. (2005): Land oder Arbeit? Transnationale und interne Migration im deutschen Nordosten vor dem Ersten Weltkrieg. – Osnabrück

BADE, K. J. & OLTMER, J. (2004): Normalfall Migration. – (= Zeitbilder, Ausgabe 15). Bonn

BÄHR, J. (2004): Bevölkerungsgeographie. 4. aktualisierte und überarb. Aufl. Stuttgart

BÄHR, J.; JENTSCH, C. & KULS, W. (1992): Bevölkerungsgeographie. – Berlin, New York

BAHRENBERG, G.; GIESE, E. & NIPPER, J. (1990): Statistische Methoden in der Geographie. Band 1: Univariate und bivariate Statistik. – Stuttgart

BAHRENBERG, G.; GIESE, E. & NIPPER, J. (1992): Statistische Methoden in der Geographie. Band 2: Multivariate Statistik. – Stuttgart

BAILEY, A. J. & COOKE, T. J. (1998): Family Migration, Migration History, and Employment. – In: International Regional Science Review, Band 21, Nr. 2, S. 99–118

BALDWIN, G. B. (1970): Brain drain or overflow? – In: Foreign Affairs, Band 48, Heft 2, S.358–372

BARJAK, F. & HEIMPOLD, G. (1999): Development Problems and Policies at the German Border with Poland. Regional Aspects of Trade and Investment. – (= IWH Diskussionspapiere, Nr. 101). Halle

BARRET, A. (2002): Return Migration of Highly Skilled Irish into Ireland and their Impact on GNP and Earnings Inequality. – In: ORGANISATION FOR ECONOMIC CO-OPERATION AND DEVELOPMENT (Hrsg.): International Mobility of the Highly Skilled. Paris, S. 151–157

BARTELS, D. (1984): Lebensraum Norddeutschland. – (= Kieler Geographische Schriften, Nr. 61). Kiel

BBR (BUNDESAMT FÜR BAUWESEN UND RAUMORDNUNG) (Hrsg., 2004): INKAR – Indikatoren, Karten und erstmals auch Zeitreihen zur Raumentwicklung in Deutschland und Europa. – [elektronische Ressource]. Bonn

BBR (Bundesamt für Bauwesen und Raumordnung) (Hrsg., 2007): Elektronische Datenbereitstellung – Distanzmatrix. – Bonn

Beck, G. (2004): Wandern gegen den Strom. – In: Materialien zur Bevölkerungswissenschaft, Heft 122, S. 95–112

Becker, G. S. (1962): Investment in Human Capital. A Theoretical Analysis. – In: Journal of Political Economy, Nr. 70, S. 9–49

Beetz, S. (2004): Dörfer in Bewegung. Ein Jahrhundert sozialer Wandel und räumliche Mobilität in einer ostdeutschen ländlichen Region. – (= Beiträge zur Osteuropaforschung, Band 9). Hamburg

Bergs, S. (1981): Optimalität bei Clusteranalysen. Experimente zur Bewertung numerischer Klassifikationsverfahren. – Münster

Berlemann, M. & Kemmesies, C. (2004): Zur Entwicklung der Lebenszufriedenheit nach der deutschen Wiedervereinigung. Eine empirische Analyse in Sachsen, Ost- und Westdeutschland. – In: IFO-Dresden-berichtet, Heft 6, S. 3–10

Berninghaus, S. & Seifert-Vogt, H. G. (1991): A temporary equilibrium model for international migration. – In: Journal of population economics, Ausgabe 4, Heft 1, S. 13–36

Bhagwati, J. N. (1976): The brain drain and taxation. – Amsterdam

Bhagwati, J. N. (1983): The economic analysis of international migration. – In: Bhagwati, J. N. (Hrsg.): Essays in international economic theory. Band 2. Cambridge, Mass. [u.a.], S. 44–56

Bhagwati, J. N. (Hrsg., 1983): Essays in international economic theory. Band 2. – Cambridge, Mass. [u.a.]

Bildungszentrum energie GmbH: Projekt JuKaM. – URL: <http://www.jukam.de>. Abrufdatum: 24.07.2007

Blossfeld, H.-P. (1985): Bildungsexpansion und Berufschancen. Empirische Analysen zur Lage der Berufsanfänger in der Bundesrepublik. – Frankfurt a.M.

Blotevogel, H. & Jeschke, M. A. (2003): Stadt-Umland-Wanderungen im Ruhrgebiet (Abschlussbericht). – Duisburg

BmFSFJ (Bundesministerium für Familie, Senioren, Frauen und Jugend) (Hrsg., 2004): Gender Datenreport. – Berlin

BMI (Bundesministerium des Inneren): Zuwanderungsgesetz, Aufenthaltsstatus für Hochqualifizierte. – URL: <http://www.zuwanderung.de/ 2_neues-gesetz-a-z/hochqualifizierte.html>. Abrufdatum: 12.09.2006

Boeri, T. & Brücker, H. (2005): Migration, Co-ordination Failures and EU Enlargement. – (= DIW Discussion Papers, Heft 481/ Feb. 2005). Berlin

Böhning, W. R. (1981): Elements of a Theory of International Economic Migration to Industrial Nation States. – In: Kritz, M. (Hrsg.): Global trends in migration. Theory and research on international population movements. New York, S. 28–43

BOLTE, K. M. & RECKER, H. (1976): Vertikale Mobilität. – In: KÖNIG, R. (Hrsg.): Handbuch der empirischen Sozialforschung. Band 5, 2. Aufl. Stuttgart, S. 40–103

BORJAS, G. J. (1989): Economic Theory and International Migration. – In: International Migration Review, Heft XXIII/3, S. 457–485

BORJAS, G. J. (o.J.): The economic analysis of Immigration. – URL: <http://ksghome.harvard.edu/~.GBorjas.Academic.Ksg/Papers/HANDBOOK.pdf>. Abrufdatum: 01.02.2002

BOSCH, G. (1978): Arbeitsplatzverlust. Die sozialen Folgen einer Betriebsstillegung. – Frankfurt, New York

BOURDIEU, P. (1983): Ökonomisches Kapital, kulturelles Kapital, soziales Kapital. – In: KRECKEL, R. (Hrsg.): Soziale Ungleichheiten. Göttingen, S.183–198

BOWMAN, M. J. (1962): Humankapital. Begriff und Messung. – In: HÜFNER, K. (Hrsg., 1970): Bildungsinvestitionen und Wirtschaftswachstum. Stuttgart, S. 101–130

BRUNS, W. & GÖRISCH, J. (2002): Unternehmensgründungen aus Hochschulen im regionalen Kontext. Gründungsneigung und Mobilitätsbereitschaft von Studierenden. – (= Arbeitspapiere Unternehmen und Region, Nr. 1/2002). Karlsruhe

BÜCHEL, F. & SCHWARZE, J. (1994): Die Migration von Ost- nach Westdeutschland. Absicht und Realisierung. – In: Mitteilungen aus der Arbeitsmarkt- und Berufsforschung, Heft 1, S. 43–52

BUCHER, H. & HEINS, F. (2001): Binnenwanderungen zwischen den Ländern. – In: INSTITUT FÜR LÄNDERKUNDE (Hrsg.): Nationalatlas Bundesrepublik Deutschland. Band 2: Bevölkerung. Heidelberg, Berlin, S. 108–111

BÜCKNER, H. J. (2005): Transnationale Migration. Cultural turn und die Nomaden des Weltmarkts. – In: Zeitschrift für Wirtschaftsgeographie, Band 49, Heft 2, S.113–122

BÜHL, A. & ZÖFEL, P. (2000): SPSS Version 10. Einführungen in die modernen Datenanalyse unter Windows. – München

BUNDESAGENTUR FÜR ARBEIT (2004): Elektronische Datenauskunft – Offene Stellen nach Qualifikationsanforderungen. – Nürnberg

BUNDESAGENTUR FÜR ARBEIT (2004a): Arbeitsmarkt in Zahlen. Sozialversicherungspflichtig Beschäftigte nach Berufsordnungen in Ostdeutschland. – Nürnberg

BUNDESAGENTUR FÜR ARBEIT (2005): Elektronische Datenauskunft – Pendler über die Bundesländergrenzen. – Nürnberg

BUNDESAGENTUR FÜR ARBEIT (2006): Aktuelle Daten. Arbeitslosigkeit und Grundsicherung für Arbeitsuchende nach Ländern. – Nürnberg

BURDA, M. C. (1993): The Determinants of East-West German Migration. Some First Results. – In: European Economic Review, 37 (April 1993), S. 452–462

COMMANDER, S.; Kangasniemi, M. & Winters, L. A. (2003): The Brain Drain. Curse or Boon? – (= IZA Discussion Paper, Nr. 809). Bonn

CONRADS, R. (2006): Demografischer Wandel und Arbeitsmarkt. – Berlin

DAVANZO, J. (1980): Repeat migration in the United States. Who moves back and who moves on? – Laxenburg

DE JONG, G. F. & FAWCETT, J. T. (1981): Motivations for Migration. An Assessment and a Value-Expectancy Research Model. – In: De JONG, G. F. & GARDNER, R. W. (Hrsg.): Migration Decision Making. New York, S. 13–58

DESAI, M. A.; Kapur, D. & McHale, J. (2002): Sharing the spoils. Taxing international human capital flows. – (= Working paper series / Weatherhead Center for International Affairs, Ausgabe 02/06). Cambridge, Mass.

DIENEL, Ch. et al. (2004): Zukunftschancen junger Frauen in Sachsen-Anhalt. Zukunftschancen junger Familien in Sachsen-Anhalt / Abschlussbericht. – Magdeburg

DIENEL, H. L. (2006a): Rückwanderung als dynamischer Faktor für ostdeutsche Städte. – Berlin

DIENEL, H. L. (2006b): Implementierung familienfreundlicher Maßnahmen und Strategien in ostdeutschen Modellregionen mit stark rückläufiger Bevölkerungszahl. Hochschulen als Katalysator regionaler Entwicklung in Ostdeutschland. – Berlin

DIETRICH, V.; RAGNITZ, J. & ROTHFELS, J. (1997): Wechselbeziehungen zwischen Transfers, Wirtschaftsstruktur und Wachstum in den neuen Bundesländern. – (= Sonderheft / Institut für Wirtschaftsforschung, 4/1997). Halle

DIETZ, B. (2004): Ost-West-Migration nach Deutschland im Kontext der EU-Erweiterung. – In: Aus Politik und Zeitgeschichte, Nr. 5-6, S. 41–47

DIFU (DEUTSCHES INSTITUT FÜR URBANISTIK) (Hrsg., 2005): Der Aufbau Ost als Gegenstand der Forschung. Untersuchungsergebnisse seit 1990. – (= Difu-Materialien, Band 4/2005). Berlin

DREGER, Ch. & BRAUTZSCH, H.-U. (2002): Ost-West-Migration in Deutschland kaum durch gesamtwirtschaftliche Entwicklung erklärbar. – In: Wirtschaft im Wandel, Heft 2, S. 47–50

DUSTMANN, Ch. (1993): Return Intentions of Migrants. Theory and Evidence. – (= Diskussionsarbeiten der Fakultät für Wirtschaftswissenschaften der Universität Bielefeld, Band 274). Bielefeld

EGGER, T.; STALDER, U. & WENGER, A. (2003): Brain Drain in der Schweiz. Die Berggebiete verlieren ihre hochqualifizierte Bevölkerung. – Bern

ENDERS, J. & MUGABUSHAKA, A.-M. (2003). Wissenschaft und Karriere. Erfahrungen und Werdegänge ehemaliger Stipendiatinnen und Stipendiaten der Deutschen Forschungsgemeinschaft. – Enschede, Kassel

ENGEL, E. (1883): Der Werth des Menschen. Theil 1: Der Kostenwerth des Menschen. – Berlin

ESSER, H. (2000): Soziologie. Band 4: Opportunitäten und Restriktionen. – Frankfurt a.M.

EUROPÄISCHER RAT (2000): Schlussfolgerungen des Vorsitzes. Lissabon. – URL: <http://ue.eu.int/ueDocs/cms_Data/docs/pressdata/de/ec/00100-r1.d0.htm>. Abrufdatum: 25.01.2007

FAIST, T. (2000): The volume and dynamics of international migration and transnational social spaces. – Oxford

FARR, W. (1853): Equitable Taxation of Property. – In: Journal of the Royal Statistical Society, Band 16, S. 1–45

FASSMANN, H. & HINTERMANN, CH. (1997): Migrationspotential Ostmitteleuropa. Struktur und Motivation potentieller Migranten aus Polen, der Slowakei, Tschechien und Ungarn. – (= ISR Forschungsberichte, Heft 22). Wien

FASSMANN, H. & MEUSBURGER, P. (1997): Arbeitsmarktgeographie. Erwerbstätigkeit und Arbeitslosigkeit im räumlichen Kontext. – Stuttgart

FIELDING, A. (1992): Migration and social mobility. South East England as an escalator region. – In: Regional studies, Band 26, S. 1–15

FISCHER, J. (2008): Die demografische Entwicklung Leipzigs seit 1989. – In: Statistischer Quartalsbericht der Stadt Leipzig, Heft 4, Leipzig, S. 28–30

FLICK, U. (1995): Qualitative Forschung. Theorie, Methoden, Anwendung in Psychologie und Sozialwissenschaften. – Reinbek

FRANZ, P. (2007): „Knowledge Cities". Wachstumsstrategien und institutionelle Barrieren für Städte mit Wissenschaftseinrichtungen. – In: Wirtschaft im Wandel, Heft 5, S. 154–160

FRANZ, W. (1996): Arbeitsmarktökonomik. – 3. überarb. und erweit. Aufl. Berlin

FRICKE, K. W. (1979): Politik und Justiz in der DDR. – Köln

FRIEDRICH, K. (1995): Altern in räumlicher Umwelt. Sozialräumliche Interaktionsmuster älterer Menschen in Deutschland und in den USA. – Darmstadt

FRIEDRICH, K. (2001): Binnenwanderungen älterer Menschen. – In: INSTITUT FÜR LÄNDERKUNDE (Hrsg.): Nationalatlas Bundesrepublik Deutschland. Band 2: Bevölkerung. Heidelberg, Berlin, S. 124–125

FRIEDRICH, K. & SCHULTZ, A. (2006): Der Sog des Westens. – In: LEIBNIZ-INSTITUT FÜR LÄNDERKUNDE (Hrsg.): Nationalatlas Bundesrepublik Deutschland. Band 12: Leben in Deutschland. München, S. 64–65

FRIEDRICH, K. & SCHULTZ, A. (2007): Abwanderungsregion Mitteldeutschland. Demographischer Wandel im Fokus von Migration, Humankapitalverlust und Rückwanderung. – In: Geographische Rundschau, Heft 6, S. 28–33

FRIEDRICH, K. & WARTWIG, H. (1984a): Räumliche Identifikation. Paradigma eines regionsorientierten Raumordnungskonzeptes. – (= Darmstädter Geographische Studien, Heft 5). Darmstadt, S. 73–126

FRIEDRICH, K. & WARTWIG, H. (1984b): Beiträge zum Konzept einer regionalisierten Raumordnungspolitik. – (= Darmstädter Geographische Studien, Heft 5). Darmstadt

FRIEDRICHS, J. & SIEBEL, W. (1986): Süd-Nord-Gefälle in der Bundesrepublik? Sozialwissenschaftliche Analysen. – Opladen

FROMHOLD-EISEBITH, M. (2002): Internationale Migration Hochqualifizierter und technologieorientierte Regionalentwicklung. – In: IMIS-Beiträge, Nr. 19, S. 21–41

FUENTE, A. de la & CICCONE, A. (2002): Das Humankapital in der wissensbasierten globalen Wirtschaft. – (= Abschlussbericht für die Europäische Kommission 2002). URL: <http://europa.eu.int/comm/employment_social/news/2002/jul/report_final.pdf>. Abrufdatum: 30.05.2007

GABBERT, W. (2005): Transnationale Migration. Interpretationsansätze und das Beispiel der Wanderungsbewegungen zwischen Mexiko und den USA. – In: Lateinamerika-Analysen, Heft 11, S. 3–31

GALINSKI, D. (1986): Brain Drain aus Entwicklungsländern. – Frankfurt a.M.

GANS, P. & KEMPER, F.-J. (Hrsg., 1995): Mobilität und Migration in Deutschland. Beiträge zur Tagung des Arbeitskreises „Bevölkerungsgeographie" des Verbandes der Geographen an Deutschen Hochschulen am 15. und 16. September 1994 in Erfurt. – (= Erfurter Geographische Studien, Nr. 3). Erfurt

GERNANDT, J. & PFEIFFER, F. (2006): Rising Wage Inequality in Germany. – (= ZEW Discussion Paper, Nr. 06-019). Mannheim

GIANNOCCOLO, P. (2004): The Brain Drain. A Survey of the Literature. – (= Dipartimento di Scienze Economiche di Bologna, Working Paper, Nr. 526 (10/2004)). Bologna

GLORIUS, B. (2007): Polnische Migranten in Leipzig. Eine transnationale Perspektive auf Migration und Integration. – (= Hallesche Diskussionsbeiträge zur Wirtschafts- und Sozialgeographie, Heft 10). Halle

GOEKE, P. (2007): Transnationale Migrationen. Post-jugoslawische Biografien in der Weltgesellschaft. – Bielefeld

GRANOVETTER, M. S. (1973): The strength of weak ties. – In: The American Journal of Sociology, Band 78, Heft 6, S.1360–1380

GRUNDMANN, S. (1996): Die Ost-West-Wanderung in Deutschland (1989-1992). – In: BERTRAM, H.; HRADIL, St. & KLEINHENZ, G. (Hrsg.): Sozialer und demographischer Wandel in den neuen Bundesländern. Opladen, S. 3–46

GUENTCHEVA, R.; KABAKCHIEVA, P. & KOLARSKI, P. (2004): Migration Trends in Selected Applicant Countries. VOLUME I: Bulgaria. The social impact of seasonal migration. – Wien

HAAS, H.-D. & MATEJKA, H. (1983): Die Mobilitätsbereitschaft in einem vor der Stilllegung stehenden Bergbauunternehmen. – In: Mitteilungen der Geographischen Gesellschaft in München, Ausgabe 68, S. 43–66

HABICH, R. (1987): Wege der Stellenfindung und berufliche Plazierung. – In: DEEKE, A.; FISCHER, J. & SCHUMM-GARLING U. (Hrsg.): Arbeitsmarktbewegung als sozialer Prozess. – (= SAMF-Arbeitspapier, Nr. 3). Paderborn, S. 143–173

HÄDER, S. (1996): Wer sind die Nonpubs? Zum Problem anonymer Anschlüsse bei Telefonumfragen. – In: ZUMA Nachrichten, Nr. 39, S. 45–68

HAM, V. M. & MULDER, C. H. (2004): Migration histories, urban regions and occupational achievement. – Paper to be presented at the ENHR Conference, July 2nd – 6th 2004. Cambridge, UK

HARDT, G.; KEMPE, W. & SCHNEIDER, H. (2001): Ost-West-Wanderung junger Menschen. Ausdruck für allgemeinen Anstieg der Mobilität. – In: Wirtschaft im Wandel, Heft 4, S. 67–74

HARRIS, J. & TODARO, M. (1970): Migration, Unemployment, and Development. A Two-Sector Analysis. – In: American Economic Review, Band 66, S. 126–142

HARTZ, P. et al. (2002): Moderne Dienstleistungen am Arbeitsmarkt. Vorschläge der Kommission zum Abbau der Arbeitslosigkeit und zur Umstrukturierung der Bundesanstalt für Arbeit. – Berlin

HAUG, S. (2000): Soziales Kapital und Kettenmigration. Italienische Migranten in Deutschland. – Opladen

HAUG, S. (2005): Migration aus Mittel- und Osteuropa nach Deutschland. Trends und Emigrationspotential unter besonderer Berücksichtigung von Bulgarien. – In: Materialien zur Bevölkerungswissenschaft, Heft 115, S. 132–152

HECKEL, Ch. (2001): Erstellung der ADM-Telefonauswahlgrundlage. – Unveröffentlichtes Manuskript zum ZUMA-Workshop „Methodische Probleme bei der Stichprobenziehung und -realisierung" Mannheim, 27. / 28. März 2001

HEILAND, F. (2004): Trends in East-West German Migration from 1989 to 2002. – In: Demographic Research, Band 11, Artikel 7, S. 173–194

HEINEBERG, H. (2003): Einführung in die Anthropogeographie, Humangeographie. – Paderborn

HILLMANN, F. (2007): Migration als räumliche Definitionsmacht? Beiträge zu einer neuen Geographie der Migration in Europa. – (= Erdkundliches Wissen, Band 141). Stuttgart

HINRICHS, W. (1997): Länderübergreifende Wohnmobilität im vereinten Deutschland. Integration oder Differenz? – In: Allgemeines Statistisches Archiv, Nr. 81, S. 377–400

HIRSCHMAN, A. O. (1967): Die Strategie der wirtschaftlichen Entwicklung. – Stuttgart

HOFMANN, A. (2001): Humankapital als Standortfaktor. – Aachen

HULLEN, G. (1995): Der Auszug aus dem Elternhaus im Vergleich von West- und Ostdeutschland. Ergebnisse des Family and Fertility Surveys (FFS) 1992. – In: Zeitschrift für Bevölkerungswissenschaft, 20. Jg., Heft 2, S. 141–158

HUNGER, U. (2003): Vom Brain Drain zum Brain Gain. Die Auswirkungen der Migration von Hochqualifizierten auf Abgabe- und Aufnahmeländer. – Düsseldorf

HUNT, J. (2000): Why Do People Still Live in East Germany? – (= NBER Working Paper, Nr. W 7564). Cambridge

IFO - INSTITUT FÜR WIRTSCHAFTSFORSCHUNG (Hrsg., 2007): Die demographische Entwicklung in Ostdeutschland. – (= ifo Dresden Studien, Nr. 41). Dresden

IHK DRESDEN: Projekt: „Sachse komm zurück". – URL: <http://www.sachsekommzurueck.de>. Abrufdatum: 24.07.2007

INTERNATIONAL LABOUR ORGANISATION. URL: <http://www.ilo.org>. Abrufdatum: 24.07.2007

JACOBS, A. (2004): Wanderungsüberlegungen unter dem Einfluss sich wandelnder ökonomischer Rahmenbedingungen. – Unveröffentlichte Diplomarbeit. Institut für Geographie der Universität Potsdam. Potsdam

JAHNKE, H. (2005): Der italienische Mezzogiorno auf dem Weg in die europäische Wissensgesellschaft. Eine Untersuchung der Erwerbssituation und der regionalen Mobilität junger Akademiker am Beispiel Siziliens. – Berlin

JANSEN, C. (1969): Some sociological aspects of migration. – In: JACKSON, J. (Hrsg.): Migration. Cambridge, UK, S. 60–73

JANSSEN, M. (2000): Mobilität und regionalökonomisches Entwicklungspotenzial. Höherqualifizierte Arbeitnehmer und Existenzgründer aus der deutsch-niederländischen Grenzregion. – Opladen

JÖNS, H. (2006): Internationale Mobilität von Wissen und Wissensproduzenten. – In: KULKE, E.; MONHEIM, H. & WITTMANN, P. (Hrsg.): GrenzWerte. Tagungsbericht und wissenschaftliche Abhandlungen. 55. Deutscher Geographentag Trier 2005. Berlin, S. 151–160

KALTER, F. (2000): Theorien der Migration. – In: MUELLER, U.; NAUCK, B. & DIEKMANN, A. (Hrsg.): Handbuch der Demographie. Band 1. Berlin, S. 438–475

KEMPE, W. (1999): Bildungsstruktur der Ost-West-Migration. Humankapitalverlust Ostdeutschlands gestoppt. – In: Wirtschaft im Wandel, Heft 15, S. 19–23

KEMPE, W. (2001): Neuer Trend in der Bildungsstruktur der Ost-West-Wanderung? – In: Wirtschaft im Wandel, Heft 9, S. 25–210

KEMPER, F. J. (1985): Die Bedeutung des Lebenszyklus-Konzeptes für die Analyse intraregionaler Wanderungen. – In: KEMPER, F. J.; LAUX, H.-D. & THIEME, G. (Hrsg.): Geographie als Sozialwissenschaft. Beiträge zu ausgewählten Problemen kulturgeographischer Forschung. (= Colloquium Geographicum, Band 18). Bonn, S. 180–212

KETTNER, A. & SPITZNAGEL, E. (2005): Schwache Konjunktur. Gesamtwirtschaftliches Stellenangebot gering. – (= IAB-Kurzbericht, Heft 6). Nürnberg

KILLISCH, W. (1979): Räumliche Mobilität. Grundlegung einer allgemeinen Theorie der räumlichen Mobilität und Analyse des Mobilitätsverhaltens der Bevölkerung in den Kieler Sanierungsgebieten. – (= Kieler Geographische Schriften, Nr. 49). Kiel

KOHL, H. (1976): Ökonomische Geographie der Deutschen Demokratischen Republik. Band 1: Bevölkerung, Siedlungen, Wirtschaftsbereiche. – 3. überarb. und erg. Aufl. Gotha

KÖHLER, Ch.; HINZE, M.; KRAUSE, M. & PAPIES, U. (2002): Der Thüringer Arbeitsmarkt zwischen Strukturwandel, Arbeitskräftebedarf und Unterbeschäftigung. – (= Jenaer Beiträge zu Soziologie, Heft 12). Jena

KOLB, H. (2002): Einwanderung und Einwanderungspolitik am Beispiel der deutschen „Green Card". – Osnabrück

KOLB, H. & HUNGER, U. (2001): "Green Card" – "Blue Card" oder was? Von der Debatte um die IT-Arbeitskräfte-Anwerbung zu einer neuen Einwanderungspolitik. – In: HUNGER, U. & HINKEN, G. (Hrsg.): Inklusion und Exklusion. Migrantinnen und Migranten auf dem deutschen Arbeitsmarkt. Drei Fallstudien: Metallindustrie, Bauwirtschaft, IT-Sektor. (= Interkulturelle Studien, Nr. 35). Münster, S. 55–67

KONTAKT OSTDEUTSCHLAND, unter Verantwortung von Prof. Dr. RÜDIGER STEINMETZ. URL: <www.kontakt-ostdeutschland.de>. Abrufdatum: 24.07.2007

KORCELLI, P. (1992): International Migrations in Europe. Polish Perspectives for the 1990s. – In: International Migration Review, Heft 26, S. 292–304

KREIBICH, V. (1980): Wohnungsversorgung und regionale Mobilität am Beispiel München. – (= Dortmunder Beiträge zur Raumplanung, Heft 19). Dortmund

KRÖHNERT, S. & KLINGHOLZ, R. (2007): Not am Mann. Vom Helden der Arbeit zur neuen Unterschicht? – Köln

KRÖHNERT, S.; MEDICUS, F. & KLINGHOLZ, R. (2006): Die demografische Lage der Nation. Wie zukunftsfähig sind Deutschlands Regionen? – München

KULS, W. (2002): Bevölkerungsgeographie. Eine Einführung. – 3. Aufl. Berlin

LADAME, P. (1970): Contestée. La circulation des élites. – In: International Migration Review, Nr. 1/2, S. 39-40

LANDESAMT FÜR BAUEN UND VERKEHR (Hrsg., 2005): Wanderungsverflechtungen des Landes Brandenburg in den Jahren 1991 bis 2004. – Potsdam

LANG, C. (1999): Ostdeutsche Befindlichkeiten ein Jahrzehnt nach der Wende. Ambivalente Spuren des Umbruchs. – In: Wirtschaft im Wandel, Heft 16, S. 4–9

LANG, C. (2002): Weiterhin Differenzen in der subjektiven Lebenslagebewertung in Ost- und Westdeutschland. – In: Wirtschaft im Wandel, Heft 11, S. 339–345

LANG C. & MÜLLER, R. (2001): Innovativ und international – mit regionalem Personal. Ergebnisse einer Befragung von New Economy-Unternehmen in Sachsen und Thüringen. – In: Wirtschaft im Wandel, Heft 12, S. 291–298

LANG, C. & MÜLLER, R. (2002): Bleibt Ostdeutschland eine „Old Economy"? – Eine Umfrage zur Einschätzung der Fachkräftesituation. – In: List Forum für Wirtschafts- und Finanzpolitik, Band 28, Heft 2, S. 189–207

LANZENDORF, M. & SCHÖNDUWE, R. (2006): „Und morgen muss ich schon wieder los" - Alltag für Hochmobile. – In: LEIBNIZ-INSTITUT FÜR LÄNDERKUNDE (Hrsg.): Nationalatlas Bundesrepublik Deutschland. Band 12: Leben in Deutschland. München, S. 74–75

LEE, E. S. (1972): Eine Theorie der Wanderung. – In: SZÉLL, G. (Hrsg.): Regionale Mobilität. (= Nymphenburger Texte zur Wissenschaft, Heft 10). München, S. 115–129

LEPHART, G. (2002): Internationale Migration. Hypothesen, Perspektiven und Theorien. – (= Demographie aktuell/ Vorträge – Aufsätze – Forschungsberichte, Nr. 19). Berlin

LOURY, G. C. (1977): A Dynamic Theory of Radical Income Differences. – In: WALLACE, P. A. & LAMOND, A. (Hrsg.): Women, Minorities, and Employment Discrimination. Lexington, S. 153–188

MACKENSEN, R. (1975): Probleme regionaler Mobilität. Ergebnisse und Lücken der Forschung zur gegenwärtigen Situation in der Bundesrepublik Deutschland, Berlin (West). – (= Schriften der Kommission für Wirtschaftlichen und Sozialen Wandel, Band 19). Göttingen

MAI, R. (2004): Abwanderung aus Ostdeutschland. Strukturen und Milieus der Altersselektivität und ihre regionalpolitische Bedeutung. – Frankfurt a.M.

MAIER, G. & TÖDTLING, F. (2002): Regional- und Stadtökonomik. Band 2: Regionalentwicklung und Regionalpolitik. – 2. erweit. Aufl. Wien

MÁNDI, P. (1981): Education and economic growth in the developing countries. – Transl. by RÁCZ, E. & FÉLIX, P. Budapest

MANKIW N. G. et al. (1992): A Contibution to the Empirics of Economic Growth. – In: Quarterly Journal of Economics, Heft 107/2, S. 407–437

MARETZKE, S. (1998a): Regionale Strukturen der Wanderung im Zeitraum 1991-1996. Tabellen und Karten. – In: Informationen zur Raumentwicklung, Heft 11/12, S. 803–820

MARETZKE, S. (1998b): Regionale Wanderungsprozesse in Deutschland sechs Jahre nach der Vereinigung. – In: Informationen zur Raumentwicklung, Heft 11/12, S. 743–761

MARETZKE, S. & Möller, F.-O. (1993): Wanderungsverflechtungen zwischen den neuen und den alten Ländern im Jahr 1991. – In: Geographische Rundschau, 45. Jg., Heft 3, S. 191–195

MARSCHALCK, P. (1973): Deutsche Überseewanderung im 19. Jahrhundert. Ein Beitrag zur soziologischen Theorie der Bevölkerung. – Bochum

MASSEY, D. S. et al. (1993): Theories of international migration. A review and appraisal. – In: Population and Development Review (New York), Band 19, Nr. 3, S. 431–466

MASSEY, D. S. et al. (1994): International migration theory. The North American case. – In: Population and Development Review (New York), Band 20, Nr. 4, S. 699–751

MEUSBURGER, P. (1998): Bildungsgeographie. Wissen und Ausbildung in der räumlichen Dimension. – Heidelberg

MINCER, J. (1978): Family migration decisions. – In: Journal of Political Economy, Band 86, Nr. 5, S. 749–773

MINISTERIUM FÜR ARBEIT UND BAU (Hrsg., 2002): Perspektiven der Berufslandschaft Mecklenburg-Vorpommern 2010 – Ergebnisbericht. – (= Forschungsberichte zur Arbeitsmarktpolitik des Landes Mecklenburg-Vorpommern, Nr. 16). Schwerin

Mohr de Collado, M. (2005): Lebensformen zwischen „Hier" und „Dort". Transnationale Migration und Wandel bei den Garinagu in Guatemala und New York. – Herzogenrath

Müller, C. (2004): Entrepreneurship and Technology Transfer by Chinese Return Migrants. A Theoretical and Empirical Contribution to the Reverse Brain Drain Discussion. – (= Working Paper des Wirtschafts- und Sozialgeographische Instituts der Universität zu Köln, Heft 2004-01). Köln

mv4you – Agentur Schwerin. URL: <http://www.mv4you.de>. Abrufdatum: 24.07.2007

Myrdal, G. (1974): Ökonomische Theorie und unterentwickelte Regionen. Weltproblem Armut. – Frankfurt a.M.

Newbold, K. B. (1996): Primary, return and onward migration in the US and Canada. Is there a difference? – In: Papers in Regional Science, 76. Jg., April 1997, Heft 2, S. 175–198

Noll, H.-H. (1985): Arbeitsplatzsuche und Stellenfindung. Überlegungen und Befunde zur Rationalisierung des Arbeitsmarktverhaltens. – In: Knepel, H. & Hujer, R. (Hrsg.): Mobilitätsprozesse auf dem Arbeitsmarkt. (= Schriftenreihe / Sonderforschungsbereich 3 der Universitäten Frankfurt und Mannheim, Mikroanalytische Grundlagen der Gesellschaftspolitik, Band 13). S. 275–303

OECD (Organisation for Economic Co-operation and Development) (Hrsg., 2001): The Well-being of Nations. The role of human and social capital. – Paris

OECD (Organisation for Economic Co-operation and Development) (Hrsg., 2003): The Sources of Economic Growth. – Paris

OECD (Organisation for Economic Co-operation and Development) (Hrsg., 2003a): The Source of Economic Growth in OECD-Countries. – Paris

Peter, A. (2006): Stadtquartiere auf Zeit in einer alternden Gesellschaft. Detailstudien in Wolfen-Nord und Hoyerswerda-Neustadt. – In: Berichte zur deutschen Landeskunde, Band 80, Heft 3, S. 275–293

Pethe, H. (2004): Die Migration von hochqualifizierten Arbeitskräften nach Deutschland. Eine Untersuchung zur „Greencard". – In: Materialien zur Bevölkerungswissenschaft, Heft 122, S. 69–94

Pfeiffer, F. (1997): Humankapitalbildung im Lebenszyklus. – In: Clar, G.; Dore, J. & Mohr, H. (Hrsg.): Humankapital und Wissen. Grundlagen einer nachhaltigen Entwicklung. Berlin, Heidelberg, 173–195

Pfeiffer, F. & Martin, F. (1999): Der Faktor Humankapital in der Volkswirtschaft. – (= ZEW Wirtschaftsanalysen, Band 35). Baden-Baden

Pflugbeil, S. D. (2005): Auswirkungen der internationalen Migration auf die Bundesrepublik Deutschland. Theoretische und empirische Analysen vor dem Hintergrund der EU-Osterweiterung. – Regensburg

Plünnecke, A. & Stettes, O. (2005): Bildung in Deutschland. – (= iw-Analysen, Nr. 10). Köln

Pohl, R. (2000): Die unvollendete Transformation. Ostdeutschlands Wirtschaft zehn Jahre nach Einführung der D-Mark. – In: Wirtschaft im Wandel, Heft 8, S. 221–240

Popp, H. & Wiessner, R. (1979): Bevölkerungsentwicklung und selektive Wanderungsprozesse in Mittelfranken. – In: Popp, H. (Hrsg.): Strukturanalyse eines Raumes im Erdkundeunterricht. Beiträge zur Landeskunde von Mittelfranken. Donauwörth, S. 205–229

Preisendörfer, P. & Voss, T. (1988): Arbeitsmarkt und soziale Netzwerke. Die Bedeutung sozialer Kontakte beim Zugang zu Arbeitsplätzen. – In: Soziale Welt, Nr. 39, S. 104–119

Pries, L. (2001): Internationale Migration. – Bielefeld

Prognos AG (2007): Zukunftsatlas. – URL: <www. prognos.de>. Abrufdatum: 24.07.2007

Raffelhüschen, B. (1993): Wanderungen von Erwerbspersonen im vereinigten Deutschland. – In: Zeitschrift für Wirtschafts- und Sozialwissenschaften, Heft 113, S. 273–295

Ragnitz, J.; Dreger, C.; Koma, W. & Müller, R. (2002): Simulationsrechnungen zu den Auswirkungen einer Kürzung von Transferleistungen für die neuen Bundesländer. – (= iwh-Sonderheft, Heft 2/2000). Halle

Regets, M. C. (2001): Research and Policy Issues in High-Skilled International Migration. A Perspective with Data from the United States. – (= IZA Discussion Papers, Nr. 366). Bonn

Rogers, R. (1984): Return Migration in Comparative Perspective. – In: Kubat, D. (Hrsg.): The Politics of Return. International Return Migration in Europe. (= Proceedings of the First European Conference on International Return Migration). New York, S. 277–299

Rolfes, M. (1996): Regionale Mobilität und akademischer Arbeitsmarkt. – (= Osnabrücker Studien zur Geographie, Band 17). Osnabrück

Rossi, P. H. (1980): Why families move. – Beverly Hills

Roth, B. & Walther, U.-J. (1988): Betriebsstillegung in einer Krisenregion. Die Folgen der AG-Weser-Schließung für den Regionalen Arbeitsmarkt Bremen. – In: Strubelt, W. & Frackiewicz, L. (Hrsg.): Soziale Probleme von Industriestädten. (= Seminare, Symposien, Arbeitspapiere, Heft 29). Bonn, S. 126–147

Sächsische Industrie- und Handelskammer (Hrsg., 2003): Perspektivischer Fachkräftebedarf im Großraum Dresden. Abschlussbericht Befragungszeitraum 2004. – Dresden

Sachverständigenrat (1990): Jahresgutachten 1990/1991 - Auf dem Wege zur wirtschaftlichen Einheit Deutschlands. – Bonn

SCHAFFER, F. (1968): Untersuchungen zur sozialgeographischen Situation und regionalen Mobilität in neuen Großwohngebieten am Beispiel Ulm-Eselsberg. – Kallmünz, Regensburg

SCHIMPL-NEIMANNS, B. (2003): Mikrodaten-Tools. Umsetzung der Berufsklassifikation von Blossfeld auf die Mikrozensen 1973-1998. – (= ZUMA-Methodenbericht, Nr. 2003/10). Mannheim

SCHLÖMER, C. (2004): Binnenwanderungen seit der deutschen Einigung. – In: Raumforschung und Raumordnung, 62. Jg., Heft 2, S. 96–108

SCHNEIDER, L. (2005): Ost-West-Binnenwanderung. Gravierender Verlust an Humankapital. – In: Wirtschaft im Wandel, Heft 10, S. 308–314

SCHULTZ, A. (2004): Wandern und Wiederkommen? Humankapitalverlust und Rückkehrpotenzial für Mecklenburg-Vorpommern. – In: WERZ, N. & NUTHMANN, R. (Hrsg.): Abwanderung und Migration in Mecklenburg und Vorpommern. Wiesbaden, S. 231–249

SCHULTZ, T. (1961): Investment in Human Capital. – In: The American Economic Review, Nr. 1 (2), S. 1–17

SCHULZ, E. (1997): Bevölkerungsentwicklung in der Region Berlin. – In: DIW-Wochenbericht, Heft 41/97, o.S.

SCHUMANN, K. F. et al. (1996): Private Wege der Wiedervereinigung. Die deutsche Ost-West-Migration vor der Wiedervereinigung. – (= Statuspassagen und Lebensverlauf, Band 8). Weinheim

SCHWARZE, J. (1996): Beeinflusst das Lohngefälle zwischen Ost- und Westdeutschland das Migrationverhalten der Ostdeutschen? Eine mikrooekonometrische Untersuchung mit Daten des Sozio-oekonomischen Panels 1991-1994. – In: Allgemeines Statistisches Archiv, Nr. 80, S. 50–68

SCHWARZE, J. & WAGNER, G. (1992): Abwanderung von Arbeitskräften und Einkommenspolitik in Ostdeutschland. – In: DIW Wochenbericht, Nr. 59, S. 58–61

SINN, H. W. (2000): EU enlargement, migration, and lessons from German unification. – In: German Economic Review, Band 1, Heft 3, S. 299–314

SJAASTAD, L. A. (1962): The costs and return of human migration. – In: Journal of Political Economy, Band 70, Supplement, S. 80–93

SPEARE, A. (1971): A Cost-Benefit Modell of Rural to Urban Migration in Taiwan. – In: Population Studies, Nr. 25, S. 117–130

STABA (STATISTISCHES BUNDESAMT) (Hrsg., 2004): Datenreport 2004. – Bonn

STABA (STATISTISCHES BUNDESAMT) (Hrsg., 2004a): Elektronische Datenauskunft – Kreiswanderungsmatrix. – Wiesbaden

STABA (STATISTISCHES BUNDESAMT) (Hrsg., 2005): Elektronische Datenauskunft – Ausbildungskosten auf Länderebene. – Wiesbaden

STABA (STATISTISCHES BUNDESAMT) (Hrsg., 2006): Elektronische Datenauskunft – Bevölkerungsentwicklung, lange Reihe. – Wiesbaden

StaBa (Statistisches Bundesamt) (Hrsg., 2006a): Elektronische Datenauskunft – Wanderungsverflechtungen, lange Reihe. – Wiesbaden

StaBa (Statistisches Bundesamt) (Hrsg., 2007): Bevölkerung mit Migrationshintergrund. Ergebnisse des Mikrozensus 2005. – (= Fachserie 1: Reihe 2.2). Wiesbaden

StaBa (Statistisches Bundesamt) (Hrsg., versch. Jg.): Natürliche Bevölkerungsbewegung. – (= Fachserie 1: Reihe 1.1). Wiesbaden

StaBa (Statistisches Bundesamt) (Hrsg., versch. Jg.): Wanderungen. – (= Fachserie 1: Reihe 1.2). Wiesbaden

StaLa Sachsen (Statistisches Landesamt Sachsen) (2002): Sächsische Wanderungsanalyse. – Kamenz

StaLa Sachsen-Anhalt (Statistisches Landesamt Sachsen-Anhalt) (2004): Elektronische Datenauskunft – Ein- und Auspendler auf Kreisebene. – Halle

Stark, O. (1991): The migration of labor. – Cambridge, Mass.

Stark, O. (1993): The migration of labor. – In: Economic development and cultural change, Chicago, 41. Jg., Heft 4, S. 903–905

Stark, O. (2004): Rethinking the Brain Drain. – In: World Development, Band 32, Nr. 1, S. 15–22

Stark, O. & Simon, F. (2006): International Migration and "Educated Unemployment". – (= ZEF-Discussion Papers on Development Policy, Nr. 110). Bonn

Statistische Ämter der Länder (Hrsg., 2007): Volkswirtschaftliche Gesamtrechung der Länder. – (= Reihe 1, Band 5). Stuttgart

Statistische Ämter des Bundes und der Länder (1999): Statistik Regional. Daten für die Kreise und kreisfreien Städte Deutschlands. – Stuttgart

Statistische Ämter des Bundes und der Länder (2002): Statistik Regional. Daten für die Kreise und kreisfreien Städte Deutschlands. – Stuttgart

Statistische Ämter des Bundes und der Länder (2006): Statistik Regional. Daten für die Kreise und kreisfreien Städte Deutschlands. – Stuttgart

Stern (2007): „Perspektive-Deutschland". – URL: <http://www.stern.de/politik/perspektivedeutschland/539990.html?p=3&nv=ct_cb&eid=501574>. Abrufdatum: 24.07.2007

Stewart, J. Q. (1948): Demographic Gravitations. Evidence and Applications. – In: Sociometry, Nr. 11, S. 31–58

Straubhaar, T. (1994): Neuere Entwicklungen in der Migrationstheorie. – (= Diskussionsbeiträge zur Wirtschaftspolitik, Band 41). Hamburg

Straubhaar, T. (2000): International Mobility of the Highly Skilled. Brain Gain, Brain Drain or Brain Exchange. – (= HWWA Discussion Paper, Nr. 88). Hamburg

Szell, G. (1972): Regionale Mobilität. – München

TAYLOR, J. E. (1992): Remittances and inequality reconsidered. Direct, indirect and intertemporal effects. – In: Journal of Policy Modeling, Band 14, S. 187–208

TODARO, M. P. (1969): A Model of Labor Migration and Urban Unemployment in Less Developed Countries. – In: The American Economic Review, Band 59, S. 138–148

TOPAN, A. (1998): Brain-Drain in Mecklenburg-Vorpommern. – (= Rostocker Arbeitspapiere zu Wirtschaftsentwicklung und Human Resource Development, Nr. 10). Rostock

TZSCHASCHEL, S. (1986): Geographische Forschung auf der Individualebene. Darstellung und Kritik der Mikrogeographie. – (= Münchner Geographische Hefte, Nr. 53). Kallmünz, Regensburg

ULLRICH, C. (2002): Die Informations- und Medienwirtschaft in der Region Leipzig. Potentiale und Probleme der wirtschaftlichen Entwicklung. – Unveröffentlichte Diplomarbeit. Institut für Geographie der Universität Leipzig. Leipzig

UNIVERSITEIT TWENTE. URL: <http://www.brain-drain.org>. Abrufdatum: 24.07.2007

VANBERG, M. (1971): Kritische Analyse der Wanderungsforschung in der BRD. – (= Arbeitshefte / Institut für Soziologie, Technische Universität Berlin, Nr. 3, Arbeitsgruppe Wanderungsforschung, Heft 2). Berlin

WAGNER, M. (1989): Räumliche Mobilität im Lebensverlauf. – Erlangen

WALDORF, B. (1997): Rückkehrabsichten und -verhalten von Ausländern in Deutschland. – In: Geographische Rundschau, Heft 7/8, S. 423–427

WARNTZ, W. (1965): Macrogeography and income fronts. – Philadelphia

WEISS, A. (2006): Vergleichende Forschung zu hochqualifizierten Migrantinnen und Migranten. Lässt sich eine Klassenlage mittels qualitativer Interviews rekonstruieren? – In: Forum Qualitative Sozialforschung / Forum Qualitative Social Research [Online Journal], Band 7, Nr. 3, Artikel 2. URL: <http://www.qualitative-research.net/fqs-texte/3-06/06-3-2-d.htm>

WEISS, K. (2005): Vietnam. Netzwerke zwischen Sozialismus und Kapitalismus. – In: Aus Politik und Zeitgeschichte, Nr. 27, S. 24–30

WEISS, W. & HILBIG, A. (1998): Selektivität von Migrationsprozessen am Beispiel von Mecklenburg-Vorpommern. – In: Informationen zur Raumentwicklung, Heft 11/12, S. 793–802

WENDT, H. (1993/94): Wanderungen nach und innerhalb von Deutschland unter besonderer Berücksichtigung der Ost-West Wanderungen. – In: Zeitschrift für Bevölkerungswissenschaft, 19. Jg., Heft 4, S. 517–540

WERLEN, B. (1997): Sozialgeographie alltäglicher Regionalisierungen. Band 2: Globalisierung, Region und Regionalisierung. – (= Erdkundliches Wissen, Band 119). Stuttgart

WERLEN, B. (1997a): Gesellschaft, Handlung und Raum. Grundlagen handlungstheoretischer Sozialgeographie. – 3. überarb. Aufl. Stuttgart

WERLEN, B. (2000): Sozialgeographie. Eine Einführung. – Bern

WESTPHAL, M. (1999): Familiäre und berufliche Orientierungen von Aussiedlerinnen. – In: BADE, K. J. & OLTMER, J. (Hrsg.): Aussiedler. Deutsche Einwanderer aus Osteuropa. (= Schriften des Instituts für Migrationsforschung und interkulturelle Studien (IMIS) der Universität Osnabrück, Band 8). Osnabrück

WIESSNER, R. (1980): Die Abwanderung aus Nordost-Bayern. Eine Untersuchung am Beispiel der Stadt Hof. – In: Mitteilungen der Fränkischen Geographischen Gesellschaft, Band 25/26, S. 263–349

WIESSNER, R. (1991): Raumentwicklung im Zeichen einer Arbeitsmarktkatastrophe im ländlichen Raum. Krisenfolgen und Krisenbewältigung nach dem Konkurs der Maxhütte in Sulzbach-Rosenberg (Oberpfalz). – (= Münchener Geographische Hefte, Nr. 66). Kallmünz

WITTSTEIN, T. (1867): Mathematische Statistik und deren Anwendung auf Nationalökonomie und Versicherungs-Wissenschaft. – Hannover

WITZEL, A. (1985): Das problemzentrierte Interview. – In: JÜTTEMANN, G. (Hrsg.): Qualitative Forschung in der Psychologie. Grundfragen, Verfahrensweisen, Anwendungsfelder. Weinheim, S. 227–255

WOLBURG, M. (1999): Brain drain oder Brain Exchange? Wirkungen der gegenwärtigen und zukünftigen Migration aus Osteuropa. – In: WOLTER, A. (Hrsg.): Migration in Europa. Neue Dimensionen, neue Fragen, neue Antworten. (= Schriftenreihe des Europa-Kollegs Hamburg zur Integrationsforschung, Band 21). Baden-Baden, S. 56–83

WOLBURG, M. (2001): On Brain Drain, Brain Gain and Brain Exchange within Europe. – (= HWWA Studies, Band 61). Baden-Baden

ZIPF, G. K. (1946): The P1×P2/d Hypothesis. On the Intercity Movement of Persons. – In: American Sociological Review, Heft 11, S. 677–686

ZUMHOLZ, H. (2000): Die Gründungsaktivität als Resultat eines individuellen Entwicklungsprozesses. – Wiesbaden

Anhang

Anlage A: Strukturierter Fragebogen für Fortzügler aus Sachsen-Anhalt

Schriftliche Fragebogengrundlage für die CATI-Befragung von Personen, die das Land Sachsen-Anhalt zwischen 1998 und 2002 in die westlichen Bundesländer verlassen haben und die zum Zeitpunkt des Fortzugs zwischen 18 und 35 Jahre alt waren.

1) Wann sind Sie aus Sachsen-Anhalt fortgezogen?
_____(bitte Jahr angeben)

2) In welchem Landkreis oder welcher kreisfreien Stadt in Sachsen-Anhalt haben Sie vor Ihrem Umzug gewohnt?
_____

3) In welchem Land bzw. Bundesland leben Sie jetzt?
_____

4) Wie oft sind Sie in Ihrem Leben bereits umgezogen?

1mal	☐
2-5 mal	☐
6-10	☐
öfter als 10 mal	☐

5) Wo sind Sie geboren?

Sachsen-Anhalt	☐
neue Bundesländer (außer LSA)	☐
alte Bundesländer	☐

außerhalb Deutschlands und zwar in:_____

6) Welchen höchsten Schulabschluss haben Sie?

keinen	☐
Hauptschulabschluss (8./ 9. Klasse)	☐
Realschulabschluss (10. Klasse)	☐
Fachhochschulreife	☐
erweiterter Realschulabschluss	☐
Abitur	☐

7) In welchem Jahr haben Sie diesen Abschluss abgelegt?
_____

8) Und welchen höchsten beruflichen Abschluss haben Sie?

Lehre/ Facharbeiter	☐	*bitte weiter zu Frage 16*
Fachhochschulstudium/ Berufsakademie	☐	*bitte weiter zu Frage 16*
Hochschule/Universität	☐	*bitte weiter zu Frage 16*
sonstiges und zwar	☐	*bitte weiter zu Frage 16*
noch in Ausbildung	☐	*bitte weiter zu Frage 9*

Fragen 9 bis 15 gelten nur für Probanden, die sich noch in der Ausbildung befinden

9) Welche Art der Ausbildung (oder ggf. Weiterbildung) machen Sie?

Fachhochschulstudium	☐
Hochschulstudium	☐
Berufsakademie	☐
Lehre/ Ausbildungsberuf	☐

Sonstiges und zwar:_____

10) Haben Sie sich, bevor Sie sich für Ihren Studien-/ Ausbildungsplatz entschieden haben, auch in Sachsen-Anhalt umgeschaut oder dort sogar einen Studien-/ Ausbildungsplatz angenommen?

ja	☐	
nein	☐	bitte weiter zu Frage 12

11) Hatten Sie Probleme in der Herkunftsregion einen adäquaten Ausbildungsplatz zu finden?

ja	☐
nein	☐

12) Haben Ihnen Freunde oder Verwandte zu dieser Ausbildung/ diesem Studium in der Zielregion geraten?

    Freunde   Verwandte
    ja_____ ☐ ja_____ ☐
    nein_____ ☐ nein_____ ☐

13) Sind Freunde oder Verwandte von Ihnen auch hierher gezogen?

    Freunde   Verwandte
    ja_____ ☐ ja_____ ☐
    nein_____ ☐ nein_____ ☐

14) Kurz mit Ihren eigenen Worten gesagt, was waren die ausschlaggebenden Gründe für Ihren Umzug?

_____

_____

_____

15) Wo möchten Sie nach Ihrer Ausbildung am liebsten leben und arbeiten?
möchte in_____leben und arbeiten (bitte Bundesland angeben)
möchte im Ausland leben und arbeiten_____ ☐
egal_____ ☐

→ *Achtung: bitte weiter mit Frage 39*

16) Welche(s) Studienfach (-fächer) / Lehre haben Sie absolviert?

_____

17) In welchem Jahr haben Sie Ihre Lehre / Studium abgeschlossen?

_____

18) Haben Sie nach Abschluss Ihres Studiums/Ihrer Lehre eine weitere Qualifikation erworben?
nein_____ ☐
ja und zwar:_____

Individuelle Kontexte vor dem Fortzug

19) Waren Sie arbeitslos, bevor Sie Sachsen-Anhalt verlassen haben?
ja _____ ☐
nein _____ ☐, *bitte weiter mit Frage 24*

20) Wenn ja, wie lange waren Sie arbeitslos?
_____ Monate

21) Wie lange haben Sie ausschließlich in Ihrer Herkunftsregion einen Arbeitsplatz gesucht?
_____ Monate nur in Sachsen-Anhalt gesucht
☐ von Anfang an auch außerhalb gesucht

22) Wie oft haben Sie sich in Sachsen-Anhalt bzw. in Ostdeutschland beworben?

gar nicht	☐
1 bis 5	☐
6 bis 15	☐
16 bis 30	☐
31 bis 60	☐
mehr als 60	☐

23) Wie oft haben Sie sich in Westdeutschland beworben?

gar nicht	☐
1 bis 5	☐
6 bis 15	☐
16 bis 30	☐
31 bis 60	☐
mehr als 60	☐

Achtung: bitte weiter mit Frage 28

24) Hatten Sie die Befürchtung Ihren Arbeitsplatz zu verlieren?

Ja	☐
Nein	☐

25) Fühlten Sie sich in Ihrem damaligen Job:

überqualifiziert	☐
genau richtig qualifiziert	☐
unterqualifiziert	☐
trifft nicht zu	☐

26) Waren Sie mit dem erzielten Einkommen zufrieden?

sehr zufrieden	☐
zufrieden	☐
unzufrieden	☐
sehr unzufrieden	☐
trifft nicht zu	☐

27) Wie weit war Ihr Arbeitsweg vor dem Umzug (ggf. beim letzten ausgeübten Job)?
_____ km
trifft nicht zu _____ ☐

28) Sind Sie bereits vor dem Umzug zu Ihrer heutigen Arbeit gependelt?

Ja	☐
Nein	☐

29) Wohnte oder pendelte ein Familienmitglied an Ihrem heutigen Wohnort (bzw. Wohnregion)?

ja	☐
nein	☐

30) Wohnten Sie vor dem Umzug in:

einer Mietwohnung	☐
einer Eigentumswohnung	☐
einem eigenen Haus	☐
einem gemieteten Haus	☐
in etwas Anderem	☐

31) Kurz mit Ihren eigenen Worten gesagt, was waren die ausschlaggebenden Gründe für Ihren Umzug?

_____

_____

_____

32) Falls Sie unter 25 Jahre alt sind, haben Sie Mobilitätshilfe vom Arbeitsamt in Anspruch genommen?

ja	☐
nein	☐
trifft nicht zu	☐

33) Inwieweit haben folgende Aspekte bei Ihrer Umzugsentscheidung eine Rolle gespielt? Sie sind weggezogen,

um endlich (wieder) eine sichere Arbeit zu finden.	☐
weil Sie nun mehr Geld verdienen können.	☐
weil Ihr Partner, Ihre Partnerin dort Arbeit gefunden haben.	☐
weil Freunde oder Bekannte dort auch eine neue Perspektive gefunden haben.	☐
weil ihr Betrieb Sie dorthin versetzt hat.	☐
weil Sie dort einen neuen Lebenspartner gefunden haben.	☐
weil Sie durch private Veränderungen nicht mehr an Sachsen-Anhalt gebunden waren.	☐
weil Sie dort für Ihr weiteres Leben einfach die besseren Möglichkeiten sehen.	☐
weil Sie etwas „Neues" ausprobieren wollten.	☐

Berufliche Situation nach dem Fortzug

34) Welchen Beruf üben Sie derzeit aus? Bitte geben Sie Ihre genaue Berufsbezeichnung an, also z.B. Friseurin und <u>nicht</u> Angestellte oder Bibliothekar und <u>nicht</u> Beamter.

_____

in Vollzeit_____ ☐   oder   Teilzeit_____ ☐

Ich bin gewollt nicht erwerbstätig_____ ☐, bitte weiter mit Frage 39
Umschulung oder Weiterbildung_____ ☐, bitte weiter mit Frage 39
Ich bin arbeitslos/ arbeitssuchend_____ ☐, bitte weiter mit Frage 39

35) Wie weit ist Ihr heutiger Arbeitsweg?
_____ km

36) Wie sind Sie an Ihren aktuellen Arbeitsplatz gekommen?

Vermittlung übers Arbeitsamt in Sachsen-Anhalt	☐
Vermittlung übers Arbeitsamt an Ihrem neuen Wohnort	☐
Bewerbung auf Ausschreibungen in Zeitungen etc.	☐
Initiativbewerbung (Bewerbung auf „blauen Dunst")	☐
Vermittlung, Empfehlung über Bekannte, Verwandte etc.	☐
sonstiges und zwar:	

37) Welchem Wirtschaftszweig gehört Ihr derzeitiger Betrieb an?

Landwirtschaft	☐
Industrie, produzierendes Gewerbe	☐
Gastgewerbe	☐
sonstige private Dienstleistungen	☐
Handel	☐
öffentlicher Dienst	☐
sonstiges und zwar	

38) Wie viele Mitarbeiter hat Ihr Betrieb?

1-50	☐
51-100	☐
101-500	☐
mehr als 500	☐

Individuelle Kontexte nach dem Fortzug

39) Wie veränderte sich Ihr Leben nach dem Umzug in bezug auf folgende Aspekte? Schätzen Sie bitte ein, ob sich diese verbessert haben, gleich geblieben sind oder sich verschlechtert haben.

	verbessert	gleich geblieben	verschlechtert	trifft nicht zu/ kann ich nicht beurteilen
berufliche Position	☐	☐	☐	☐
Karrierechancen	☐	☐	☐	☐
Einkommenssituation	☐	☐	☐	☐
Zukunftsaussichten für das eigene Leben	☐	☐	☐	☐
Partnerschaft	☐	☐	☐	☐
Freizeitmöglichkeiten	☐	☐	☐	☐
Freundschaften	☐	☐	☐	☐
Möglichkeit mit Kindern zu leben (auch Kinderbetreuung)	☐	☐	☐	☐
Verhältnis zu Kollegen	☐	☐	☐	☐

40) Sind Sie in Ihrer neuen Heimat Mitglied in Vereinen, Clubs, Organisationen etc.?
ja_____ ☐   nein_____ ☐

41) Wie zufrieden sind Sie generell mit Ihrer Lebenssituation im Moment?

sehr zufrieden	☐
zufrieden	☐
teilweise zufrieden	☐
unzufrieden	☐
sehr unzufrieden	☐

42) Wie oft besuchen Sie Verwandte, Freunde etc. in Sachsen-Anhalt?

mehrmals die Woche	☐
mind. einmal die Woche	☐
mind. 1x im Monat	☐
mind. 5-6 mal im Jahr	☐
seltener oder nie	☐

43) Wie oft telefonieren Sie mit Verwandten, Freunden etc. in Sachsen-Anhalt?

(fast) jeden Tag	☐
mind. einmal die Woche	☐
mind. einmal im Monat	☐
seltener oder nie	☐

44) Fühlen Sie manchmal Heimweh?
ja_____ ☐   nein_____ ☐

45) Könnten Sie sich vorstellen nach Sachsen-Anhalt zurückzukehren?

ja	☐	
möglicherweise	☐	
nein	☐	*bitte weiter mit Frage 49*

46) Unter welchen Umständen könnten Sie sich vorstellen zurückzukehren? (Mehrfachantworten möglich)

Käme eine Rückkehr für Sie in Betracht:	ja	nein
wenn Sie einen adäquaten Job (Ausbildung) ohne Lohn- und Gehaltseinbußen finden würden?	☐	☐
wenn Sie Einkommenseinbußen in Kauf nehmen müssten?	☐	☐
wenn Sie Arbeitslosigkeit in Kauf nehmen müssten?	☐	☐
bei privaten Veränderungen (z. B. Geburt eines Kindes; Trennung vom Partner)?	☐	☐
bei beruflichen Veränderungen (z.B. Kündigung, Versetzung oder Kurzarbeit)?	☐	☐
sonstiges und zwar...	☐	

47) Wie hoch müsste das monatliche Nettoeinkommen mindestens sein, damit Sie bereit wären, einen Arbeitsplatz in Sachsen-Anhalt anzunehmen und zurückzukommen?

_____ €

48) Planen Sie bereits eine Rückkehr?
nein_____ ☐
ja_____ in Jahr(en)

49) Was verbinden Sie mit Sachsen-Anhalt?

_____

_____

_____

_____

50) Wie wichtig sind für Sie in Ihren Leben folgende Dinge? Bitte antworten Sie in Schulnoten von 1 bis 5, 1 bedeutet sehr wichtig, 5 bedeutet sehr unwichtig.

	sehr wichtig	wichtig	geringe Bedeutung	unwichtig	sehr unwichtig
	1	2	3	4	5
eine harmonische Partnerschaft	☐	☐	☐	☐	☐
Kinder zu haben	☐	☐	☐	☐	☐
Freundschaften zu pflegen	☐	☐	☐	☐	☐
genügend Freizeit zu haben	☐	☐	☐	☐	☐
bei Freunden und Kollegen anerkannt zu sein	☐	☐	☐	☐	☐
einen hohen Lebensstandart zu haben	☐	☐	☐	☐	☐
soziale Sicherheit	☐	☐	☐	☐	☐
sich etwas leisten können	☐	☐	☐	☐	☐
sich beruflich weiter zu entwickeln	☐	☐	☐	☐	☐
öfter mal etwas Neues zu probieren	☐	☐	☐	☐	☐

Demographische Angaben

51) Wohnen Sie jetzt in einer/einem:

Mietwohnung	☐
Eigentumswohnung	☐
eigenen Haus	☐
gemieteten Haus	☐
etwas Anderem und zwar	

52) Mit wem wohnen Sie zusammen (Mehrfachnennungen möglich)?

allein	☐
mit (Ehe-)Partner(in)	☐
mit Kind(er)	☐
mit (Ehe-)Partner(in) und Kind(ern)	☐
mit Freunden, Bekannten	☐
mit Sonstigen	☐

53) Wie viele Kinder haben Sie und wie alt sind diese?
keine_____ ☐
1. Kind:_____ Jahre alt
2. Kind:_____ Jahre alt
3. Kind:_____ Jahre alt
weitere Kinder:_____ Jahre alt

54) Haben Sie vor, in absehbarer Zeit (weitere) Kinder zu bekommen?
ja_____ ☐   nein_____ ☐

55) Wie hoch ist circa Ihr persönliches monatliches <u>Netto</u>einkommen in € (der Betrag der Ihnen monatlich zur Verfügung steht)? Bitte ordnen Sie sich in die vorgegebenen Klassen ein.

bis 500 €	☐
501 – 1000 €	☐
1001 – 1500 €	☐
1501 – 2000 €	☐
2001 – 2500 €	☐
2501 – 3000 €	☐
3001 – 3500 €	☐
3501 – 4000 €	☐
mehr als 4000 €	☐

56) Wie hoch war ungefähr Ihr Nettoeinkommen vor dem Umzug?
_____ €

57) In welchem Jahr sind Sie geboren sind?
19_____

58) Sind Sie:
männlich_____ ☐ oder
weiblich?_____ ☐

59) Haben Sie Anregungen oder Kritik zum Fragebogen oder möchten Sie etwas Thematisches ergänzen?

_____

_____

**Anlage B: Übersicht über die ausgewählten Verwaltungsgemeinschaften
(Gebietsstand Oktober 2003)***

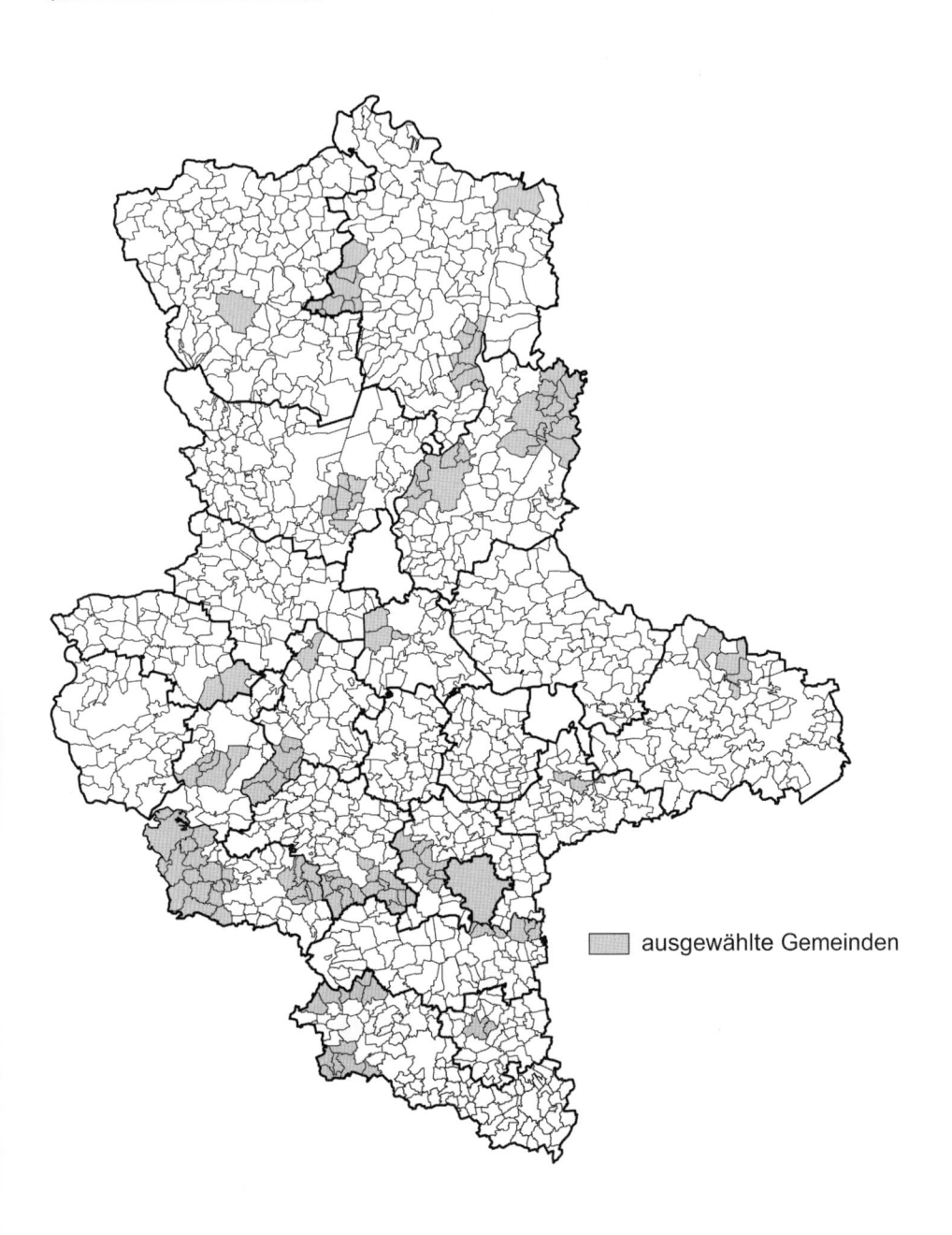

ausgewählte Gemeinden

Quelle: Eigener Entwurf

* auf Basis der Gemeinden

A9

Farbabbildungen

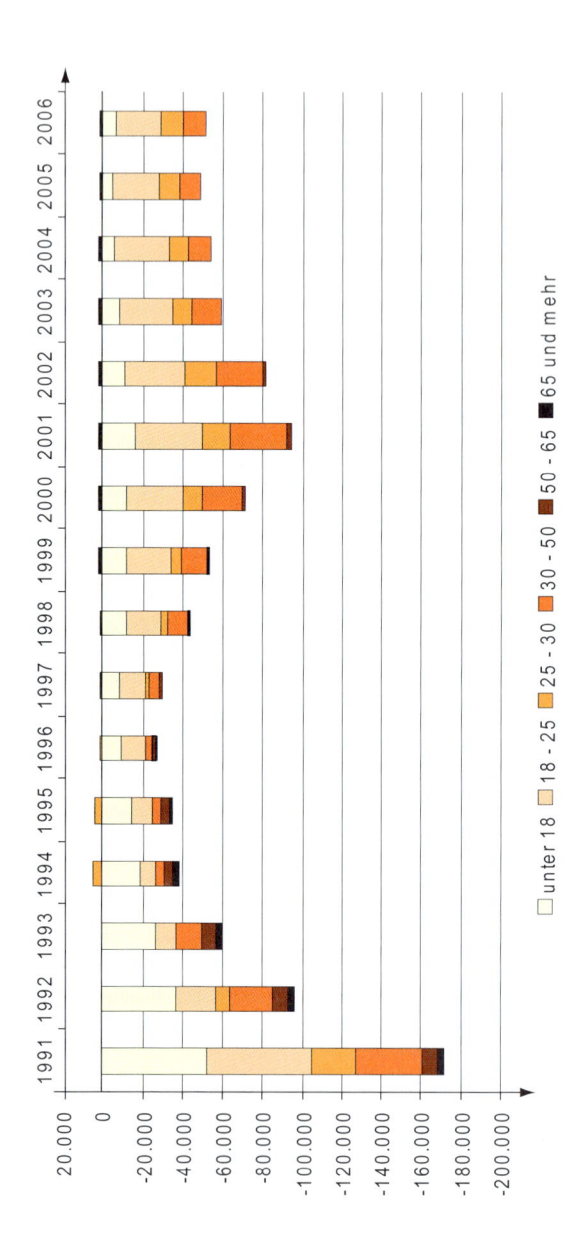

Quelle: StaBa 2006a (Westdeutschland = alte Bundesländer ohne Berlin; Ostdeutschland = neue Bundesländer inkl. Berlin)

Abb. 1: Salden der innerdeutschen Ost-West-Wanderung nach Altersgruppen 1991 bis 2006

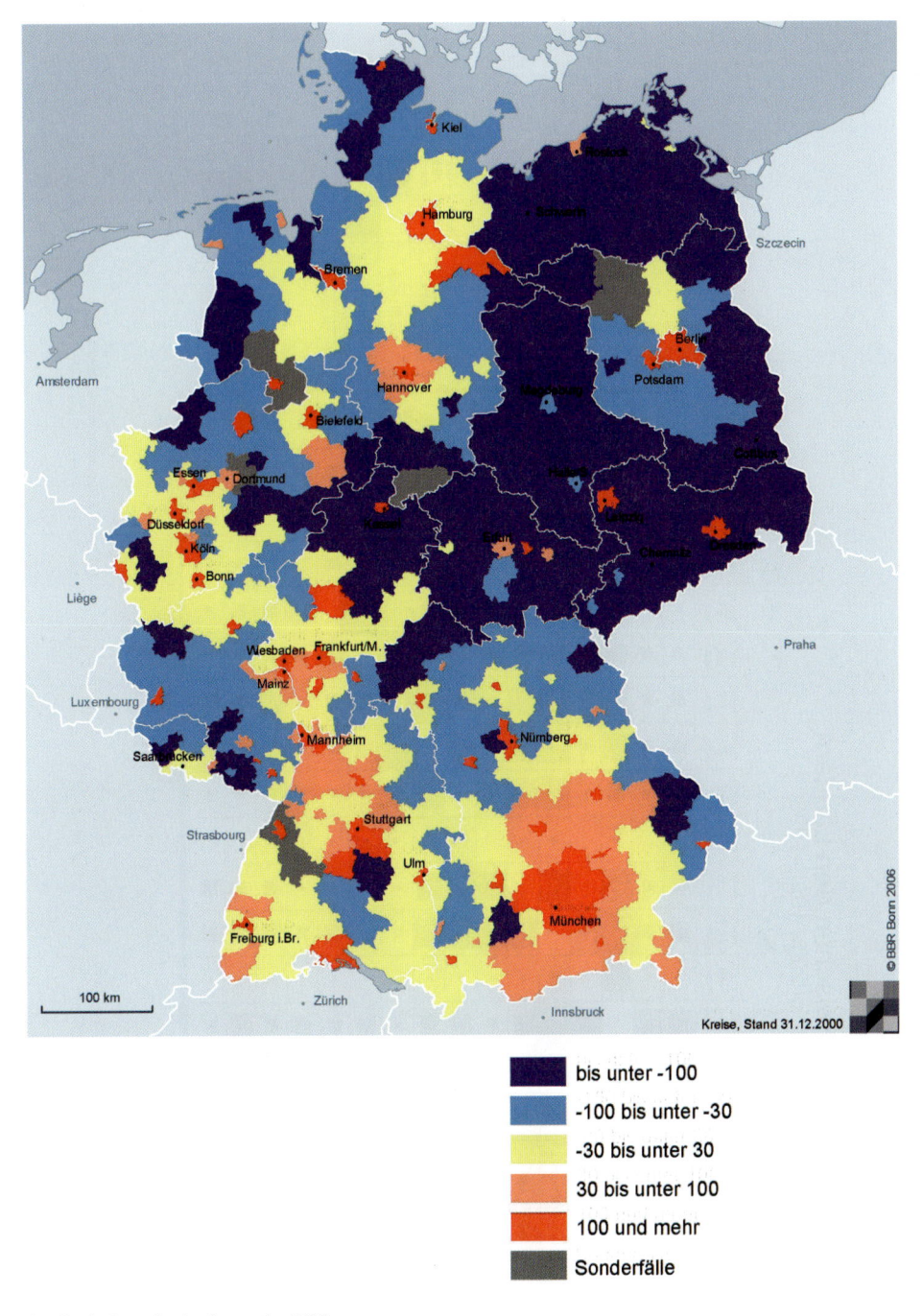

	bis unter -100
	-100 bis unter -30
	-30 bis unter 30
	30 bis unter 100
	100 und mehr
	Sonderfälle

Laufende Raumbeobachtung des BBR

Abb. 7: Binnenwanderungssaldo der 18-30-Jährigen je 1.000 Einwohner dieser Altersgruppe 1997 bis 2004

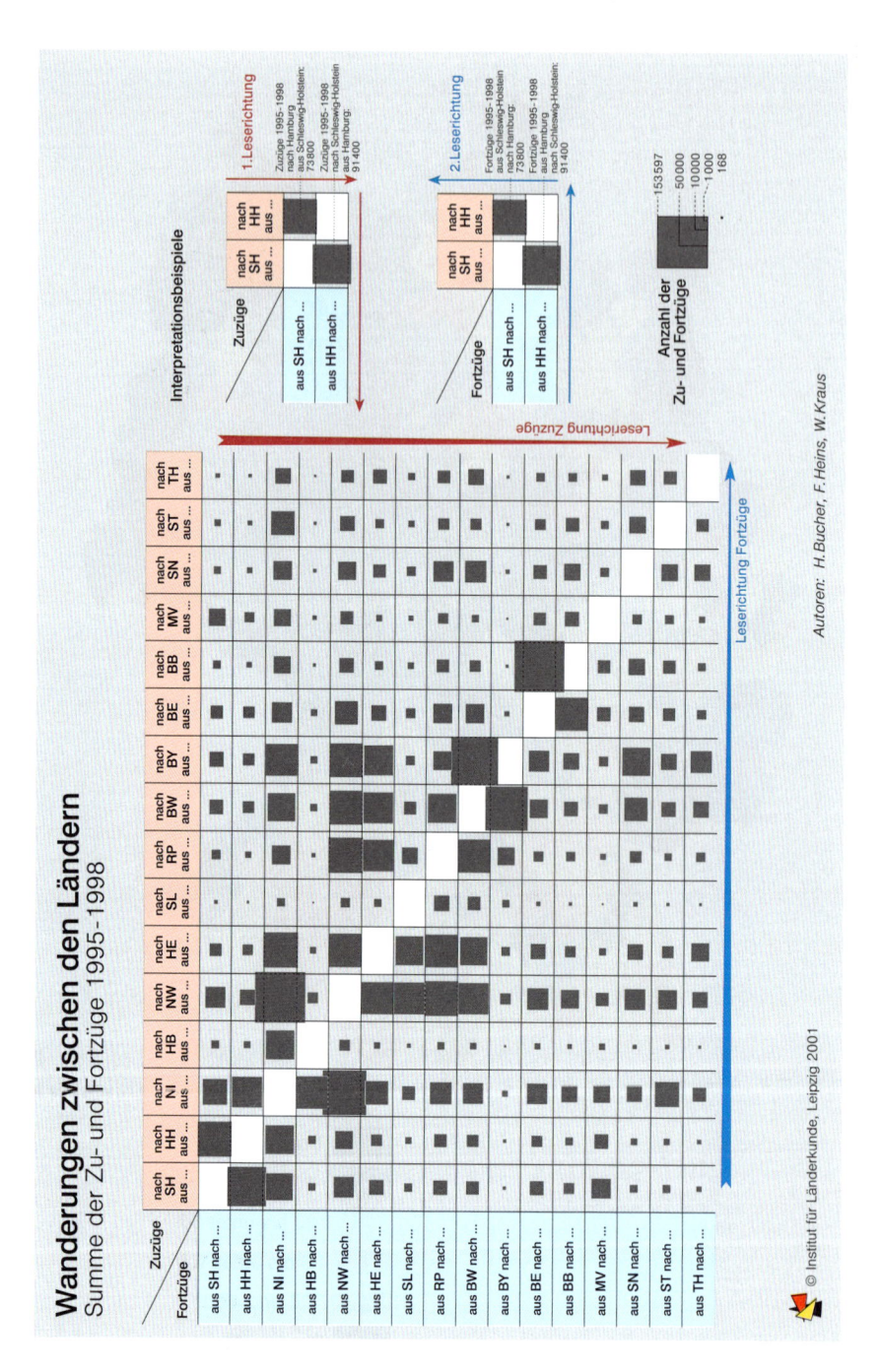

Quelle: BUCHER und HEINS 2001, S. 110

Abb. 8: Wanderungen zwischen den Bundesländern – Summe der Zu- und Fortzüge 1995 bis 1998

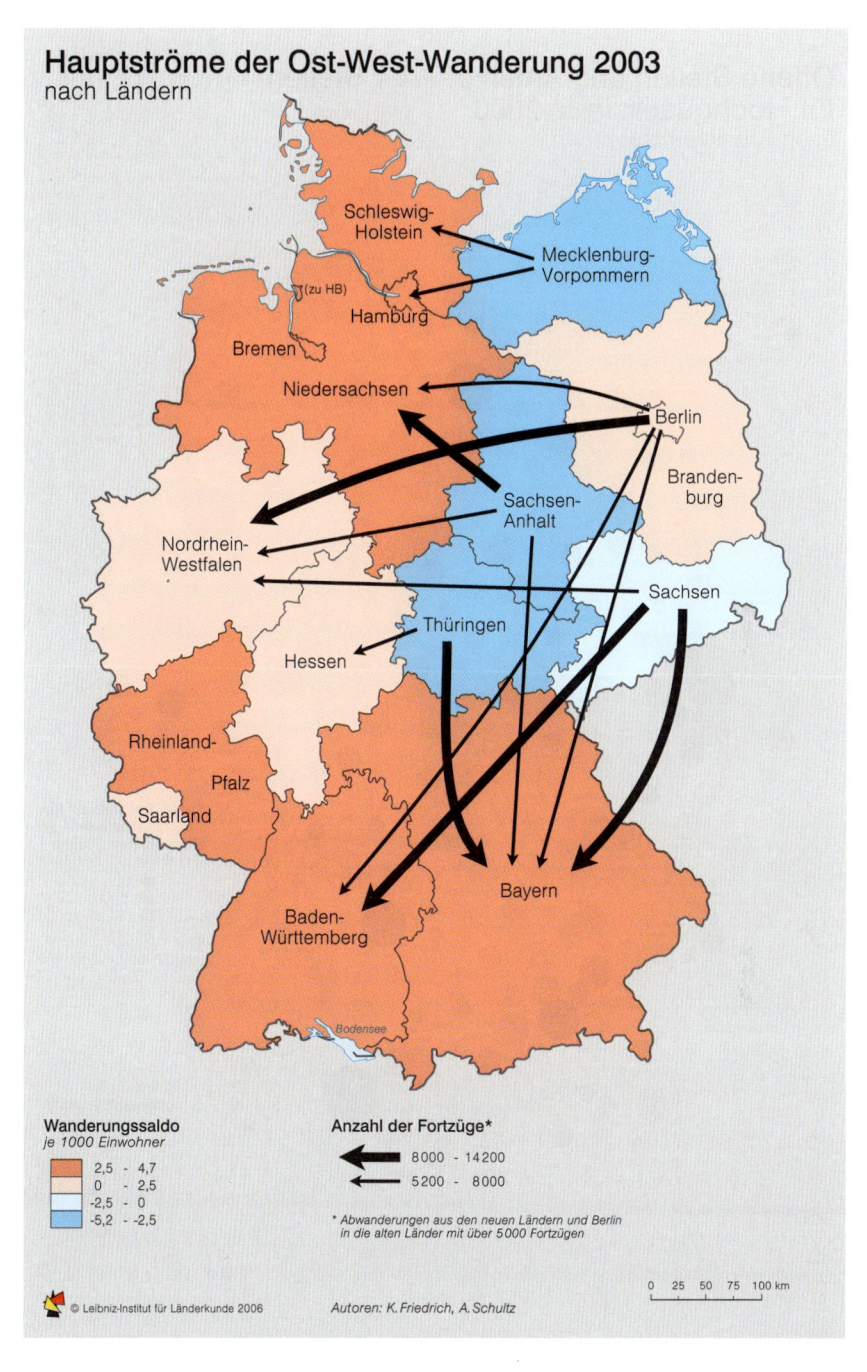

Quelle: FRIEDRICH und SCHULTZ 2006, S. 64

Abb. 12: Binnenwanderungssalden der Bundesländer und Hauptwanderungsströme der Ost-West-Wanderung 2003

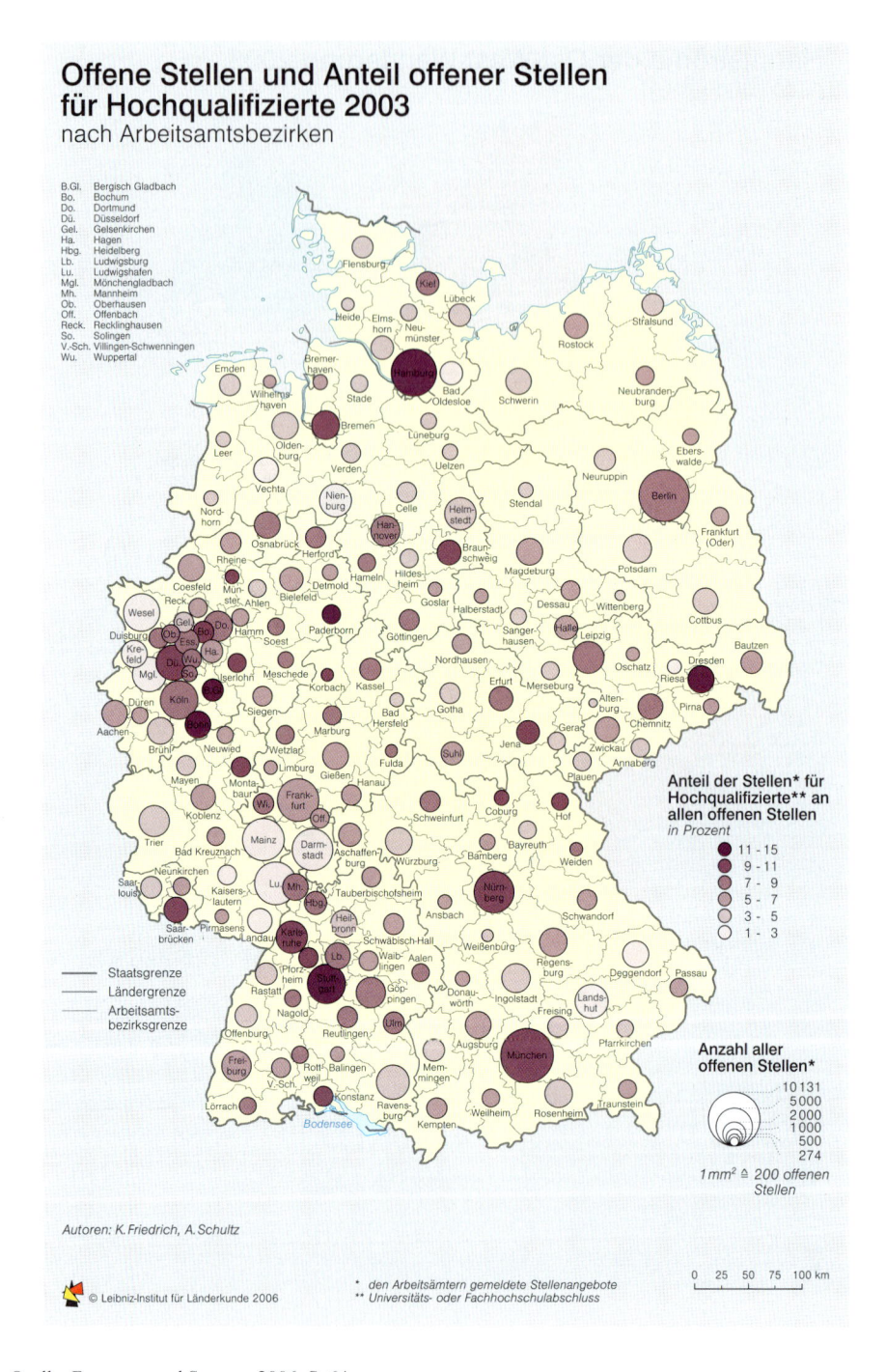

Quelle: FRIEDRICH und SCHULTZ 2006, S. 64

Abb. 13: Offene Stellen und Anteil hoch qualifizierter Stellen 2003

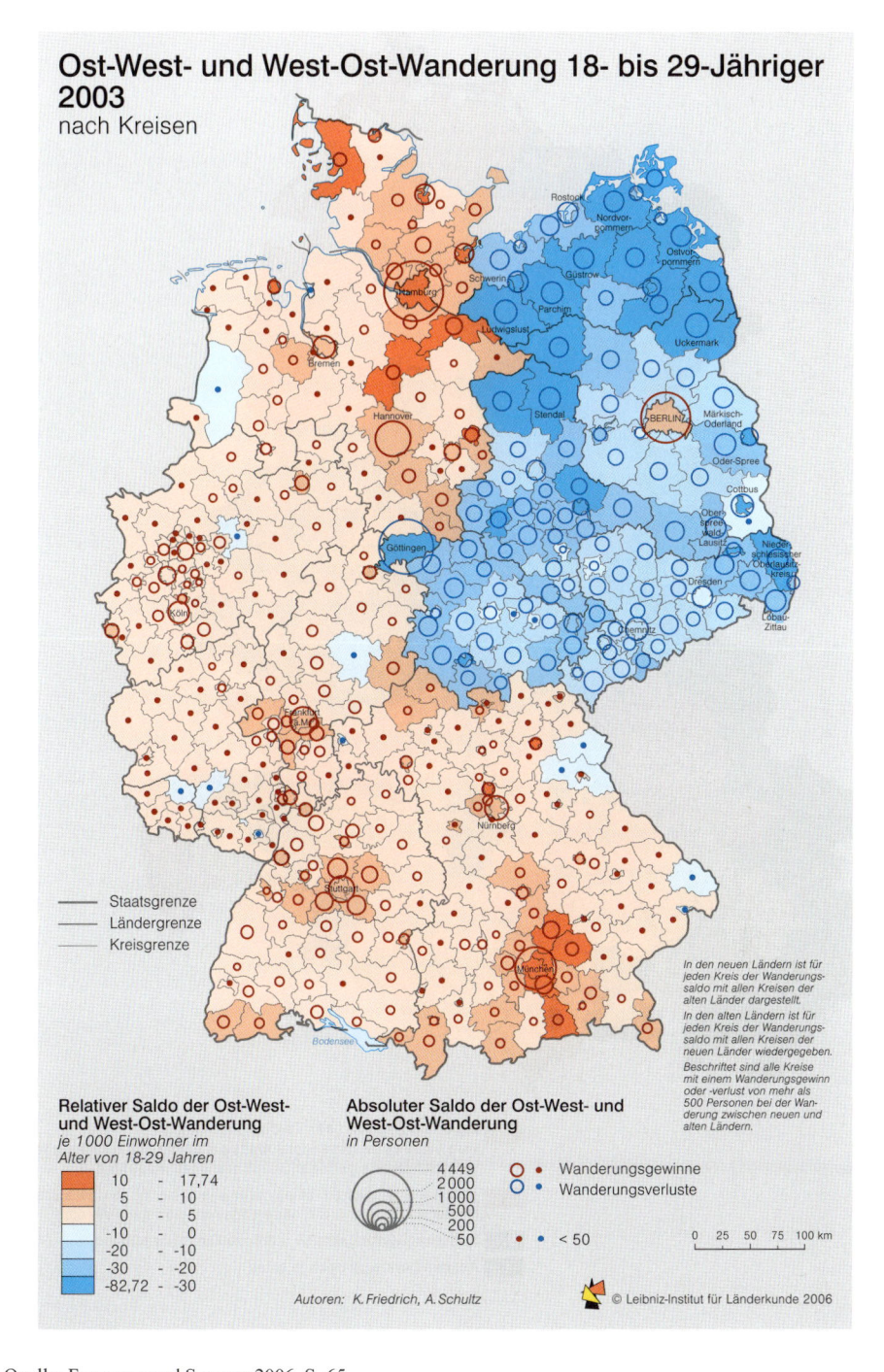

Quelle: FRIEDRICH und SCHULTZ 2006, S. 65

Abb. 14: Ost-West- und West-Ost-Wanderung der 18 bis 29-Jährigen 2003

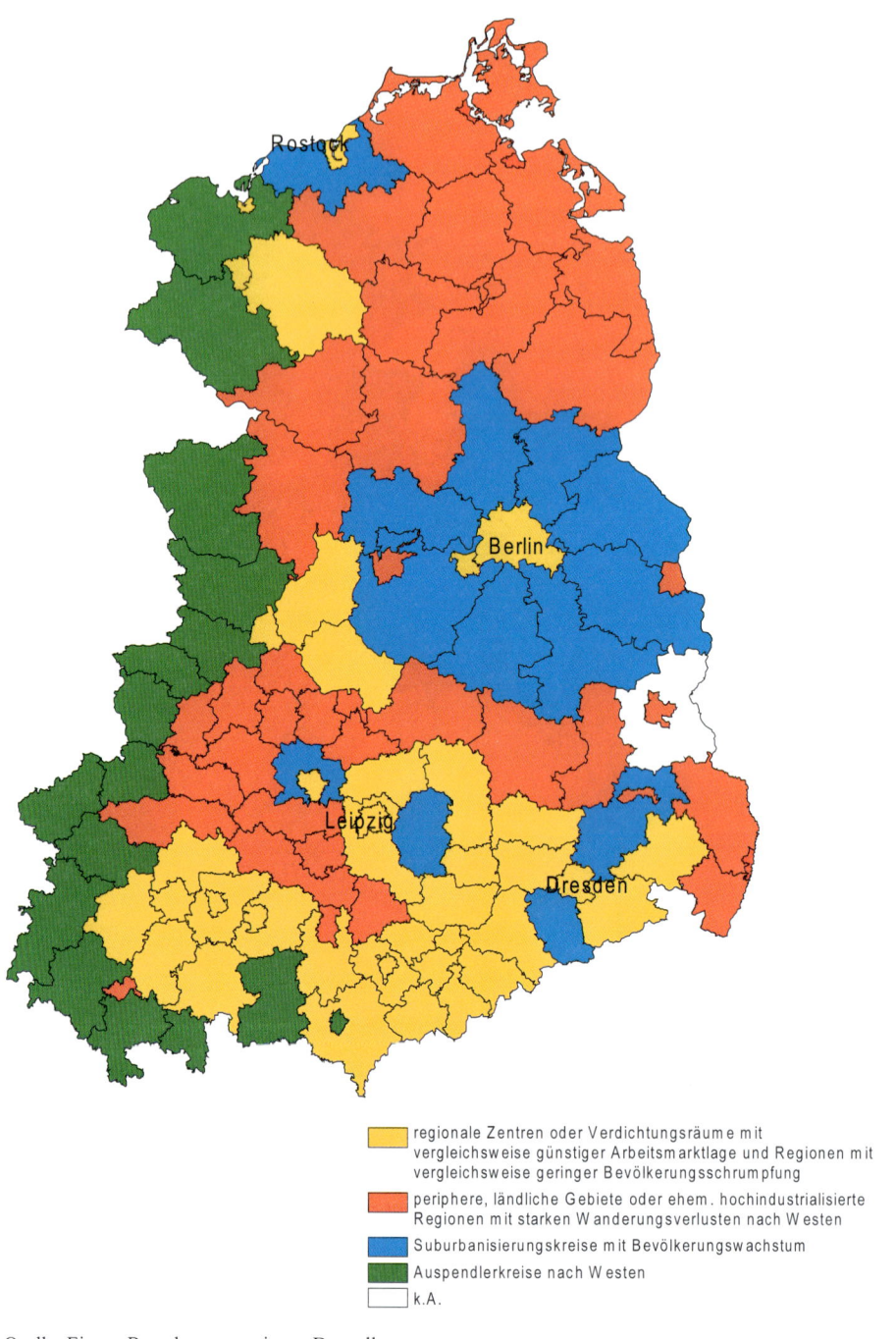

□ regionale Zentren oder Verdichtungsräume mit vergleichsweise günstiger Arbeitsmarktlage und Regionen mit vergleichsweise geringer Bevölkerungsschrumpfung
□ periphere, ländliche Gebiete oder ehem. hochindustrialisierte Regionen mit starken Wanderungsverlusten nach Westen
□ Suburbanisierungskreise mit Bevölkerungswachstum
□ Auspendlerkreise nach Westen
□ k.A.

Quelle: Eigene Berechnungen, eigene Darstellung

Abb. 15: Unterschiede in der Bevölkerungsentwicklung und dem Mobilitätsgeschehen ostdeutscher Kreise und kreisfreier Städte 2004

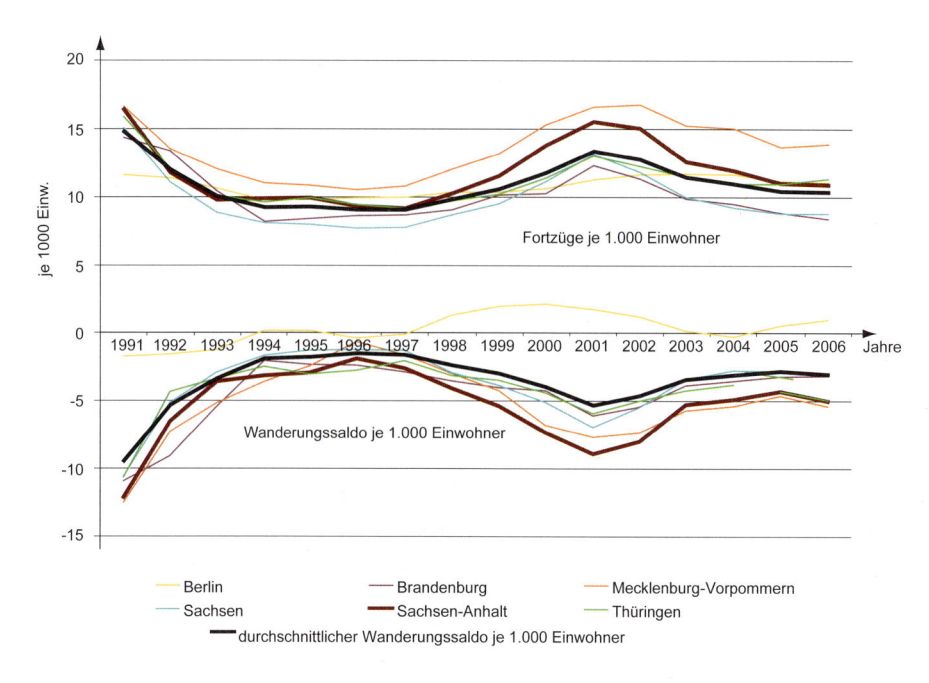

Quelle: STATISTISCHES BUNDESAMT (versch. Jg.), eigene Berechnungen

Abb. 18: Relative Fortzüge und relativer Wanderungssaldo nach Westen je 1.000 Einwohner 1990 bis 2006

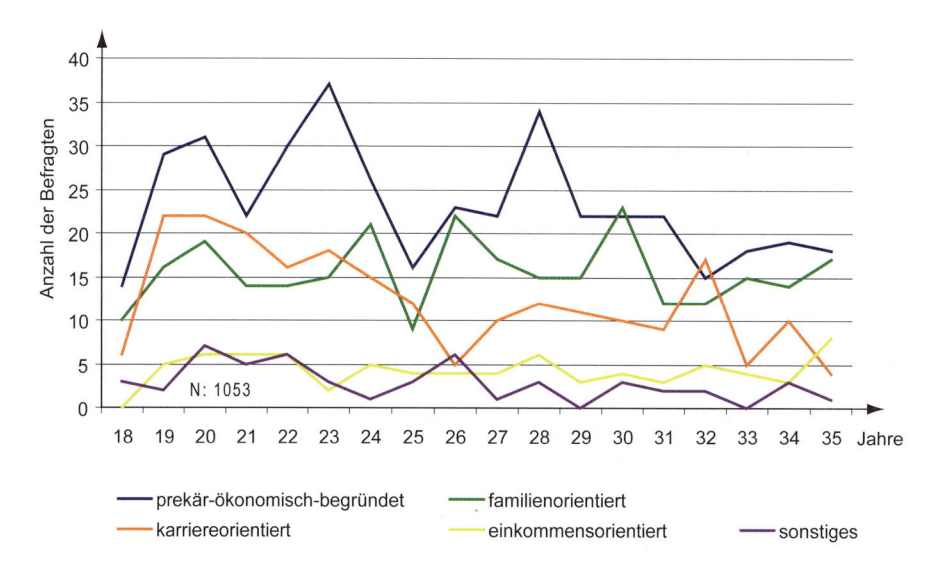

Quelle: Eigene Erhebungen

Abb. 23: Primärer Wanderungsgrund nach dem Alter der Befragten

FORSCHUNGEN ZUR DEUTSCHEN LANDESKUNDE
Auszug aus dem Verzeichnis der lieferbaren Bände

Bd. 180 H. Schaefer: Gonsenheim und Bretzenheim. Ein stadtgeographischer Vergleich zweier Mainzer Außenbezirke. 124 S., 41 Abb., 54 Tab. 20 Kt. 1968. € 8,00

Bd. 181 K. Masuch: Häufigkeit und Verteilung bodengefährdender sommerlicher Niederschläge in Westdeutschland nördlich des Mains zwischen Weser und Rhein. 23 S., 2 Abb., 3 Tab., 10 Kt.-beil. 1970. € 5,00

Bd. 182 G. Kluczka: Südliches Westfalen in seiner Gliederung nach zentralen Orten und zentralörtlichen Bereichen. 171 S., 1 Kt.-beil. 1971. € 11,50

Bd. 183 H. Liedtke: Grundzüge und Probleme der Entwicklung der Oberflächenformen des Saarlandes und seiner Umgebung. 63 S., 8 Abb., 1 Kt. 1969 € 3,50

Bd. 185 I. Dörrer: Die tertiäre und periglaziale Formengestaltung des Steigerwaldes, insbesondere des Schwanberg-Friedrichsberg-Gebietes. Eine morphologische Untersuchung zum Problem der Schichtstufenlandschaft. 166 S., 22 Abb., 9 Kt. 1970. € 9,00

Bd. 186 W. Rutz: Die Brennerverkehrswege: Straße, Schiene, Autobahn – Verlauf und Leistungsfähigkeit. 163 S., 11 Abb., 31 Tab., 11 Kt. 1970. € 9,50

Bd. 187 H.-J. Klink: Das naturräumliche Gefüge des Ith-Hils-Berglandes. Begleittext zu den Karten. 57 S., 3 Kt.-beil. 1969. € 11,00

Bd. 188 F. Scholz: Die Schwarzwald-Randplatten. Ein Beitrag zur Kulturgeographie des nördlichen Schwarzwaldes. 237 S., 38 Abb., 46 Tab., 8 Kt. 1971. € 17,00

Bd. 189 Ch. Hoppe: Die großen Flußverlagerungen des Niederrheins in den letzten zweitausend Jahren und ihre Auswirkungen auf Lage und Entwicklung der Siedlungen. 88 S., 45 Abb. 1970. € 12,00

Bd. 190 H. Boehm: Das Paznauntal. Die Bodennutzung eines alpinen Tales auf geländeklimatischer, agrarökologischer und sozialgeographischer Grundlage. 194 S., 68 Abb., 37 Tab., 10 Kt. 1970. € 30,00

Bd. 191 H. Lehmann: Die Agrarlandschaft in den linken Nebentälern des oberen Mittelrheins und ihr Strukturwandel. 9 Abb., 4 Kt., 1 Kt.-beil. 1972. € 12,00

Bd. 192 F. Disch: Studien zur Kulturgeographie des Dinkelberges. 265 S., 30 Abb., 26 Tab., 41 Kt. 1971. € 12,00

Bd. 195 E. Riffel: Mineralöl-Fernleitungen im Oberrheingebiet und in Bayern. 21 Abb., 35 Tab., 2 Kt.-beil. 1970. € 9,00

Bd. 196 W. Ziehen: Wald und Steppe in Rheinhessen. Ein Beitrag zur Geschichte der Naturlandschaft. 154 S., 2 Abb., 26 Tab., 2 Kt. 1970. € 10,00

Bd. 197 J. Rechtmann: Zentralörtliche Bereiche und Zentrale Orte in Nord- und Westniedersachsen. 153 S., 1 Kt.-beil. 1970. € 16,00

Bd. 198 W. Hassenpflug: Studien zur rezenten Hangüberformung in der Knicklandschaft Schleswig-Holsteins. 161 S., 74 Abb., 20 Tab. 1971. € 16,00

Bd. 199 B. Andreae u. E. Greiser: Strukturen deutscher Agrarlandschaft. Landbaugebiete und Fruchtfolgezonen in der Bundesrepublik Deutschland. 50 Abb., 15 Tab. 4 Kt. 2. neu bearb. u. erweit. Aufl. 1978. € 19,00

Bd. 200 R. Pertsch: Landschaftsentwicklung und Bodenbildung auf der Stader Geest. 189 S., 4 Abb., 17 Tab., 8 Kt. 1970. € 23,00

Bd. 201 H. P. Dorfs: Wesel. Eine stadtgeographische Monographie mit einem Vergleich zu anderen Festungsstädten. 74 S., 13 Abb., 12 Kt. 1972. € 10,00

Bd. 202 K. Filipp: Frühformen und Entwicklungsphasen südwestdeutscher Altsiedellandschaften unter besonderer Berücksichtigung des Rieses und Lechfelds. 49 S., 5 Abb., 11 Kt.-beil. 1972. € 8,00

Bd. 203 S. Kutscher: Bocholt in Westfalen. Eine stadtgeographische Untersuchung unter besonderer Berücksichtigung des inneren Raumgefüges. 143 S., 11 Abb., 15 Tab., 12 Kt-beil. 1971. € 24,00

Bd. 205 H. Schirmer: Die räumliche Verteilung der Bänderstruktur des Niederschlags in Süd- und Südwestdeutschland. Klimatologische Studie für Zwecke der Landesplanung. 75 S., 6 Abb., 23 Kt. 1973. € 22,00

Bd. 206 W. PLAPPER: Die kartographische Darstellung von Bevölkerungsentwicklungen. Veranschaulicht am Beispiel ausgewählter Landkreise Niedersachsens, insbesondere des Landkreises Neustadt am Rübenberge. 49 S., 3 Abb., 9 Kt.-Beil. 1975. € 8,00

Bd. 207 M. J. MÜLLER: Untersuchungen zur pleistozänen Entwicklungsgeschichte des Trierer Moseltals und der „Wittlicher Senke". 185 S. , 36 Abb., 2 Kt. 1976. € 15,00

Bd. 208 R. LOOSE: Siedlungsgenese des oberen Vintschgaus. Schichten und Elemente des Theresianischen Siedlungsgefüges einer Südtiroler Passregion. 247 S., 14 Abb., 22 Tab., 11 Kt. 1976. € 22,00

Bd. 209 H. VOGEL: Das Einkaufszentrum als Ausdruck einer kulturlandschaftlichen Innovation, dargestellt am Beispiel des Böblinger Regionalzentrums. 214 S., 31 Abb., 27 Tab. 1978. € 30,00

Bd. 210 H. MEYNEN: Die Wohnbauten im nordwestlichen Vorortsektor Kölns mit Ehrenfeld als Mittelpunkt. 377 S., 72 Abb., 34 Kt., 7 Kt.-beil. 1978. € 33,50

Bd. 211 J. F. W. NEGENDANK: Zur känozoischen Geschichte von Eifel und Hunsrück. Sedimentpetrographische Untersuchungen im Moselbereich. 90 S., 28 Abb., 14 Tab., 6 Kt. 1978. € 18,00

Bd. 212 R. KURZ: Ferienzentren an der Ostsee. Geographische Untersuchungen zu einer neuen Angebotsform im Fremdenverkehrsraum. 258 S., 33 Abb., 52 Tab. 1979. € 24,00

Bd. 213 H. FISCHER: Reliefgenerationen im Kristallinmassiv Donauraum–Alpenvorland und Alpenrand im westl. Niederösterreich. 232 S., 27 Abb., 14 Kt. 1979. € 39,50

Bd. 215 H.-M. CLOSS: Die nordbadische Agrarlandschaft – Aspekte räumlicher Differenzierung. 255 S., 16 Abb., 27 Tab., 14 Kt.-beil. 1980. € 28,00

Bd. 216 W. WEBER: Die Entwicklung der nördlichen Weinbaugrenze in Europa. Eine historisch-geographische Untersuchung. 45 Abb., 9 Tab. 1980. € 35,00

Bd. 218 R. RUPPERT: Räumliche Strukturen und Orientierungen der Industrie in Bayern. Text- u. Kartenband: 224 S., 29 Abb., 21 Tab., 54 Kt. 1981. € 35,00

Bd. 219 M. HOFMANN: Belastung der Landschaft durch Sand- und Kiesabgrabungen, dargestellt am Niederrheinischen Tiefland. 49 Abb., 37 Tab., 9 Kt. 1981. € 27,00

Bd. 220 D. BARSCH u. G. RICHTER (Hrsg.): Geowissenschaftliche Kartenwerke als Grundlage einer Erfassung des Naturraumpotentials. 206 S., 58 Abb., 2 Kt.-beil. 1983. € 27,00

Bd. 221 H. LESER: Geographisch-landeskundliche Erläuterungen der Topographischen Karte 1:100.000 des Raumordnungsverbandes Rhein-Neckar. 132 S., 6 Abb., 4 Taf. 1 Kt.-beil. 1984. € 18,00

Bd. 222 H. LIEDTKE: Namen und Abgrenzungen von Landschaften in der Bundesrepublik Deutschland gemäß der amtlichen Übersichtskarte 1:500.000 (ÜK 500). 96 S., 1 Kt.-beil. 1:1 Mio. 1. Auflage 1984. *(vgl. Bd. 239)* € 18,00

Bd. 224 V. HEMPEL: Staatliches Handeln im Raum und politisch-räumlicher Konflikt (mit Beispielen aus Baden-Württemberg). 219 S., 22 Abb., 18 Tab., 9 Kt. 1985. € 36,00

Bd. 225 L. ZÖLLER: Geomorphologische und quartärgeologische Untersuchungen im Hunsrück-Saar-Nahe-Raum. 240 S., 45 Abb., 17 Tab. 5 Kt.-beil. 1985 € 37,50

Bd. 226 F. SCHAFFER: Angewandte Stadtgeographie. Projektstudie Augsburg. 210 S., 20 Abb., 7 Tab., 40 Kt., 4 Beil. 1986. € 34,00

Bd. 227 K. ECKART: Veränderungen der agraren Nutzungsstruktur in den beiden Staaten in Deutschland. 171 S., 113 Abb., 10 Tab. 1985. € 22,00

Bd. 228 H. LESER u. H.-J. KLINK (Hrsg.): Handbuch und Kartieranleitung Geoökologische Karte 1:25000 (KA GÖK 25). Bearbeitet vom Arbeitskreis Geoökologische Karte und Naturraumpotential des Zentralausschusses für deutsche Landeskunde. 349 S., 23 Abb., 44 Tab. 1988. € 12,50

Bd. 229 R. MARKS / M. J. MÜLLER / H. LESER / H.-J. KLINK (Hrsg.): Anleitung zur Bewertung des Leistungsvermögens des Landschaftshaushaltes (BA LVL). Bearbeitet vom Arbeitskreis Geoökologische Karte und Leistungsvermögen des Landschaftshaushaltes des Zentralausschusses für deutsche Landeskunde. 222 S., 25 Abb., 61 Tab. 2. Aufl. 1992. € 12,50

Bd. 230 J. ALEXANDER: Das Zusammenwirken radiometrischer, anemometrischer und topologischer Faktoren im Geländeklima des Weinbaugebietes an der Mittelmosel. 185 S., 52 Abb., 17 Tab. 1988. € 22,00

Bd. 231 H. MÖLLER: Das deutsche Messe- und Austellungswesen. Standortstruktur und räumliche Entwicklung seit dem 19. Jahrhundert. 370 S., 70 Abb., 13 Tab. 1989. € 30,00

Bd. 232 H. KREFT-KETTERMANN: Die Nebenbahnen im österreichischen Alpenraum – Entstehung, Entwicklung und Problemanalyse vor dem Hintergrund gewandelter Verkehrs- und Raumstrukturen. 384 S. 62 Abb., 66 Tab., 3 Kt.-beil. 1989. € 35,00

Bd. 233 K.-A. BOESLER u. H. BREUER: Standortrisiken und Standortbedeutung der Nichteisen-Metallhütten in der Bundesrepublik Deutschland. 141 S., 37 Abb., 56 Tab. 1989. € 21,00

Bd. 235 M. RENNERS: Geoökologische Raumgliederung der Bundesrepublik Deutschland. 121 S., Kt.-Beil. 1:1 Mio. 1991. € 22,00

Bd. 236 S. PACHER: Die Schwaighofkolonisation im Alpenraum. Neue Forschungen aus historisch-geographischer Sicht. 193 S., 23 Abb., 8 Tab., 1 Kt.-beil. 1:500.000. 1993. € 28,00

Bd. 237 N. BECK: Reliefentwicklung im nördlichen Rheinhessen unter besonderer Berücksichtigung der periglazialen Glacis- und Pedimentbildung. 175 S., 116 Abb. 1994. € 31,00

Bd. 239 H. LIEDTKE: Namen und Abgrenzungen von Landschaften in der Bundesrepublik Deutschland. 156 S., 1 Kt.-beil. 1:1 Mio. 3. Aufl., 2002. € 29,80

Bd. 240 H. GREINER: Die Chancen neuer Städte im Zentralitätsgefüge unter Berücksichtigung benachbarter gewachsener Städte – dargestellt am Beispiel des Einzelhandels in Traunreut und Waldkraiburg. 239 S., 11 Abb., 66 Tab., 7 Kt. 1995. € 18,00

Bd. 241 M. HÜTTER: Der ökosystemare Stoffhaushalt unter dem Einfluß des Menschen – geoökologische Kartierung des Blattes Bad Iburg 1:25.000 – 197 S., 38 Abb., 35 Tab., 5 Kt., 2 Mikrofiches. 1996. € 22,00

Bd. 242 M. HILGART: Die geomorpholgische Entwicklung des Altmühl- und Donautales im Raum Dietfurth-Kelheim-Regensburg im jüngeren Quartär. 333 S., 63 Abb., 6 Tab., 42 Beil. 1995. € 21,00

Bd. 243 Th. BLASCHKE: Landschaftsanalyse und -bewertung mit GIS. Methodische Untersuchungen zu Ökosystemforschung und Naturschutz am Beispiel der bayerischen Salzachauen. 320 S., 94 Abb., 59 Tab. 1997. € 24,35

Bd. 244 H. ZEPP u. M. J. MÜLLER (Hrsg.): Landschaftsökologische Erfassungsstandards. Ein Methodenbuch. Bearbeitet vom Arbeitskreis Geoökologische Kartierung und Leistungsvermögen des Landschaftshaushaltes der Deutschen Akademie für Landeskunde. 535 S., 48 Abb., 110 Tab. 1999. € 38,35

Bd. 245 F. DOLLINGER: Die Naturräume im Bundesland Salzburg. Erfassung chorischer Naturraumeinheiten nach morphodynamischen und morphogenetischen Kriterien zur Anwendung als räumliche Bezugsbasis in der Salzburger Raumplanung. 215 S., 46 Abb., 23 Tab., 16 Kt., 1 CD-ROM. 1998. € 33,20

Bd. 246 R. GLAWION u. H. ZEPP (Hrsg.): Probleme und Strategien ökologischer Landschaftsanalyse und -bewertung. 138 S., 39 Abb., 5 Tab., 11 Kt. 2000. € 28,00

Bd. 247 H. SCHRÖDER: Abriß der Physischen Geographie und Aspekte des Natur- und Umweltschutzes Sachsen-Anhalts. 132 S., 29 Abb., 16 Tab. 3 Kt. 2000. € 25,30

Bd. 248 H. JOB: Der Wandel der historischen Kulturlandschaft und sein Stellenwert in der Raumordnung, […] diskutiert am Beispiel rheinland-pfälzischer Weinbaulandschaften. 256 S., 49 Abb., 4 Tab. 1999. € 35,25

Bd. 249 A. ASCHAUER: Landeskunde als adressatenorientierte Form der Darstellung. Ein Plädoyer mit Teilen einer Landeskunde des Landesteils Schleswig. 296 S., 63 Abb., 10 Tab. 2001. € 35,25

Bd. 251 J. FLACKE: Mehr Stadt - Weniger Fläche. Informationssystem nachhaltige Flächennutzung. Ein Instrument zur Förderung einer nachhaltigen Siedlungsentwicklung. 260 S., 55 Abb., 28 Tab., 12 Kt., 1 CD-ROM. 2003. € 34,80

Bd. 254 A. BURAK: Eine prozessorientierte landschaftsökologische Gliederung Deutschlands. Ein konzeptioneller und methodischer Beitrag zur Typisierung von Landschaften in chorischer Dimension. 249 S., 47 Abb., 35 Tab., 23 Kt., 1 CD-ROM u. 1 Kt.-beil. 1:1 Mio. 2005. € 38,50

Bd. 255 O. BENDER: Analyse der Kulturlandschaftsentwicklung der Nördlichen Fränkischen Alb anhand eines katasterbasierten Geoinformationssystems. 384 S., 34 Abb., 50 Tab., 14 Kt. 2007. € 29,90

Bd. 256 S. KNABE: Entwicklungsperspektiven für Wohngebiete der 1960er Jahre in Ostdeutschland. Ein großstädtisches Wohnungsmarktsegment unter demographischem Anpassungsdruck. 170 S., 38 Abb., 26 Tab. 2008. € 24,90

Bd. 257 K. MANNSFELD u. R.-U. SYRBE (Hrsg.): Naturräume in Sachsen. 288 S., 58 Abb., 28 Tab., 19 Farbtafeln, 1 Kartenbeilage „Naturräumliche Gliederung Sachsens". 2008. € 29,90

Bd. 258 A. SCHULTZ: Brain drain aus Ostdeutschland? Ausmaß, Bestimmungsgründe und Folgen selektiver Abwanderung. 189 S., 36 Abb., 42 Tab. 2009. € 24,90